中国旅游业普通高等教育应用型规划教材

服务运营管理

（第二版）

主 编 舒伯阳

中国旅游出版社

第二版前言

中华人民共和国文化和旅游部发布的《2018 年文化和旅游发展统计公报》中的数据显示，2018 年全年国内旅游人数突破 55 亿人次，增长率为 10.8%，入境旅游人数为 14120 万人次，增长率为 1.2%，中国旅游市场成绩斐然。而作为旅游大国，中国服务行业的服务品质日益成为大众旅游时代中的聚焦点。其中，服务运营管理无疑是中国旅游业转型发展与提档升级的关键一环。

根据教育部高等学校旅游管理类专业教学指导委员会编制的专业教学质量标准的最新要求，《服务运营管理》已成为旅游管理专业的核心课程之一。今天呈现于读者面前的《服务运营管理》（第二版）是在之前版本的基础上，基于旅游业视角专注服务运营管理的教材，本书在系统引入国际通行的服务运营管理理论的基础上，充分结合旅游业服务运营管理的实际情况，引用行业最新案例，向读者全面地介绍旅游服务运营管理及服务产品设计的核心概念、基本原理和实践应用，并广泛借鉴了国内外相关服务业的先进经验，以开阔读者视野。全书共计十二章，主要内容如下。

第一章：“服务经济时代的旅游业”重点阐述服务经济的概念与特征、休闲体验的概念内涵与旅游服务系统。

第二章：“旅游服务产品概述”介绍了旅游服务产品的特征以及服务质量的构成维度。

第三章：“旅游服务经历与顾客感知”解析了面对面服务的核心，并采用服务分类以及服务特性 5S 原则分析了顾客感知的内涵与层次。

第四章：“旅游服务质量与顾客满意度”阐述了影响顾客感知服务质量的关键因素，分析了旅游服务质量与顾客满意度之间的内在联系。

第五章：“服务失误与服务补救”分析了服务失误的产生原因及应对补救措施。

第六章:“服务运营与服务体系设计”引入服务利润链理论，介绍了服务运营流程设计及服务蓝图工具。

第七章:“服务需求与企业服务能力管理”分析了旅游业服务需求的特点，并对旅游企业服务供给管理能力的提升提供了指导。

第八章:“现代旅游服务的精准化管理”介绍了服务精细化、个性化，以及现代服务业的收益管理理念与方法。

第九章:“旅游企业服务营销与关系营销”比较了传统营销与服务营销、关系营销的区别，重点介绍了旅游业所引入的服务营销 7Ps 和 4C 组合。

第十章:“旅游企业的顾客忠诚管理”全面分析了旅游业中的顾客忠诚的效应及其价值，并介绍了旅游业中的顾客忠诚管理的具体实践。

第十一章:“旅游企业的竞争策略与服务创新”介绍了服务企业的通用竞争策略及旅游企业的特色竞争策略，以及服务创新的核心内容及其在旅游业中的应用。

第十二章:“现代旅游服务管理中的信息技术”介绍了信息技术在旅游服务管理中的应用，并通过案例介绍了智慧旅游等新概念。

本书的编写是多院校集体协作的成果，由中南财经政法大学、湖北第二师范学院、武汉工商学院特聘教授舒伯阳担任主编，本书编撰分工如下:

第一、第二、第五章由舒伯阳、徐静（武汉学院）共同撰写。

第三、第四、第八章由舒伯阳、徐静、邵晓晖（武汉工商学院）共同撰写。

第六、第十一、第十二章由徐静（武汉学院）、马达（湖北第二师范学院）共同撰写。

第七、第九、第十章由舒伯阳、徐静（武汉学院）、夏华丽（湖北第二师范学院）共同撰写。

全书由教育部高等学校旅游管理教指委委员、中南财经政法大学舒伯阳教授统稿，中南财经政法大学孙晓彤协助。

《服务运营管理》从旅游管理专业“面向行业，紧扣实践”的教学目的出发，紧跟当下旅游服务行业的最新发展趋势，采用当今主流的服务运营管理理论对旅游服务管理实例进行分析。本书力求理论精当、简明扼要、深入浅出，强调实用性和操作性相结合。全书除了采用大量最新案例分析、补充阅读材料等辅助教学形式指导学生学习各章重点、难点内容外，还在各章节末尾设计了案例分析题及思考题，帮助师生展开分析讨论与模拟演练，以便有效理解与掌握服务运营管理的精髓。

本书的编写广泛参考了国内外学者的研究成果，以及服务管理学科的相关资料，谨在此对相关作者表示感谢。但由于编者的知识水平有限，书中的漏疏和失误在所难免，真诚期望同行先知及读者赐教指正，期待我们共同的努力能让旅游服务运营管理教材建设不断臻于完善。

编者

2019 年 7 月

目录
CONTENTS

第一章　服务经济时代的旅游业 ………………………… 1
　第一节　服务经济时代及其特点 ………………………… 2
　第二节　休闲体验与旅游服务 ………………………… 7

第二章　旅游服务产品概述 ………………………… 13
　第一节　服务与服务产品 ………………………… 14
　第二节　旅游服务的特征 ………………………… 21

第三章　旅游服务经历与顾客感知 ………………………… 26
　第一节　服务接触与顾客感知 ………………………… 27
　第二节　旅游者的服务期望 ………………………… 37

第四章　旅游服务质量与顾客满意度 ………………………… 50
　第一节　旅游服务质量 ………………………… 51
　第二节　顾客满意度 ………………………… 63

第五章　服务失误与服务补救 ………………………… 72
　第一节　服务失误 ………………………… 74
　第二节　顾客对服务失误的反应 ………………………… 78
　第三节　服务补救 ………………………… 84

第六章　服务运营与服务体系设计 ………………………… 93
　第一节　服务运营流程与服务利润链 ………………………… 94
　第二节　旅游服务蓝图设计 ………………………… 111

第七章　服务需求与企业服务能力管理 …… 117
第一节　旅游服务供需平衡状态分析 …… 118
第二节　服务供需管理的基本思路 …… 124
第三节　旅游企业服务能力管理策略 …… 128

第八章　现代旅游服务的精准化管理 …… 135
第一节　旅游服务精细化与个性化 …… 137
第二节　现代旅游业的收益管理 …… 142

第九章　旅游企业服务营销与关系营销 …… 154
第一节　传统营销与旅游服务营销 …… 155
第二节　旅游服务中的关系营销 …… 166

第十章　旅游企业的顾客忠诚管理 …… 177
第一节　顾客的忠诚效应及其价值 …… 178
第二节　旅游业中的顾客忠诚管理 …… 187

第十一章　旅游企业的竞争策略与服务创新 …… 195
第一节　服务竞争的内涵 …… 196
第二节　一般竞争策略与服务业竞争策略 …… 200
第三节　旅游业的服务创新及其应用 …… 213

第十二章　现代旅游服务管理中的信息技术 …… 221
第一节　服务业中的信息技术应用 …… 222
第二节　新技术应用与智慧旅游服务 …… 229

参考文献 …… 239

第一章

服务经济时代的旅游业

导 言

随着经济全球化的深入发展，服务业逐渐成为世界经济中占主导地位的经济部门，世界经济开始进入“服务经济”时代。服务经济时代的旅游业，以提供与旅游相关的“食、住、行、游、购、娱”服务为主，以其他服务产业为支撑，满足旅游者的精神服务需求，正在进入快速发展的新时期。

【学习目标】

1. 知识目标：通过本章的学习，理解并掌握服务经济的概念及其重要特征，了解服务经济时代下的旅游业发展状况，认识休闲体验与旅游服务在现代服务业中的重要性。

2. 能力目标：厘清服务经济与旅游业发展之间的逻辑关系，在现实中遵循服务经济的特点和发展规律，从服务经济的角度去审视生活中接触到的服务活动。

【导入案例】

服务业——中国经济增长新引擎

2015 年 3 月 5 日，李克强总理在 2015 年政府工作报告中指出，打造大众创业、万众创新和增加公共产品、公共服务成为推动中国经济发展、实现中国经济提质增效升级的“双引擎”。服务创业成为国家鼎力支持的一项事业。服务业是创业者的热门选择，并且创业成功概率平均高于其他行业。例如，餐饮、酒店、快递、旅游等服务行业，这些行业服务相关性高，卖产品的同时也是卖服务，哪家服务做得好，有独特创新的地方，哪家的客源就多，口碑越好，创业越容易成功。餐饮中比较成功的案例是“海底捞”火锅，其以细致入微、人性化的服务闻名全国；旅游中以马蜂窝、途牛等旅游网站为代表；快递行业的创业机会随着阿里巴巴的介入而激增。

华住酒店集团创始人、董事长季琦认为，服务行业最适合创业，服务创业是块大蛋糕，宽松有利的国家政策和全球化趋势叠加在一起，带动了中国的创业潮，创业是我们这个时代的主旋律。季琦认为，另一个优势条件是“人口红利”。它不仅滋养出“中国制造”的盛况，而且会孕育出“中国服务”的奇观。因此，随着“中国制造”将广大中国人民从“温饱”带向“小康”，服务业的巨大空间从而显现出来。

“中国服务”的从业主体将会更加多元：有酒店服务员，也有写字楼里西装革履的律师；有开网店、开餐馆的小企业主，也有创业公司 CEO 和投资人。“中国服务”将会带来多层次的充分就业，也会给社会各阶层带来相应的收入，中产阶级的形成主要依赖服务业的发展壮大。“中国制造”已经走到了一个低增长、缓增长的拐点，未来在服务业会有更多机会、更多空间，而且从事服务业的企业有机会成长为世界级的企业、世界级的品牌。

案例分析：中国经济的发展离不开服务业，服务业不仅为中国贡献了经济增长，吸纳了社会就业，还为创业发展提供了契机，并且提高了中国创业企业的成功率，为中国经济注入了源源不断的活力，服务业的企业有机会成长为世界级的企业、世界级的品牌，并成为中国服务经济的代表。

第一节 服务经济时代及其特点

一、服务经济概述

（一）服务经济的形成

服务经济并不是一开始就有的，那么服务经济是如何发展壮大，最后形成一种时代的主导力量的呢？这与人类社会的分工不断深化、产业之间的转化等有着千丝万缕的联系。一般来说，服务经济的形成与下列因素有关。

1. 分工深化

服务经济的发展不是靠建立很多新的产业部门，而主要是依靠经济形态内部分工的不断深化。随着生产专业化和规模化的不断扩大，社会化分工程度不断加深。

2. 产业转化

随着市场竞争的不断加剧，农业、制造业的很多企业转化为服务企业。

3. 业态变化

信息化改造了传统产业，促进了产业融合，也产生了很多新的产业。这些新产业与传统产业密切相关。

4. 服务的规模化和制造化

随着信息技术的发展，服务产品也可以储存和标准化，从而促成了服务在地域和时间上的分离，使服务的规模化、制造化成为可能，从而大大拓展了服务提供的范围及可交易性。

（二）服务经济的定义

1965 年，美国经济学家富克斯（V.Fuchs）首次提出了“服务经济”的概念，认为“服务经济”或“服务化社会”的判别标准是“一国一半以上就业人口不从事实物生产”，即服务业的就业比重超过 50%。在他研究的基础上，服务经济的理论随着实践发展而不断深化。贝尔的“后工业社会”、库茨涅兹的“工业服务化”等理论都指出了现代社会经济逐渐向服务经济阶段发展这一突出特征。关于服务经济，概括起来有以下几种定义方式。

1. 规模定义法

一般认为，服务业 GDP 占比 50% 以上，且服务业就业占比 50% 以上的为服务经济。

根据 IMF 和 ECB 标准，服务经济是指服务经济产值在 GDP 中的相对比重超过 60% 的一种经济状态。或者说，服务经济是指服务经济中的就业人数在整个国民经济就业人数中的相对比重超过 60% 的一种经济态势。

2. 对比定义法

与工业经济、农业经济形成对比，有特殊性质的经济形态为服务经济。

3. 阶段定义法

按农业经济、工业经济的顺序发展以后的经济阶段为服务经济阶段。服务经济是经济社会发展到高级阶段的产物。

学者综合以上三种定义方法将服务经济定义为：以知识、信息和智力要素的生产、扩散及应用为经济增长的主要推动力，以科学技术和人力资本的投入为其核心生产方式，以法治和市场经济为其制度基础，经济社会发展主要是以服务产品的生产和配置为基础的经济形态。

（三）服务经济的发展

现代服务经济产生于工业化高度发展的阶段，是依托信息技术和现代管理理念发展起来的，现代服务经济的发达程度已经成为衡量区域现代化、国防化和竞争力的重要标志之一，是区域经济新的、极具潜力的增长点。

1. 服务经济世界发展格局

服务经济在发达国家与发展中国家有着明显的差距。“二战”结束后，服务业在西方发达国家快速兴起。当今的发达国家均已进入服务经济时代。在这些国家中，服务业已经超越农业、工业和建筑业成为主要的产业部门，成为社会财富的主要创造者。而我国服务业的发展则相对处于比较滞后的状态。

2. 服务经济发展趋势

尽管服务经济水平在各国发展得并不平衡，但服务经济在不断发展变化的过程中，呈现出特定的发展趋势，当前服务经济发展的趋势如下。

（1）从初级向高级发展：第一阶段（农业经济时代）以生活服务业为主；第二阶段（工业经济时代）以生产性服务业为主；第三阶段（服务经济时代）以社会服务业为主。

（2）从传统向现代发展：服务业内部结构"知识化""融合化"趋势明显；服务产出成为经济发展与运行的关键要素，飞速发展成为基本现象；高端服务业越来越向少数中心城市集聚。

（3）体验经济可能成为服务经济发展的高级形态：科技成果转化为生产力水平不断提高，体验经济是人类需要层次升华的必然趋势，是产品与服务的有机结合。

二、服务经济的特点

20 世纪中叶以来，世界经济结构发生了深刻的变革，长期占据主导地位的制造业在西方国家国民经济中的比例日渐降低，而各类新兴、门类繁多的服务部门蓬勃发展，全球经济正在进入服务经济时代。服务经济在发达国家与发展中国家的发展状况不尽相同，但总体看来，服务经济在各国的发展呈现出以下重要特点。

（一）服务经济活动引领全球经济发展

进入 21 世纪以来，随着全球经济由工业经济向服务经济转型趋势的进一步加快，发达国家已完全确立了服务经济的产业结构。在经济合作与发展组织（OECD，Organization for Economic Co-operation and Development）的 30 个成员国中，其服务业占 GDP 的比重均达到了 70% 以上，即使是发展中国家也纷纷向服务经济的产业结构转型。

从不同国家来看，发达国家服务业的产值占 GDP 的比重一般在 60%~80%，中等发达国家在 50%~60%，发展中国家也达到了 40% 左右。在过去的 20 年中，西方发达国家服务业占 GDP 的比重每年都以 2%~5% 的速度递增。世界银行的数据表明，人均收入在达到 1500 美元之前，服务业发展最迅速，将占到 GDP 比重的 40%~50%；人均收入在 1501~6000 美元，服务业比重相对稳定在 50%；人均收入在 6000 美元以上，服务业重新加速增长，占 GDP 的比重达到 60% 以上。因此，在全球范围内服务业正在成为越来越多国家社会财富的主要创造行业，成为引领和推动全球经济发展的主要动力。

（二）服务业推动社会就业

佩蒂－克拉克定理①指出：随着经济的发展和人均收入水平的提高，劳动力首先由第一产业向第二产业转移，当人均收入水平进一步提高时，劳动力便向第三产业转移。自20世纪80年代以来，服务业就业比重就一直在稳步上升。服务业创造了大量就业机会，对就业的吸纳能力非常强。从世界平均水平来看，21世纪初，服务业就业比重已占到就业结构的3/4左右。而我国服务业就业人数呈逐年持续增长的态势。2011年，服务业就业人数首次超过第二产业总人数。之后，服务业就业人数占全社会就业人数的比重连年增长。

（三）服务贸易在国际贸易中的地位急速上升

随着各国服务业的不断发展，全球服务贸易在国际贸易中的地位不断上升。全球GDP的一半以上来自服务业，服务贸易在国际贸易中的比重不断扩大。过去10年，国际贸易中增长最快的不是有形商品贸易而是无形的服务贸易。我国服务贸易将在今后20~30年进入高速发展时期。

（四）服务业与第一、第二产业融合日益紧密

产业融合是在服务经济时代产业边界日趋模糊、不同产业发生聚合和创新的现象。服务业与第一、第二产业之间的融合越来越紧密，且在旅游业中有很多体现。例如，十分火热的乡村旅游、农业旅游，将第一产业的生产物作为旅游吸引物，吸引了大批游客前往参观和体验。这样类型的结合不仅丰富了旅游服务的内容和形式，同时拉动了第一产业和第二产业的二次革新发展。

（五）服务业内部结构升级转型明显

在服务经济形成与发展的过程中，服务业发展出现了明显的结构性变化和升级趋势。一方面，传统的商品流通、个人消费服务行业在国民经济及服务业内部的地位出现了明显的下降；另一方面，服务业从劳动密集型转向知识密集型，知识、技术含量高的现代服务业逐渐占据服务业的主导地位，如以金融、信息、研发为代表的生产性服务业和以教育、文化、医疗等为代表的知识型社会服务业，成为服务业乃至整个国民经济中增长最为迅速的行业。从产业的投入要素来看，农业主要受自然资源要素约束，制造业主要受物质资本要素约束，传统服务业主要受劳动力要素约束，而现代服务业从业人员具有整体上的高学历、高职称、高薪水的特征，说明现代服务业主要受人力资本要素约束。劳动者技能和技巧，具有同物质资本一样的可积累性，被称为现代经济最重要的人力资本。高质量的经济增长主要来源于人力资本存量的有效积累。服务业内部结构升级

---

① 佩蒂－克拉克定理：劳动力分布结构变化的动力是经济发展中产业的相对收入差距。

从本质上看是人力资本逐步取代物质资本主导经济增长的集中表现，这种升级受经济发展、分工深化和技术进步的驱动。

【延伸阅读】

上海，经济服务化的缩影

服务业已成为我国新一轮经济增长的“火车头”。《2014年国民经济和社会发展统计公报》显示，2014年，我国国内生产总值为636463亿元，跨越60万亿元关口。其中，第三产业增加值为306739亿元，占GDP比重达到48.2%，高出第二产业5.6个百分点。我国经济发达地区产业结构开始出现从工业中心向服务业中心的转变。北京市2014年第三产业占GDP比重达到77.9%，上海市2014年第三产业占GDP比重达到64.8%，广州2015年上半年第三产业占GDP比重升至66.18%。

以上海为例，上海服务业在过去25年的发展已经充分展示了上海的经济服务化趋势。20世纪90年代以来，上海第三产业的发展开始加速，特别是20世纪90年代后半期其增速更是远远高出其他产业的增长。其结果是服务业增加值在上海GDP中的比重，由20世纪90年代初的30%最高增至2014年的64.8%。根据国际经验，上海已经进入服务业加速期。

（1）上海发展现代服务业面临全球第三次产业转移浪潮。目前全球范围内的第三次产业转移浪潮正在进行中，第三次产业转移浪潮同时是发达国家服务业转移的过程。近年来，经济全球化已经进入了一个新的发展阶段，其显著特征之一是以美国为代表的发达国家的知识型服务产业（包括技术性服务、软件开发、芯片设计、建筑设计、数据录入、金融分析及各类研发性工作等）开始出现成规模地向具有智力人才优势的发展中国家转移的新浪潮。这一产业转移浪潮为上海服务经济的发展提供了难得的机会。

（2）上海“优先发展现代服务业”发展规划的确立，为上海服务经济的发展提供了新的动力。上海“十一五”规划明确提出了形成以服务经济为主的产业结构的目标。优先发展现代服务业，尽快形成以服务经济为主的产业结构，增强上海城市的国际竞争力，已成为上海的重要任务，并被明确写入了《上海加速发展现代服务业实施纲要》。

结合发达国家城市的先行经验，上海现代服务业将迎来一个新的发展高潮。上海“经济服务化”特征将日益突出，与优先发展先进制造业的战略思路一致，实现制造业与服务业相结合的生产性服务业将取得突破性发展；金融、物流、航运、信息服务、专业服务等将成为上海现代服务业的重点领域。上海经济发展所显示的服务化趋势，将是未来中国经济发展的必然趋势。

【实践活动】

记录你一天内接触的服务人员和服务活动，挖掘你所生活的城市的服务经济带来的社会经济综合效益以及给城市市民生活与就业带来的改变和进步。

第二节 休闲体验与旅游服务

一、休闲体验的概念

休闲是现代社会的产物，发端于欧美，19 世纪中叶初露端倪。它是在科学技术不断发展，人们对生活质量要求不断提高的背景下适时而生的。尽管它还是一个年轻的词汇，但已经显示出其强有力的生命力和极大的发展空间。休闲一诞生，就注定与服务业有诸多关联。

现代服务业越来越以消费者的需求为导向，而休闲体验、旅游观光正是 21 世纪需求增长最快的领域。

国务院颁发的《国民旅游休闲纲要（2013—2020 年）》提出国民旅游休闲发展目标：到 2020 年，职工带薪休假制度基本得到落实，城乡居民旅游休闲消费水平大幅增长，国民休闲质量显著提高，与小康社会相适应的现代国民旅游休闲体系基本形成。纲要的颁布，以及带薪休假制度的落实和国民休闲意识的进一步提升，使休闲体验在国民生活中的地位日益提高。

【同步案例】

地中海俱乐部的特色服务

地中海俱乐部公司是世界上最大的旅游组织之一，在旅游度假行业中家喻户晓。其经营业绩一直不俗，每年的客户人数达 160 万人。这不仅因为它历史悠久，还因为它别出心裁的服务和给客户带来的独特度假体验。

1950 年，Belgian Gerard Blitz 成立地中海俱乐部小型旅游公司，目的是使人们有机会回归大自然。在遍布世界各地的地中海俱乐部度假村中，游客可以选择一处停留。地中海俱乐部所提供的服务与其他旅行社不同，它的目标是把人们带到一个天堂一般的地方，那儿没有日常生活的烦恼，人们可以尽情放松自己。在这些梦境一般的地方，社会差别消失，人们可以享受到充分的自由，可以挑选门类众多的活动、饮料和食品。另外，俱乐部还进行市场调研以摸清不同国家游客的特别需求。在这些市场信息基础上，每个度假村都制定了一个标准的发展规划。

俱乐部还为不同年龄的孩子安排了一些专门的“迷你”型俱乐部活动。这样，父母就可以带着孩子一起来玩。另外，地中海俱乐部计划在20年之内建立并完善一个记忆卡服务系统。记忆卡系统会记录下每一位顾客的喜好以及日常所需物品。

通过这种方式，游客可以在家选择他所喜欢的旅游类型（如夏游或冬游），而旅游公司可以为游客选择一个旅游地。在这种旅游条件下，游客可以不带任何行李，全身心地享受俱乐部带来的贴心服务。

案例分析：地中海俱乐部以其优质的旅游体验闻名，其独特的旅游服务理念是其成功的关键。俱乐部不断实行旅游服务创新，同时还注重服务品质的提升。其提出的记忆卡系统服务，为每位顾客量身定做了旅游体验和生活服务，使顾客对度假没有丝毫担忧，非常放心地把自己和自己的旅行交给俱乐部。这样一种区别于其他竞争企业的新服务理念成为吸引众多顾客前往的原动力。而事实也证明，地中海俱乐部的经营是成功的，并且利润日增。现今服务经济中旅游服务所占比例越来越大，可以说是现代服务业的典型代表，旅游企业纷纷不遗余力地抢占这一市场，在旅游景观和旅游服务日趋同质化的今天，进行旅游服务创新、提高旅游服务质量就显得非常重要。

二、旅游服务的概念

（一）旅游服务的对象是旅游者

旅游服务属于服务的概念，是服务的一种特殊领域。旅游服务与一般服务的区别主要在于服务对象的不同，旅游服务的服务对象是旅游者和有潜在旅游需求的群众。由此，旅游服务可定义为：旅游服务人员通过各种设施、设备、方法、手段、途径和“热情好客”的种种表现形式，向旅游者提供的能够满足其物质和精神需要的一系列活动，包括食、住、行、游、购、娱六大方面。在此过程中，旅游者从各种旅游服务中得到旅游经历和感受。

（二）旅游服务与旅游产品不可分离

旅游服务是构成一个旅游产品的最重要组成部分。从旅游者需求的角度，大多认为旅游产品就是旅游者获得的旅游经历；而从旅游供给的角度来看，旅游产品是旅游目的地或旅游企业为满足旅游者的需要而向旅游者提供的各种接待条件和相关服务的综合。一般来说，完整的旅游产品包括旅游核心吸引物（旅游资源），旅游交通服务，旅游住宿、餐饮、娱乐、购物服务，以及旅游相关组织提供的服务。所以说，旅游产品离不开相关的旅游服务，旅游服务是否周全，是否能够迎合旅游消费者的心理诉求，是旅游者是否满意旅游产品的一个重要参照物。

旅游服务有时就是旅游产品。美国学者肖斯纳克（Shostack）认为，现实生活中很少有供应产品时完全无形或有形的。从服务管理的角度来看，很多学者都按照产品的有形或无形的程度来区别其是否为服务。服务设施设备、有形环境常被看作服务活动赖以进行的有形资源，是作为一种资源要素参与服务生产的，在这种情况下我们可以认为旅游产品即表现为旅游服务。

（三）旅游服务内容涵盖极其广泛

旅游服务是一个极其错综复杂的综合体，基本涉及了服务业的三大基本类别：消费型服务、生产型服务和社会型服务。接待旅游者过程中所提供的各种服务，主要包括接机、住宿、吃饭、保险、景点讲解、紧急情况处理、救助、导购和组织管理方面的劳务活动。通过旅游服务活动，旅游资源、旅游设施成为人们享受和消费的对象，从而创造出一种满足人们旅游需要的特殊使用价值。

三、旅游服务系统

旅游服务本身是一项错综复杂且无限循环的系统，用系统论的方法可以更好地理解旅游服务的本质以及内在构成要素。按照旅游活动的开展，旅游服务系统一般可分为客源地服务系统、出行服务系统、目的地服务系统和支持服务系统四大子系统。

宏观层面上的旅游服务系统建立在旅游者旅游活动的基础之上，是从横向上对旅游服务的分析。组成旅游服务系统的四大子系统相互联系，同时又各自包含不同的旅游服务内容，基本上涵盖了旅游者完成一次旅游活动所需要经历的旅游服务（见图 1–1）。

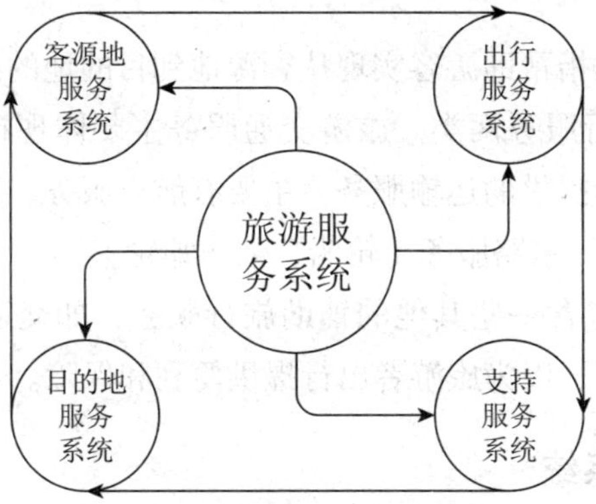

图 1–1　旅游服务循环系统

（一）客源地服务系统

顾名思义，客源地服务系统是指一个旅游客源地提供给旅游者出行前的一切旅游服务，为确保旅游活动顺利进行所做的一切前期准备，以及旅游者结束旅游活动返回客源地时提供的一系列售后服务。客源地服务系统主要涵盖了预订服务、咨询服务、信息服务等。旅游者一般通过旅行社、旅游电子商务网站以及在线旅游服务商咨询相关旅游产品信息，并与其产生旅游交易，达成旅游合同等，或者只是寻求帮助，获得一些必要的建议和信息，从而安排自己的旅游行程。旅游者还可以通过政府机构、协会以及大众媒体等渠道获得相关旅游信息，为出行做好准备，如目的地的安全情况、天气温度以及道路的畅通度等。与旅游者产生服务合同的需要在旅游活动开展过程中持续跟踪旅游者，及时接收反馈信息，处理顾客投诉以及相关后续问题。

【知识链接】

在线旅游服务商（Online Travel Agency，OTA）

OTA 主要指自己本身没有旅游资源，而是作为旅游服务提供商的代理，为消费者提供酒店、机票预订服务的在线企业。在线旅游服务已经成为全球电子商务发展最热门的行业之一，中国网民越来越多地把旅游在线服务商的产品作为自己度假休闲的选择，其中较著名的在线旅游服务商包括携程旅行网、艺龙旅行网、去哪儿、途牛旅游网、去啊旅行、驴妈妈、酷讯旅游、淘宝旅行、芒果网、快乐 e 行。各服务商的旅游产品丰富度、用户体验、价格对比、用户评价、客服服务、特色亮点六个指标是用户选择的主要依据。

（二）出行服务系统

出行服务系统主要是指帮助游客实现从客源地到目的地的旅游服务，主要可以分为旅游交通服务和其他旅行服务两类。旅游交通服务主要体现在出行过程中，通过各种类型的交通工具为旅游者提供的运输服务，主要有航空服务、铁路服务（普通火车、动车、高铁等）、公路服务、水路服务（轮船、豪华邮轮）。

出行服务系统中还包含一些其他的辅助旅行服务，如交通保险服务、外汇兑换服务、机场免税购物服务等，以为旅游者出行提供便利和保障。

（三）目的地服务系统

目的地服务系统是指为满足游客在目的地逗留期间的多种需求而提供的一系列旅游服务，主要包含食、住、行、游、购、娱六大要素的服务。

另外，旅游目的地的信息服务业逐渐成为目的地服务系统中的重要组成部分。随着散客旅游时代的到来，更多游客选择来一次随性的“说走就走的旅行”，出发之前并没有参与旅游团，没有导游或者专业的咨询人员来提供可靠的旅游行程和线路，而更多的是靠自己去发现设计，因而目的地的旅游信息中心就显得格外重要，旅游信息提供是否准确及时，直接影响了游客的旅游体验质量。目前全国展开的智慧旅游完美地诠释了旅游信息的重要性。

【知识链接】

智慧旅游

2014 年作为国家旅游局（现为文化和旅游部）确定的“智慧旅游年”。智慧旅游，也被称为智能旅游。就是利用云计算、物联网等新技术，通过互联网或移动互联网，借助便携的终端上网设备，主动感知旅游资源、旅游经济、旅游活动、旅游者等方面的信息，及时发布，让人们能够及时了解这些信息，及时安排和调整工作与旅游计划，从而达到对各类旅游信息的智能感知、方便利用的效果。智慧旅游的建设与发展最终将体现在旅游管理、旅游服务和旅游营销三个层面。18 个城市入选首批“国家智慧旅游试点城市”，这 18 个城市分别是北京、武汉、福州、大连、厦门、洛阳、苏州、成都、南京、黄山、温州、烟台、无锡、常州、南通、扬州、镇江、武夷山。

（四）支持服务系统

支持服务系统主要是指为游客开展旅游活动提供支持和保障的一系列基础性服务和其他支持性服务，大致包括城市市容美化和环境卫生治理、道路交通系统、城市安保系统、市民生活的水电热气供应等基础性服务，以及海关服务、银行服务、医疗保健服务等其他支持性服务。没有支持服务系统提供的各种基础性的服务，旅游活动就无法顺利进行，旅游企业也无法招徕顾客。

【延伸阅读】

“感同身受”——旅行中的爱心服务

2012 年 6 月 9 日 15：20，上海虹桥站的站台上，三名旅客拉着 D94 次南昌至上海虹桥动车组列车长的手，一直说着感谢的话。列车长微笑着说：“服务旅客是我们铁路人的宗旨，我也是一名母亲，感受得到孩子生病的痛苦和父母的焦灼。”

原来，当日 11：30，D94 次南昌至上海虹桥动车组刚从江西上饶站开出，11 号车厢一名旅客急匆匆地找到列车长：“我带宝宝去上海看病，能将车厢空调的温度调高一点吗？”

这名江西上饶籍旅客称带着刚满6个月的宝宝小添添去上海看病，随行的还有他的妻子和宝宝的爷爷。一个月前小添添因肺炎在上饶本地住院，在连续打了17天的抗生素、消炎针后，因药剂过量导致肾衰竭。由于上饶医疗水平有限，他们准备转院到上海医院进行治疗。

看着小添添一直蜷缩在妈妈怀里，时不时发出微弱的哭声，列车长赶忙安排乘务员拿来车班自带的小绒毯，并用对讲机联络机械师调高空调温度。她摸了摸孩子的额头，叫乘务员送来开水和温度计，并安排乘务员轮流到小添添的身边进行照顾，测试体温、更换尿片、为宝宝喂水。

12：20左右，列车长听说小添添的爸爸到餐车来买盒饭，为了给孩子省出医药费，只买了2份盒饭给孩子的妈妈、爷爷，称自己吃了八宝粥，不饿。列车长的心被这柔软的父爱触得隐隐疼痛，她电话联系金华西值班员，自己掏腰包为小添添的父亲炒了几个菜，让乘务员悄悄送到小添添的爸爸手中。孩子的父母感动不已。到站后，小添添的父母和爷爷一再声称返回上饶时还要坐D94次列车，还要来感谢列车长和乘务员们。

【实践活动】

对自己经历的最近一次的旅游体验进行记录，其中应包括你接触的旅游服务的不足之处和亮点，请提出具有可行性的改进建议。

第二章

旅游服务产品概述

导言

提起服务，大多数人更容易想到各种各样的服务人员，如酒店的客房服务人员、餐厅服务员、超市卖场服务员等提供具体服务的工作人员。其实，我们身边还有很多隐形服务人员，如学校的老师、医院里的医生和护士、小区的物业管理员和保安等。他们都在提供不同类型的服务。如果没有人提供服务产品来满足我们的需求，那我们的生活会怎么样？没有餐馆、没有干洗店、没有理发店……食、穿、住、行都会受到严重影响。平时，我们并没有在意我们正在享用的这些服务。但事实上，正是这些服务产品使我们的生活变得完整。

何种行为属于服务？应该如何区分服务与服务产品？两者又有何种联系？这是本章主要解决的问题，也是本课程需要学习的基本内容之一。本章需要同学们了解的另一个知识点是旅游服务，在所列举的服务人员中有大部分是属于旅游行业工作者，包括酒店住宿、餐饮、旅行社等为旅游者提供的服务。本章第二节将介绍旅游服务的概念内涵和主要特征。

【学习目标】

1. 知识目标：了解什么是服务，什么是服务产品，以及两者之间的逻辑关系；掌握服务的特征和服务的分类，并且对旅游服务有一定认识，弄清旅游服务的特征有哪些。

2. 能力目标：学习区别现实生活中服务与有形产品，在自身旅游过程中找出哪些属于旅游服务，挖掘旅游服务的产生和发展带来的现实意义。

【导入案例】

企业产品服务化

目前，很多企业靠规模化和拼命降低成本来获得利润，但中国著名企业管理顾问史某认为，卖产品已经没有前途，而卖“专业服务”，销售附在产品之上的附加值，才是真正的利润之源。所有行业都有增值服务的潜力，其关键在于“产品服务化”，如果用服务的方式做产品，企业获得的增值价值则无法衡量。而服务则要求产品化，要像标准化产品一样，才能赚大钱。某著名公司总裁用“产品服务化”理论，帮他司机的母亲卖菜。先教三招：换件干净衣服，备足货，浇水保新鲜。结果，一个月后，来问菜的人明显增多。他接着又教三招：笑着跟顾客打招呼，记住熟客的名字；学会配菜，打包后卖给工作忙碌的青年白领；为客户提供净菜送货上门服务。这位大妈按总裁的方法操作，果然顾客人数大增，而且从不还价。现在她已开始向菜市场几个菜贩销售“配菜”，成了“配菜供应商”。该总裁说，产品服务化是企业差异化的关键。在企业界，他也有很多成功案例。在给一个服装企业做顾问时，他提出将专卖店的营业员改变成“着装顾问”，分成一级、二级、三级并挂牌上岗。同时，他让员工接受系统着装、色彩培训，并在每个店里准备专业书籍和色板，使员工具备高度的专业能力，让顾客信服。结果本来只准备买条裤子的顾客，竟提着五六个袋子出门了。

案例分析：产品服务化是现今企业长久发展的经营之道，不仅要优化产品，同时要注重产品服务的提升，关注产品的售前、售中和售后服务，以差异化的服务品质打动客户，吸引客户，树立品牌，培养忠实客户。

第一节　服务与服务产品

一、服务概述

（一）服务的定义

“服务”一词，在汉语字典里是指“为他人做事，并使他人从中受益的一种有偿或无偿的活动。不以实物形式而以提供劳动的形式满足他人某种特殊需要”。我们可以看出，服务的对象是他人，目的是满足他人的需要。

1960年，美国市场营销协会（The American Marketing Association，AMA）提出“服务”的定义，认为服务是一种经济活动，是消费者从有偿的活动或从购买的相关商品中得到的利益和满足感。该定义明确了服务可以通过有偿活动或购买一件相关产品（如售后服务）获得，但它并没有将服务与有形产品完全区分开来，因为某些有形产品也是消费者从购买商品中获得的利益。

美国著名营销学家菲利普·科特勒认为，服务是一方能够向另一方提供的基本上是无形的任何功效和利益，并且没有导致任何所有权的发生。它的生产可能与某种有形产品密切联系在一起，也可能毫无联系。

格罗鲁斯提出，服务是由一系列或多或少具有无形性的活动构成的一种过程。这种过程是在与顾客和员工、有形资源的互动中进行的。这些有形资源、有形产品或有形系统是作为顾客问题的解决方案提供给顾客的。

ISO9000 对服务的定义是：服务是为满足顾客的需要，在与顾客的接触中，服务提供者的活动和活动的结果。其中还有关于服务定义的四条注释：在接触中，服务提供者和顾客可由人员和设备代表；对提供一项服务来说，与服务提供者接触的顾客的各种活动可能很重要；实体产品的提供可能成为服务的一部分；服务可以与实体产品的职责和供应结合起来。

本书认为，服务是指以交易并满足他人需要，本身无形和不发生所有权转移的活动。

【知识链接】

美国市场营销协会（AMA）对“服务”的定义

服务，作为一个术语，是指由卖方向买方执行的活动，在其交换过程中伴随着销售的产品和相关援助（如修鞋、融资），是商品预售或售后的补充产品，是销售过程的产物。美国市场营销协会将服务定义为“这是出售或与所售商品相关的活动、福利和满意度”。

（二）服务的特征

1. 服务具有无形性

服务是无形的，这是区别服务与有形产品的最典型特点。服务看不见、摸不着，它是非物质的。服务作为一种活动，它可能与服务生产者的“真实活动”相分离，并以物质产品作为载体，如饭馆提供的菜品、歌唱家的唱片等；它也可能始终与服务生产者的“真实活动”相结合，如医生、教员以及客运旅店等提供的服务都属于这种服务。

【同步案例】

让服务“有形化”

拉贾斯坦邦公路运输公司（RSRTC）在20世纪90年代早期为他们的豪华大巴引入了类似于飞机票的车票。这导致了顾客预期的提高，而他们无法提供航空公司那样的高水平服务，结果是乘客对其服务质量并不那么满意。为增强对某项服务的信任，供应商需要通过不同的机制使服务有形化。他们需要改进服务质量并将它形象地展示出来。RSRTC提高了车票质量，顾客可进行保留甚至收藏。他们同时提高了座椅的质量，并进行了车内装修；他们修缮了汽车站，训练司机和售票员，使他们能更好地与乘客交流和互动。夏天，在一些竞争激烈的旅游线路上他们为顾客提供矿泉水以增加服务价值。

案例分析：将无形的服务“有形化”，既提高了服务质量，也直接影响到客户对服务质量的感知。

2. 服务具有生产与消费的同步性

服务的生产过程同时也是消费过程，两者在时间和空间上不可分割。而且，消费者必须直接参与到生产过程中来，与服务提供者产生联系。例如，理发师的理发活动，理发师（服务生产者）从接触顾客（服务消费者）头发那一刻开始提供理发服务，顾客同时消费他的服务。虽然，有些服务的生产和消费在空间上可能是分离的（如饮食业的服务，饭菜在厨房烹制，顾客在店堂里吃饭），但事实上，顾客从走进饭店和点菜开始就在消费服务。可见，这类服务的生产和消费依然是同时发生的。

3. 服务具有不可储存性

这一特征也称服务的易逝性。服务不能像有形产品那样储存起来，某些服务的价值只存在于服务的“真实瞬间”之中，对于某些批量生产出来的服务如果没有当时消费掉，就会造成损失（如车、船的空位，旅馆的空房间，剧院的空位等）。需要注意的是，服务的不可储存性是对“真实活动”的储存，真实活动只有与服务生产者或生产商同在。

4. 服务具有多变性

服务消费是以不同的顾客为中心，服务生产是不同服务人员为不同的顾客提供同一种服务。由于不同顾客的感知不同，不同服务人员提供的服务品质不同，同一个服务人员在不同的生理和心理状态下提供的服务也会有所不同。如同欣赏一台歌舞晚会，有人津津有味，有人却昏昏欲睡；同是聆听一位老师的讲授，有人茅塞顿开，有人却不知所云。正如专家所言，消费者的知识、经验、诚实和动机，影响着服务行业的生产力。

（三）服务的分类

对于服务的分类有很多种，我们主要来了解以下几种分类方式。

1. 蔡斯（Richard · B · Chase）的服务分类

蔡斯依据服务提供者与服务对象的关系分类维度，将服务分为三类：高接触性服务、中接触性服务和低接触性服务。这样分便于将高接触性服务从中、低接触性服务中分离出来，以便采取多样化的服务营销策略来满足高接触性服务对象的需求，但是分类过于粗略。

2. 施米诺（Roger Schmenner）的服务分类

施米诺以服务的标准化程度和相对处理时间为标准，将各种类型的服务分为专业服务、大众服务、服务商店和服务工厂四类，以进行一次服务所消耗时间的高低来表示服务的生产效率（见图 2–1）。

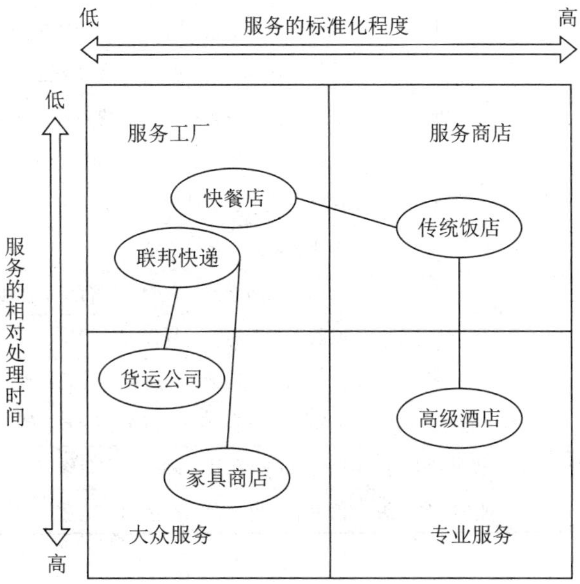

图 2–1 施米诺的服务分类

施米诺在承认每一类型服务都有可能获得利润的同时，认为服务工厂将是服务发展的趋势。如传统意义上的家具商店提供从接到订单到交付家具耗时较长而服务变动程度较小的大众化服务，而宜家则通过专业的设计系统和制造系统的创新，成为服务耗时短、标准化程度高的服务工厂。联邦快递通过自有飞机将货物传到世界各地，大大缩短了传统意义上货物运输服务所需要的时间。以麦当劳为代表的快餐店则代表了餐饮服务业向服务工厂方向发展的趋势。

3. 拉夫洛克（Christopher Lovelock）的服务分类

美国服务营销学家拉夫洛克将服务分类同管理过程结合起来，目的是通过分类概括出不同行业中服务的共同特征，他从营销的角度对服务提出10项分类标准（见表2-1）。

表2-1 拉夫洛克的服务分类

服务分类标准		服务行业举例
1. 服务的直接对象	人	保健、美容、娱乐、教育、信息服务
	物	货物运输、干洗、兽医服务、银行、法律服务、保险
2. 服务活动本质	无形	教育、信息服务、娱乐、银行、法律服务、保险
	有形	乘客运输、货物运输、餐饮、理发、加油、草地保养
3. 服务传递性质	持续	保险、银行、警察、电台、灯塔
	间断	月票、俱乐部、出租车、邮政、电影院
4. 服务关系	会员	保险、银行、月票、俱乐部、电话
	非会员	警察、广播电台、灯塔、出租车、邮政
5. 服务定制化程度	高	法律、建筑设计、家庭教育、酒店服务、零售银行
	低	大众、教育、公共保健、公共交通、器具修理、电影院
6. 服务人员主观判断程度	高	法律、建筑设计、教育、公共保健
	低	酒店服务、零售银行、公共交通、器具修理、电影院
7. 服务需求的波动	大	电话、消防服务、饭店、剧院、旅游交通
	小	保险、银行、法律服务
8. 服务供给受生产力限制程度	大	饭店、剧院、旅游交通
	小	电话、消防服务、保险、银行、法律服务
9. 服务提供的地点	单一	剧院、美发店、草坪保护、租赁、社区、电视台
	多	公共汽车、连锁店、邮政、应急修理、广播网、电话
10. 服务提供者与顾客接头的方式	顾客上门	剧院、美发店、公共汽车、冷餐连锁店
	提供者上门	草坪保护、租赁、邮政、应急修理
	双方随时接头	信用卡、电视台、广播网、电话

二、服务产品的定义和特性

（一）服务产品的定义

关于服务产品的定义描述最早来自于美国市场营销协会（AMA）：服务产品，如银行贷款或家庭安全，这是无形的。服务产品往往很难识别，因为它们在同一时间被购买和消费，生产与消费是不可分割的，通常包括客户参与，还有无形的元素——没有所有权转让，没有标签。

我们从服务和服务产品的定义中可以发现，服务与产品之间是无法完全分离的，大多服务的过程与实体产品都存在一定的依赖或互动关系。服务在一定程度上依赖于有形资源才能顺利开展，如酒店的服务与客房、餐厅都有关系，银行的服务与银行营业厅以及各种设施设备有关。

我们可以将日常生活中接触较多的服务产品进行对比研究，将其中的无形因素和有形因素分解开，按照服务产品所含有的有形因素的比重大小进行排列（见图 2–2）。其中，心理、法律等咨询服务之所以放在顶端，是因为它们以无形服务为主，所包含的有形因素较少或几乎没有。而放置最后的汽车维修服务，需要以技术和大量维修工具为支撑，有形元素参与比重大。

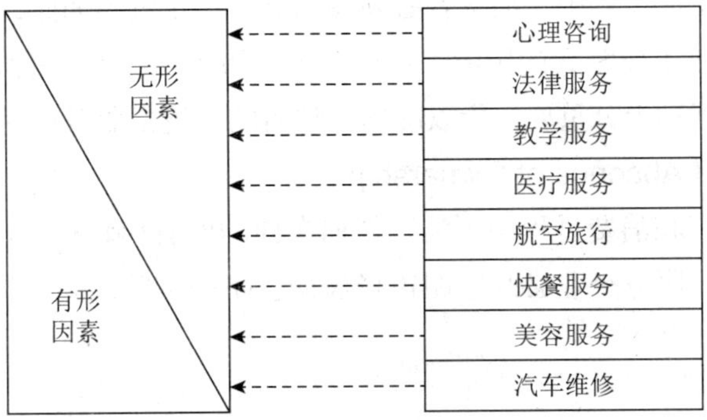

图 2–2 服务产品按有形因素比重排列示例

（二）服务产品的基本特性

概括而言，服务产品都具有 6 项基本特性（见图 2–3）。

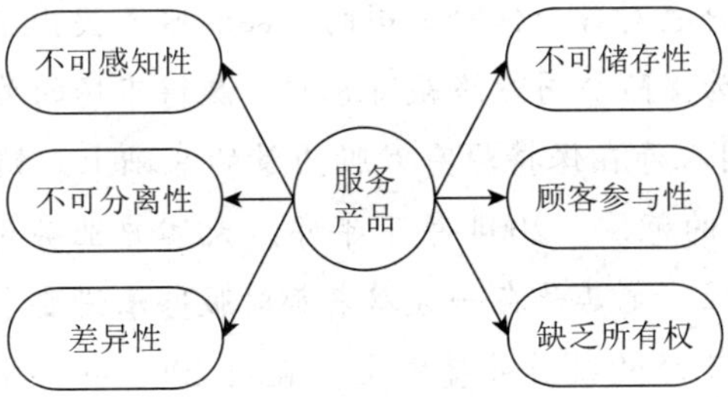

图 2–3 服务产品的基本特性

1. 不可感知性（Intangibility）

指与有形的消费品或产业用品比较，服务的特质及组成元素往往是无形、无质的，让人不能触摸或不能凭肉眼看见其存在。这一特性使得服务不易于评价和验证。

2. 不可分离性（Inseparability）

服务的生产过程与消费过程必须同时进行，因此顾客只有参与到服务生产过程中才能最终消费到服务产品。

3. 差异性（Heterogeneity）

指服务的构成成分及其质量水平经常变化，很难统一界定。服务无法像流水线生产的产品那样标准化，服务产品都会因为每一位服务提供者的经验和阅历不同而产生差异，同一位服务提供者也不能保证每次提供的服务产品是同样水准的。

4. 不可储存性（Perishability）

服务企业无法在市场淡季的时候，将多余的服务产品储存起来以弥补旺季的供不应求。这一特性要求服务企业必须解决由缺乏库存所导致的产品供求不平衡问题。

5. 顾客参与性（Customer Participation）

指服务产品的生产过程中，消费者必须参与其中，正因为如此，“顾客”的行为举止对服务体验效果产生了非常大的影响，从而加大了服务产品的不稳定性。因服务提供者与顾客之间的沟通互动十分重要，所以准确无障碍的交流是服务产品生产成功的保障。

6. 缺乏所有权（Absence of Ownership）

指在服务的生产和消费过程中不涉及任何东西的所有权转移。这一特性，导致了服务产品的易模仿性，服务企业必须紧跟市场风向，不断推陈出新，以抢占市场先机。

【延伸阅读】

中国人寿以满意服务反败为胜

在中国保险业市场高速发展的背景下，日益开放的中国保险市场因外资保险公司的竞争，将迫使整个保险市场的利润水平降低，各个保险公司纷纷加大了在中国市场争夺客户资源的力度，而客户也对各个保险公司的产品和服务提出了更高的要求。能否提供令客户满意的服务，成为保险公司最终赢得客户、赢得市场的关键因素。

早在 2004 年，中国人寿在保持原有客服力量的基础上，销售队伍急剧扩大，从而大大扩充了可投保客户的范围。2004 年下半年，大客户业务部的销售业绩突飞猛进，但客户服务能力并未加强。尤其是在一直以来都对服务承诺要求严格的国际商业机器公司，客户关于服务质量下降的投诉屡屡发生。直到 2006 年 3 月，危害终于爆发显现出来：首先是国际商业机器公司的解约，然后是 BMW 的竞标失败，接下来是香格里拉大饭店、美国领事馆、中联软件公司、惠普公司等公司的投诉。客户主要是不满中国人寿提供的服务，满意度普遍较差，最后选择投诉甚至解约。

近年来，中国人寿保险公司意识到树立客户导向、提供高质量的服务产品的重要性，以及强化客户满意管理，通过保持忠实顾客确立核心竞争力的重要性。中国人寿保险公司确立了“成人达己、成己为人”的企业客户服务文化理念，并在一些业务部门及相关产品领域进行了大胆的尝试，更加强调优质的服务产品，满足客户期望值，由此在激烈的竞争中站稳脚跟，赢得了市场。

中国人寿反败为胜的原因与其提供的服务是密不可分的：

第一，明确服务对象。中国人寿大客户业务部对目标顾客的定义很快就跨越了外资企业，一些大中型企业、国有企业，甚至小型企业，只要员工人口素质构成同样较好，也被纳入了保险公司争夺团体保单的视野范畴。

第二，找准客户流失的根本原因并集中解决。中国人寿保险公司通过分析，发现客户流失的原因突出地表现在服务缺口因素、保险行业因素等方面。由此，中国人寿保险公司以加强对客户服务质量的管理、提高客户满意度为目标，重新赢得市场。

第三，结合公司实际情况，提供高质量的服务产品。中国人寿保险公司根据自身特点，建立了可行的质量管理体系，提高了服务质量。中国人寿保险公司通过优质的服务产品提高了客户的满意度，实现了客户忠诚度的提高，增强了公司竞争能力，最后给公司带来了实际的收益。

【实践活动】

了解你身边的服务、服务产品，以及服务与产品之间的联系。讨论人一天的日常生活中，会接触到哪些服务，包括公共服务以及服务商品等。对你接触到的服务进行分类，深入理解服务的特征。

第二节　旅游服务的特征

一、旅游服务的一般属性

（一）旅游服务的无形性

旅游服务的无形性表现在其为旅游者提供的是一系列活动，而不是实实在在的物品。而旅游消费者在购买旅游服务产品之后得到的是一种旅游经历和心理感受，旅游者并不能带走旅游景区的各种设施设备，也不能带走旅游资源的一山一水，只能带走身临其境的印象和个人感受。

旅游服务的无形性增加了服务提供者满足旅游者需求的难度，旅游者只能以主观的方式来衡量或评价旅游服务的好坏。让参与购买的旅游者感受到服务的价值与价格的对等，增加了旅游企业对服务质量进行管理的复杂性。

（二）旅游服务的即时性

旅游服务的即时性是由其无形性决定的，没有保质期，如旅游淡季时酒店未出租的客房、航空飞机上未售出的座位等。旅游服务是即时生产即时消费，其生产与消费两个过程完全统一。例如，酒店的服务生产是从顾客踏进酒店大门消费服务的那一刻开始的，直到顾客离开酒店，该顾客的酒店消费服务和酒店的服务生产才会同时结束。

旅游服务的即时性给旅游服务管理者带来许多挑战：首先，顾客与服务人员之间的互动，会影响顾客对服务质量的感知；其次，旅游服务不能进行提前检验，需要靠服务人员的灵活应变来处理各种突发状况，满足各种类型顾客的多样性需求；最后，顾客更加注重服务过程，由于顾客持续参与服务的生产制造过程，服务人员提供服务的方式、态度都会在一定程度上影响顾客的服务体验和经历。

总之，由于旅游服务的即时特性，旅游企业无法享受到制造业企业那种由于能够保持稳定的生产水平而带来的经济利益，从而加深了旅游服务供需之间的矛盾，同时加大了旅游企业应对市场需求波动的难度。

【同步案例】

全身心投入服务

在酒店服务的“大舞台”上，一旦投入工作，就应该忘记一切与服务无关的思想、情绪和活动。某酒店的餐厅服务员小孟便扮演了一个出色的服务角色。

一位客人餐巾落地，旁边的人移脚踩上。她马上走上前去，说声“对不起”，捡起餐巾，立刻换上一块干净的。

一位客人举手要加饮料，她马上拿起柜上的大瓶“雪碧”，给客人斟加。

又一位客人招手，还有两道菜未上齐，她马上跑进厨房去催。

门口又有两位客人进餐，她立刻迎上前去招呼，并介绍说：“今天你们赶巧了，刚好影视明星在这里聚会，你们可以既用餐，又欣赏，机会难得。”

一个小孩跌倒在地，她奔过去抱起小孩，边哄边唱，孩子破涕为笑。

已是子夜时分，客人散尽，小孟疲惫地倒在椅子上，但脸上露出欣慰的笑容。

案例分析：旅游服务的即时性给旅游服务从业人员带来了许多挑战，需要靠服务人员的灵活应变来处理各种突发状况，满足各种类型顾客的多样性需求。服务人员提供服务的方式、态度都会在一定程度上影响顾客的服务体验和经历。

二、旅游服务的特殊属性

（一）旅游服务的异质性

旅游服务的供应者和需要者都是社会人，而人的多样性决定了在服务过程中人与人之间的相互作用会导致旅游服务的过程和结果具有十分不稳定的特征，没有两种服务是完全一致的。首先，不同的旅游服务人员提供的服务不同，因为每位服务人员自身的能力和想法不尽相同，同时服务人员是服务产品中最重要的组成部分；其次，同一服务人员在不同的时间和场合也不可能提供完全相同的服务，因为人的行为要受到其情绪、情感以及精力、体力的影响；最后，不同的顾客有着不同的服务感知、价值观念和背景，所以不同的顾客对同一服务会产生不同的服务质量评价。

此外，还有许多因素影响着旅游服务的稳定性。如在旅游旺季，由于游客过多，服务人员就有可能人为地降低服务标准，以加快服务速度。再者，顾客参与服务生产过程的积极程度也有所不同，表现在是否会清晰地表达自己的需要，是否积极地与服务人员交流互动，这些都会对服务产出造成影响。在旅游企业经营中，经常有需要第三方提供服务的情况，如旅行社组织的团体包价旅游，通常需要航空公司、酒店等旅游企业为游客提供相应的服务，这就会加大旅游服务的可变性，更加难以有效地控制服务质量。

（二）旅游服务的情绪性

旅游并非生活的必需消费，其精神享受的成分占主导地位。旅游者要求得到服务，不仅为谋求服务特有的活动功能，更需要得到精神上的满足，其中包括自我欣赏性的自尊和社会认可性的他人尊重。

服务具有明显的个人情绪性化色彩，当顾客提出服务要求时，显然是对满意的服务结果充满期望的，加之服务产品选择购买权赋予顾客的自豪感，顾客内心渴望被尊重。虽然服务有其客观标准和规定程序，但每一次服务都不尽相同。服务属于一次性消费，它与物质性商品的明显区别在于消费中途不能退换，所以要求服务尽量一次成功。对服务提出的标准应是优质服务，而不应是优良服务或是其他等级的服务。如果服务很差，激起消费者的不满情绪，即使企业道歉、退货、赔款，也于事无补。

（三）旅游服务的综合性

与其他服务行业相比，旅游服务具有很强的综合性。旅游者完成一次旅游活动需要多个部门和行业的服务支持，旅游服务是一个综合体。其主要原因主要有两个方面：

一是旅游消费须在一定时间段内完成，需要各种不同的服务环节紧密连接，这以组合成完整的旅游日程安排为典型。因为受到旅游者多样化需求的驱动，它以参加团体旅游的客人将一切事务都委托旅行社办理为突出表现。这就要求旅游服务必须具有完整性、系统性和科学性，不能有任何细微的疏忽和大意，否则会造成整个服务的失败。

二是旅游服务涉及的部门和行业众多，其中包括基本的餐饮、住宿、导游、购物、娱乐等服务，还有其他部门提供的银行、保险、外汇、海关等服务，另有间接向旅游者提供产品和服务的行业、部门，如环保、教育、卫生、商业、市政建设等。

（四）旅游服务的直接性

在旅游消费中，任何一种旅游产品只有通过直接、及时的服务才能提供给旅游者。旅游服务的生产和消费是同步进行的，即生产者和消费者之间是直接的、面对面的、当面服务，当面消费，一次性完成，不能退换，这对从业人员的业务素质提出了相应要求。

（五）旅游服务的艺术性

旅游是享受，服务质量会对旅游者情绪产生很大的影响，这要求服务过程中显示出艺术的魅力，通过接待语言和劳动操作两个方面给人以美的享受。语言交流是消费者接触服务的最初阶段，亲切的表情、生动的语言、和蔼的语气、得体的手势，都能使消费者感到满意；许多劳动操作的熟练技巧甚至可以达到近乎艺术表演的程度，干练、利索、敏捷、轻盈的动作能使人产生音乐节奏和舞蹈造型的和谐美感。

【延伸阅读】

导游服务的艺术性

1. 导游语言艺术

是指导游人员所具有的精神特点和语言艺术的综合反映。这里的精神特点，包括导游人员讲解中的思想气质、生活经验、道德修养、语言才能等。

导游语言艺术风格可以划分为三种类型。

第一，语言明快，热情奔放。这类风格的特点是：语言明快、直接、流畅、洋溢着一种敬业味道的奔放热情。导游人员讲解时如火的热情，对所讲的景区也表现出真挚的热爱，让游客感受到的就是一种具有较高水平的职业化解说。第二，幽默诙谐，妙趣横生。就是通过充满智慧和趣味的生活经历与小故事，点燃旅游团的情绪。第三，平实质朴，稳健沉静。平实质朴可让游客倍感亲切温暖，稳健沉静则可给人信任感和安全感。。

2. 导游艺术技巧

所谓导游艺术技巧，是指导游工作中所表现出来的导游方法和导游技巧的多样性、灵活性及创造性的有机结合。我们所说的导游艺术技巧是运用在导游工作的全过程中的。一名合格的导游必须能运用娴熟的导游艺术技巧，善于处理好旅游全过程中的各种关系，解决好各种问题，并使自己的实地导游讲解内容生动、富有魅力。

导游艺术的要求：

第一，视野开阔。导游接待的游客来自大江南北，他们的经历、经济地位、生活水平、文化修养、兴趣爱好都有所不同，因此要做好接待工作，导游必须有开阔的视野。

第二，针对性强。导游人员讲解时，一定要根据游客的不同情况，采取不同的方法；人情味要浓，导游人员要真心实意地为游客服务，要有一颗炽热的心，用满腔的热情去感染他们。

第三，崇高的思想品行。从解说词可以看出导游人员有一颗热爱社会主义、热爱祖国的心，看到导游人员对祖国的传统文化、山河大地、名胜古迹的由衷热爱之情。

【实践活动】

在旅游实践中观察接触到的各种旅游服务的特征，并根据服务特征辨别旅游服务与一般服务的区别，并记录下你在旅游经历中对导游讲解的真实感受，思考怎样提供优质的、具有艺术美的讲解服务。

第三章

旅游服务经历与顾客感知

导言

顾客感知是客户与服务系统之间互动过程中的“真实瞬间”（The moment of truth，也称“关键时刻”），是影响客户服务感知的直接来源，客户感知又以服务接触能力为基础。相比服务结果，服务过程的接触更能影响客户满意度或质量感知。服务的“功能性品质”比“技术性品质”更重要，因此，服务者往往会设法提升服务的功能性品质，增加客户接触的良好印象，提升客户的服务感知。客户对于服务的感受，是在与服务提供者接触的瞬间所形成的。由于服务接触过程涉及较多的客户参与和互动，增加了提供服务时的不确定性和运作管理上的难度与复杂性，任一接触环节应对不当，都可能引起客户的不满，因此，对服务接触过程的服务质量进行监控、测评和改进，已经成为各类服务运作和质量管理的重点与难点。服务接触的重要性在于可让我们实际观察到服务质量，同时有助于针对服务传递的产生过程、互动行为及结果评估间的关联性进行评估，并将互动结果反馈给客户、服务人员及企业管理层。

【学习目标】

1. 知识目标：通过本章的学习，理解并掌握旅游服务感知等核心概念，了解旅游者的服务期望及其成因，学习认识如何改进旅游服务经历，优化顾客感知。

2. 能力目标：学习寻找经历、期望与感知的联系。由旅游服务经历发现旅游顾客期望，同时根据旅游顾客期望优化旅游顾客感知。

3. 技能目标：在结合本章知识点的基础上，通过对相关案例的分析与讨论，掌握并分析现实生活中具体的旅游服务经历与顾客感知。

【导入案例】

追上来的餐馆服务员

朋友讲述了令她印象深刻的一次旅游经历——去年她和同伴们去济南旅游，中午去逛了逛著名的小吃街——芙蓉街，随意走进了一家做济南菜的餐馆。这家餐馆装修简单，干净敞亮，服务员微笑着上前服务，她和同伴们便在服务员的建议下点了几道特色菜。品尝之后，她觉得济南菜不是很合胃口，便和同伴们离去。走出餐馆3分钟后，她突然感觉有人在叫自己，一回头，发现是那家餐馆的服务员！服务员气喘吁吁地追上来，递过来手上的眼镜。她一看，这不是她吃饭时顺手摘下的眼镜吗，立马明白了，连忙跟服务员道谢“不用谢！这是我该做的，希望你们常来芙蓉街。”服务员笑着离去。

朋友感慨“真是不可思议，每次在消费的时候丢东西，店家最多会把东西收起来，等你自己想起来时再折回来拿。这家餐馆的服务员竟然亲自追上来送给我，大概是想到游客不同于一般的顾客，很多时候旅游结束回程时才想起来丢失的东西，这种贴心的服务很让人感动”。

案例分析：一次简单的餐饮经历，一次面对面的服务接触，就在服务员追上来还眼镜的瞬间，顾客服务感知已经建立。尽管这家店的菜品不是很合胃口，但是服务员能够设身处地地为顾客着想，并对顾客给予特别的关注，关键时刻让顾客感动，正是这种“关键时刻”，对获取高质量的声誉起着至关重要的作用。

第一节　服务接触与顾客感知

在旅游服务的生产与传递过程中，顾客与旅游服务组织进行了多层面的互动，我们把这种互动称为服务接触（Service Encounter）。

旅游服务接触包括顾客与旅游服务人员之间的接触，也包括顾客与自主服务设备之间的接触。其中，人员之间的接触又可分为面对面的接触和通过电话或电子邮件的远程接触。

一、面对面服务接触

（一）面对面服务接触的特点及品质层次

美国营销学者J.A.Czepiel、Michael R.Solomon、Evelyn G.Gutman等认为，顾客与服务人员的交往是人类交际行为的一种特殊形式，其特点表现如下。

第一，这种面对面的接触具有明确的目的性（决非偶然性），如酒店各一线部门员工与客人之间直接、面对面进行服务，这种接触具有明确的目的性。

第二，顾客与服务人员的关系是一种特殊的陌生人关系（被社会认可的）——暂时性与角色化。例如，酒店员工每天接待来自世界不同国家和地区的客人，他们与客人之间是一种特殊的陌生人关系。

第三，顾客与服务人员之间的合理交往的范围受到服务性质与内容的限制（与服务有关的信息交流占主导）。例如，商务型游客就不同于度假型游客，这也决定了在面对面服务的过程中会有不同的服务内容。

面对面服务接触的品质可分为以下四个层次。

第一层次，了解顾客的需要：了解顾客需要的最基本的服务。

第二层次，满足顾客的需求：为顾客提供更高的附加价值。

第三层次，关怀顾客：为顾客提供独特的服务。

第四层次，超越顾客期待的服务品质：提供顾客想不到的服务。

【知识链接】

面对面服务接触中，服务质量的决定因素最为复杂。服务人员的“语言”和“非语言”行为都十分重要，顾客之间的互动也会对服务感知产生重要影响。在旅游预订服务及售后服务中，经常会涉及远程接触，如顾客通过电话或互联网预订机票、酒店客房和旅游线路。对于电话接触，电话接线员的接线速度、语气、处理问题的效率、专业知识成为判断接触质量的重要标准；对于通过互联网进行的实时接触，服务人员的回复速度、语言表达、系统质量等成为主要标准。

服务接触对顾客服务质量感知的形成具有非常重要的影响。核心旅游服务基本上都属于高度接触的服务。根据统计，迪士尼乐园的游客在每次游玩中平均要体验74种不同的服务接触，而其中每一次不愉快的接触都可能导致对其整体的负面评价。这也强调了服务接触对形成感知服务质量以及维持顾客关系的重要作用。

对旅游服务组织而言，要把握好关键时刻，在特定的时间和地点向顾客展示其服务质量、强化顾客服务质量感知；否则，一旦出现服务失误，顾客就会形成服务质量低劣的印象。为了弥补这种损失，企业必须创造一个新的关键时刻，以重新获得顾客的认可与满意。比如，主动与顾客联系来纠正服务失误，至少要向顾客解释服务失误的原因。但这种努力有时并不能达到预期的效果，同时对企业来说，这也意味着一定的成本。

（二）面对面服务接触的分类

1. 感性服务

感性服务是一种自我角色的确认，让顾客通过服务感受到自我角色的肯定，同时享受到精神满足的愉悦过程。

感性服务从关注客户的感受开始，用客户最喜欢的方式提供服务，让客户感觉特别亲切。

感性服务用最有创意的方式满足顾客的需求，总是给顾客带来无穷的惊喜。

感性服务用顾客体验创造口碑故事，让顾客口碑相传，赞不绝口。

2. 理性服务

为顾客提供基本的服务，以标准化的操作来满足顾客的服务需求。如最基本的保险相关服务、保单变更、理赔、旅行社办理票务服务。

3. 面对面服务接触涉及的要素

（1）顾客感觉（顾客对服务特点的看法）。它由顾客的消费目的与动机、服务结果（结果本身与可逆性）、服务的重要性以及顾客的介入程度共同决定。顾客感觉的风险与获取服务的代价、服务结果的可逆性两个因素有关。

（2）服务者特点（服务人员的情况）。它由服务者的人口统计特征、服务技能、服务态度、个性特点以及与顾客的交往等方面来决定。

（3）服务现实（服务传递过程及现场情况）。涉及服务的时间因素、技术因素、地点因素、服务内容、服务的复杂性、定制化程度、消费者人数等。

4. 面对面服务接触的评估

（1）企业评估。服务管理人员关心的是顾客评估结果对企业效益的影响。

（2）顾客评估（顾客满意度）。由实际的功能性质量和服务交往方式体现的交往质量共同决定，其中功能性质量是核心，但难以评估，而顾客对交往质量较容易评估，而且顾客在相互交往过程中的满意度会在一定程度上影响他们对功能性质量的感受。

（3）服务者评估。受到顾客感受、上级评价、激励机制多方面的影响。

二、服务者 5S 原则

（一）速度（Speed）

服务顾客要讲求速度，力求快速、及时。

【同步案例】

深夜等房的客人

一天凌晨 3 点 10 分，两位面容疲惫的客人来到前厅接待处，想要一间普通的标准间。

接待员说："我们有豪华标准双人间，498 元一间，还有普通三人间，588 元一间。"

顾客坚持要一间标准间。接待员："真对不起，标准间刚刚客满，豪华标准双人间也非常适合你们，楼层服务员现在正在清扫，请你们稍等片刻。""不行，刚才机场代表告诉我们是有房间的！"客人不禁皱起了眉头。接待员表示有需要清洁打扫的房间，请顾客在大堂等一会儿，然后便赶紧催促客房中心立即清扫普通标准间。

15 分钟后，其中的一位客人来到接待处，问道："小姐，到底有没有房间，我们坐了 3 个多小时的飞机，真的很累，想休息……"

接待员回答："马上就好，请你们再耐心地等一会儿。"接待员连忙安慰客人，同时又打电话到客房中心询问普通标间有没有清扫好，客房服务员却说："有一间豪华标准间清扫好了，其他房间还没有。"接待员："你们在干什么呢，清扫房间那么慢，你们知道客人等得多焦急吗？"服务员："房间总得一间一间清扫吧，哪有那么快。"说完电话就挂断了。

又过了 15 分钟，两位客人再次走向接待处问接待员："你们到底有没有房间？把我们骗到这儿，根本没房，我们不在你们这儿住了。"说完，便向门外走去。这时，大堂副理走了过来想留住客人，可没等他说话，客人就劈头盖脸地说："你不用多说，我们已经在这里白等了半个多小时了。"说完便愤然离去。

案例分析：服务人员在服务过程中，没有及时满足顾客的需求导致顾客愤然离开。在服务过程中，我们应急客人所急，为客人着想。当酒店一时满足不了客人的时候，要及时采取变通措施。虽然接待员在这个过程中言语礼貌，但是客房清理的速度太慢，而且客房服务员坚持按照以前清理房间的顺序，严重怠慢了顾客。

（二）微笑（Smile）

用发自内心的微笑来感染顾客，从而成功推销自己。一位著名的酒店管理人不厌其烦地提醒手下的员工"今天你微笑了吗？"微笑蕴含着强大的正能量，如今大家都能强烈地感受到，同样微笑在服务业至关重要。如在酒店服务中，微笑能让顾客感受到宾至如归，感受到温馨。

【同步思考】

微笑——希尔顿的服务制胜法宝

美国"旅馆大王"希尔顿于 1919 年把父亲留给他的 12000 美元连同自己挣来的几千美元投资出去，开始了他雄心勃勃的经营旅馆生涯。当他的资产从 15000 美元奇迹般地增值到 5100 万美元的时候，他欣喜而自豪地把这一成就告诉母亲。想不到，母亲却淡然地说："依我看，你跟以前根本没有什么两样……事实上你必须把握比5100万美元更值钱的东西：除了对顾客诚实之外，还要想办法使来希尔顿旅馆的人住过了还想再来住，你要想出这样一种简单、容易、不花本钱而行之久远的办法去吸引顾客，这样你的旅馆才有前途。"

母亲的忠告使希尔顿陷入沉思：究竟怎样才能做到母亲指出的"简单、容易、不花本钱而行之久远"呢？他冥思苦想，不得其解。于是他逛商店、住旅店，以一个顾客的亲身感受，得出了准确的答案：微笑服务。只有它才实实在在得同时具备母亲提出的四大条件。从此，希尔顿实行了微笑服务这一独创的经营策略。每天他对服务员的第一句话是"你对顾客微笑了没有？"他要求每个员工不论多么辛苦，都要对顾客报以微笑，即使在旅店业务受到经济萧条的严重影响的时候，他也经常提醒职工记住："万万不可把我们心里的愁云摆在脸上，无论旅馆本身的困难如何，希尔顿旅馆服务员脸上的微笑永远是属于旅客的阳光。"

为了满足顾客的要求，希尔顿"帝国"除了到处充满着"微笑"之外，在组织结构上，希尔顿尽力创造一个尽可能完整的系统，以便成为一个综合性的服务机构。因此，希尔顿饭店除了提供完善的食宿之外，还设有咖啡厅、会议室、宴会厅、游泳池、购物中心、银行、邮电局、花店、服装店、航空公司代理处、旅行社、出租汽车站等一套完整的服务机构和设施，到希尔顿饭店投宿的旅客，真正有一种"宾至如归"的感觉。当希尔顿再一次询问他的员工："你认为还需要添置什么？"员工回答不出来，他笑了："还是一流的微笑！如果是我，单有一流设备，没有一流服务，我宁愿弃之而去，住进虽然地毯陈旧，却处处可见到微笑的旅馆。"

请思考：微笑服务体现了一种什么观念？希尔顿之所以能留住顾客仅仅是靠微笑服务吗？

（三）真诚（Sincerity）

对顾客的服务要真诚，服务人员要有专业的服务意识，从顾客的角度出发，提供顾客最需要的服务，服务人员要有"顾客就是上帝"的意识。

日本的酒店业，把对宾客的尊重、关心、体贴放在首位，真情服务贯穿于整个酒店的服务之中。亲切的问候、甜美的微笑、90° 的鞠躬、礼让服务等，处处体现出把宾客视为上帝、亲朋来予以尊敬、关心、体贴。这是国内酒店业在服务中所欠缺和所不能比拟的。尊重、关心、体贴客人，提高整个酒店的服务质量，与客人建立朋友、亲人般关系，是服务行业经营管理的宗旨，也是满足客人受尊重、受关爱心理需求的基本出发点和服务精要。只有真情服务，才能留住老顾客，进而吸引新顾客。

（四）聪明（Smart）

服务顾客要聪明，有创意，给顾客带来惊喜。当顾客处于尴尬境地时，要巧妙地为顾客解决烦恼，既要保全顾客的面子，又要有效地处理问题，这也是一个服务人员具有高情商的体现。

【同步案例】

多考虑顾客的颜面

1108房间的刘先生在前厅结账时，结账处接到楼层服务员报告："1108房间少了两个高档衣架。"收银员小陈立即微笑地说："刘先生，您的房间少了两个衣架。"客人立刻否认带走了衣架。收银员小陈马上意识到出了问题，便立即通知了大堂副理。

大堂副理在前厅找到了刘先生。"刘先生您好，麻烦您过来一下好吗？"客人随着大堂副理来到了大厅的僻静处。"刘先生，您没拿衣架，那么有没有可能是您的亲朋好友来拜访您时顺便带走了？"大堂副理婉转地向客人表述酒店要索回高档衣架的态度。刘先生坚持没有朋友来过。"请您再回忆一下，您会不会把衣架顺手放到其他地方了？"大堂副理顺势提醒刘先生。"以前我们也曾发现过一些客人住过的房间衣架、浴巾、浴袍之类的不见了，但他们后来回忆起来或是放在床上，或被被子、毯子遮住，或裹在衣服里带走了，您能否上去再看看，会不会也发生类似情况呢？"大堂副理干脆给了他一个明确的提示。

刘先生："一个破衣架，你们真麻烦，咳，还是我上去看一下吧。"说着便匆匆地提着箱子上了电梯。不一会儿，刘先生下来了，故作生气状地说："你们的服务员也太不仔细了，衣架明明就掉在沙发后面嘛！"大堂副理知道客人已经把衣架拿出来了，便不露声色且有礼貌地说："实在对不起，刘先生，麻烦您了。"为了使客人不感到尴尬，大堂副理还很真诚地对客人说："刘先生，希望您下次来还住我们酒店！我们随时欢迎您的再次光临，谢谢！"

案例分析：服务人员要善于观察和了解客人的情况，在处理酒店与顾客的矛盾时，要从客人的角度和为酒店争取客源的角度去考虑问题，绝不能当面指责他们，不要给客人难堪，应巧妙地维护客人的自尊，这样，既维护了客人的面子，又维护了酒店的形象。这个问题如果处理不好，导致客人恼怒，甚至引发争吵，会给酒店带来难以想象的负面影响。

服务人员要懂得，作为顾客即使做错了事仍然希望得到尊重，当服务人员确定顾客有"不轨"行为后，仍然对其表示"尊重"，并为他设计一个"体面的台阶"下台，给顾客"尊重"酒店的机会。案例中酒店通过分析顾客心理，在不得罪客人的前提下维护了酒店的财产，这是一种较为常见且明智的做法。

（五）学习（Study）

只有不断学习进步，提升服务品质，才能更好地进行面对面的服务。服务人员要不断参加培训，努力、认真地研究顾客的消费心理、服务技巧，以及学习商品专业知识，有效地提高接待顾客的能力。

三、顾客感知

（一）顾客感知的含义

顾客感知是建立在顾客的服务感受基础上的，即顾客对服务的感觉、认知和评价。奥里弗（Oliver，1997）把顾客感知定义为“顾客将所接受的服务同优质服务所做的一种对比”。服务企业要了解单个顾客心目中的“优质服务”是什么，并以此为标准来判断某个特定的服务设施所提供的服务是否恰当。

人们一般认为，顾客感知是在服务接受后的最后一瞬间产生的，顾客在服务过程中和接受服务后对服务的判断是交织在一起的，共同对顾客感知产生影响。因此，需要对顾客感知采取全面的整体性方法进行研究。

（二）顾客感知的内容

顾客感知的内容包括服务质量、顾客满意度、服务价值和风险认知。其中，服务质量影响顾客对服务价值的感知，而服务价值和服务质量则会共同影响顾客满意度的感知。

1. 服务质量

（1）可靠性（Reliability）——确保兑现承诺。可靠性是指准确可靠地执行所承诺的服务。从更广泛的意义上说，可靠性意味着公司按照其承诺行事，公司的第一次服务要及时、准确，并在指定的时间内完成服务。

（2）响应性（Responsiveness）——主动帮助顾客。响应性是指帮助顾客并迅速提供服务的愿望。该维度强调在处理顾客要求、询问、投诉问题时的专注和快捷；让顾客等待，特别是无原因的等待会对顾客感知带来不必要的消极影响。对速度的需求，已经成为评价优良顾客感知服务质量的代号，快速地回应也是与顾客交易理应具备的要素。

（3）安全性（Assurance）——激发信任感。员工的行为能够增强顾客对企业的信心，同时让顾客感到安全。这也就意味着员工要有诚意以及解决顾客问题所必须具备的知识和技能。它包括可信的名称、良好的声誉、训练有素的员工。

（4）移情性（Empathy）——将顾客当作个体来对待。设身处地地为顾客着想，并对顾客给予特别的关注，同时营业的时间要充分考虑顾客的实际情况。移情性的本质是通过个性化或顾客化的服务使每个顾客感到自己是唯一的和特殊的。移情性在下列几个方面体现出来：接近顾客的能力、敏感性和有效地理解顾客需求。

（5）有形性（Pangible）——服务的实物特征。服务的有形性是指服务机构有策略地提供服务的有形线索，帮助顾客识别和了解服务。服务的有形线索是服务过程中能被顾客直接感知和提示服务信息的有形物。战略上强调有形性的行业，包括顾客到企业所在地接受服务的行业，如餐厅、饭店、超市和娱乐公司等。

感知服务质量模型如图 3-1 所示。

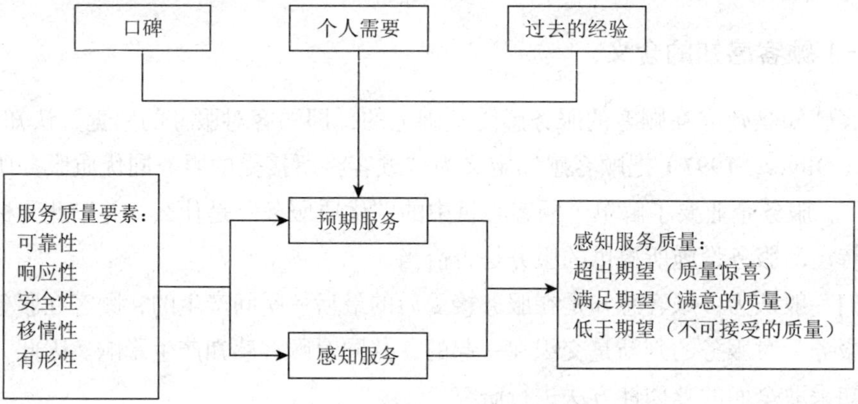

图 3-1　感知服务质量模型

2. 顾客满意度

顾客满意度反映的是顾客的一种心理状态，它来源于顾客对企业的某种服务产品消费所产生的感受与自己的期望进行的对比。顾客满意度是个人化的感受，能够使甲顾客满意的东西，未必会使乙顾客满意。只有对不同的顾客群体的满意度影响因素非常了解，才有可能实现 100% 的顾客满意。顾客满意度的影响因素如图 3-2 所示。

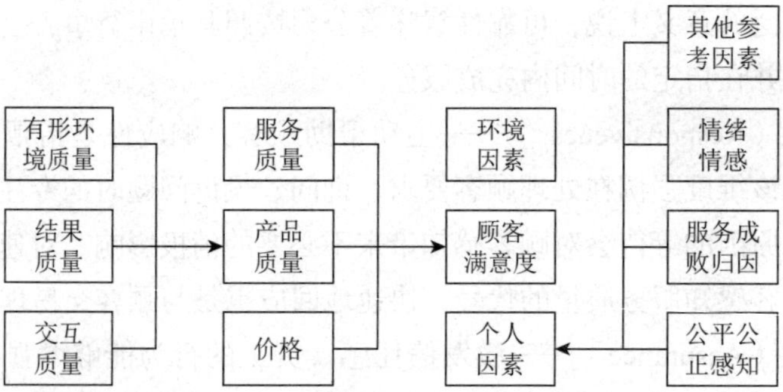

图 3-2　顾客满意度的影响因素

企业不能闭门造车，停留在自己对服务、服务态度、产品质量、价格等指标是否优化的主观判断上，而应综合考虑所提供的产品服务与顾客期望、要求等吻合的程度如何。

3. 服务价值

顾客对服务价值的感知基于顾客的个人主观判断，其核心是顾客享用该服务而付出的代价与所获得的感知利益之间的权衡，具体体现在以下几方面：

（1）服务价格。它是激发人们购买的关键因素，服务经济时代，顾客对于服务价值的认知已经和产品经济时代有了明显的区别，但“服务性价比”依然是影响服务感知的关键因素。

（2）便利程度。它也是影响人们对服务效率感知的重要因素，如肯德基、麦当劳等快餐店强调 60 秒内配餐且口味一致，这种标准化、科学化的快捷配餐方式缩短了顾客在店内的等候时间。

（3）快捷的选择。发达的网络提供了更快捷的选择方式，在线支付与手机支付等方式也给人们快捷购买提供了更多便利。

（4）丰富的信息。它会影响到顾客对服务价值的感知，如在电信市场，过去大家在购买行为中只对手机的外观、质量有要求，现在则会更多地考虑运营商、接通率或计费方式等实际因素，服务体验整体满意度的要求正在提高。

（5）服务的功能。随着顾客服务需求的多样化及专业性，服务的功能也越来越被重视。现在很多行业都在大力建设自己的 IT 系统，如金融、电信，其 IT 基础设施基本形成规模，它们遇到的问题已不是买设备，而是管理设备，即怎么利用这个系统服务于它们的客户，因此在 IT 服务功能方面的需求就特别大。

（6）服务的形象。它体现了消费者购买这些服务的目的。

4. 风险认知

（1）风险的分类。主要包括财务风险、绩效风险、物质风险、社交风险和时间风险。

财务风险是指导致一切有形财产和无形财产（权益、信用）损失或贬值的风险。财产损失通常包括财产的直接损失和间接损失两个方面。在服务感知中，一般指由于消费者决策失当带来的金钱损失。

绩效风险是指提供的服务无法一如既往地达到顾客要求的水准，或产品不具备人们所期望的性能，又或者产品性能比竞争者的产品差所带来的风险。

物质风险是指由于个人或团体的过失行为，造成他人财产损失或人身伤亡，或在服务管理过程中由于服务不当给顾客带来肉体或随身携带用品的损害。

社交风险由于购买某项服务不能得到社交圈子的认可，从而影响到顾客的社会声誉和地位，或因购买决策失误而受到他人嘲笑、疏远而产生的风险。

时间风险是指消费者因更换不称心的服务可能需要花费大量的时间与精力，如对酒店服务不满而进行投诉或更换酒店。

（2）消费者如何避免风险。首先，对于专业技术性服务，购买者可通过调查研究、借助试验、大量收集服务企业的内部和外部的信息等方式避险。其次，听从正面舆论的引导，通过电视、网络、报纸等关注消费新闻，购买政府部门检验并认可的产品。再次，考察企业的美誉度和信誉度，如在购买前探寻朋友对于该服务或企业的看法。最后，忠诚于满意的服务品牌，可以购买过去曾体验并感觉满意的服务。

（三）顾客感知的层次

顾客感知的层次主要体现在以下几个方面。

第一，对单个服务接触点的感知，就酒店而言，前台对顾客服务、餐厅对顾客服务都是单个服务接触点的感知。

第二，对多次服务经历的感知，酒店的回头客及常住客等对酒店的整体服务就会有比较多的印象和感知。

第三，对单个服务提供商的感知，综合多次的服务经历感知，顾客从而形成对酒店的整体评价。

第四，对某一服务行业的感知，通过对多个酒店的评价感知，我们就会形成对该行业的感知印象。

【同步案例】

秀玉红茶坊两家分店的比较

秀玉红茶坊是一家致力于咖啡、西餐厅、主题餐厅等休闲餐饮形式的全国连锁企业，其旗下品牌“秀玉红茶坊”现拥有近40家全资直营店，分店遍及湖北、江西、河南等省，武汉地区尤为集中。

调查显示，徐东分店从点餐、上菜到结账，速度快、效率高，且全程服务员服务态度极佳；光谷分店上菜慢，对于“还要多久上菜”的问询给不出具体的时间，只是说“快了，快了”，结账需排长队，且服务员全程脸色难看，态度恶劣（对单个服务接触点的感知），比如加水、纸巾等需要一再催促才会满足；没有的菜品会直接说没有，而不像徐东店会体贴地给出合理解释并且推荐相近菜品供选择。光谷分店每次去用餐服务员态度都不是很好，且不同的客户均有相似的感受（对多次服务经历的感知）。

案例分析：光谷分店给顾客留下服务质量较差、服务档次较低的印象（对单个服务提供商的感知），从而映射出餐饮业标准化程度不够的结论（对某一服务行业的感知）。虽然有限的消费经历不能完全说明秀玉光谷分店的服务质量差，服务水平低，也不能代表整个餐饮业的服务水平，但是顾客的感知很容易以偏概全（蝴蝶效应），这足以影响服务提供商，甚至是这一服务行业的形象。

第二节　旅游者的服务期望

一、服务消费

所谓服务消费，是指服务从生产者转移到消费者手中并发挥效用的全部过程。在这个过程中，服务消费商品发挥效用的机制和物质商品并不相同。

（一）服务消费的特点

1. 活动性

服务消费的对象也就是服务常常作为一种活动体现出来，一般不具有实物形态。

2. 同一性

服务消费的过程同时就是服务生产的过程。

3. 依赖性

服务的提供对于劳动者个人的能力、素质的依赖程度较高。

（二）服务消费决策的特点

美国经济学家纳尔逊（Nelson）和达比（Daby）、卡尼（Karni）认为消费产品具有三类与决策有关的属性。

1. 搜索性属性（Search Attributes）

是指消费者在购买之前就可以确定的属性，如服装、珠宝、家具、住宅、汽车等。

2. 体验性属性（Experience Attributes）

是指消费者在购买之后或消费过程中才能感觉的属性，如汽车、餐旅、度假、美容美发、儿童护理等。

3. 信誉属性（Reputation Attributes）

是指消费者在购买或消费之后仍然无法评估的属性，但可以通过服务者的信誉加以参考，如电器维修、咨询服务、牙医服务、汽车修理、医疗服务等。

美国著名服务营销学者 V.A.Zeithmal 根据消费者评估难易程度设计了一个服务—产品连续区间，他认为由于服务具有无形性、差异性以及现场性，所以服务的搜索属性很少，体验属性较多。而由专业人员提供的服务，信誉性属性占主导，如图 3–3 所示。

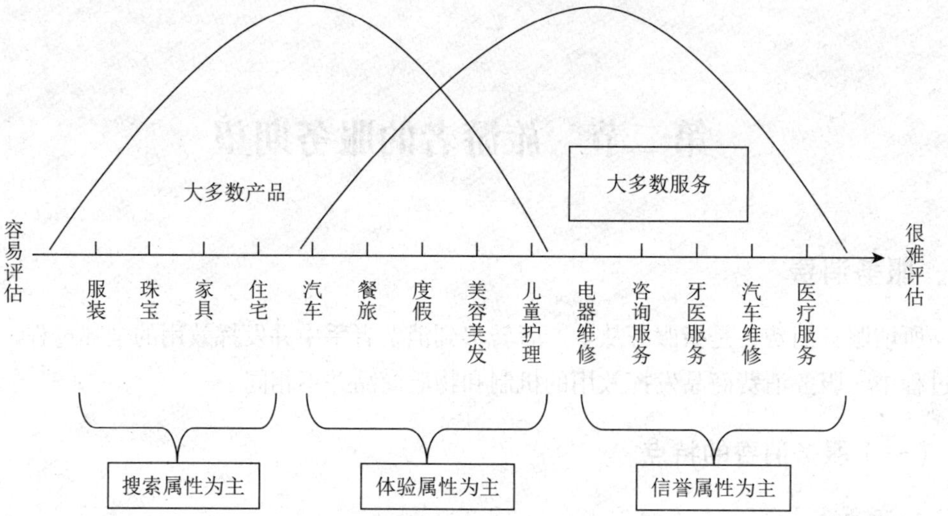

图 3-3　服务消费的属性

（三）服务消费决策的过程

1. 搜索信息

主要从个人信息来源（如亲友和专家）和非个人信息来源（如公开的大众传播渠道）获取产品与服务的信息——为什么在购买服务时，消费者更重视个人化信息来源？首先，大众传播媒介无法传播体验性属性的信息。其次，许多服务企业是地区性小型企业，不可能大规模进行广告宣传，这就导致消费者在购买服务之前无法了解服务产品的相关属性，所以消费者更倾向于依赖个人信息来源。

2. 建立评估标准

消费者在购买之前会根据自己的消费目的和需要，确定几类评估标准（如款式、价格、包装、景点数等）。对许多服务而言，消费者往往只能根据价格和服务企业的有形证据来简单判断。

3. 品牌联想

面对众多的相似服务产品，消费者一般根据能够联想起的品牌加以区分。因此，服务企业的品牌美誉度对消费者的决策十分关键。

为什么购买服务产品会感到有较大的风险？服务产品的无形性决定了服务消费以体验性属性为主，消费者在事前只能根据有限的信息来选择服务，所以风险较大。服务的现场性决定了服务质量的不稳定，因此在购买服务之前无法肯定将消费的服务质量，这自然就增加了顾客的感觉风险。许多服务的专业性很强，顾客由于缺乏必要的知识与经验而无法判断服务质量，从而感觉到风险。服务消费决策的过程如图 3-4 所示。

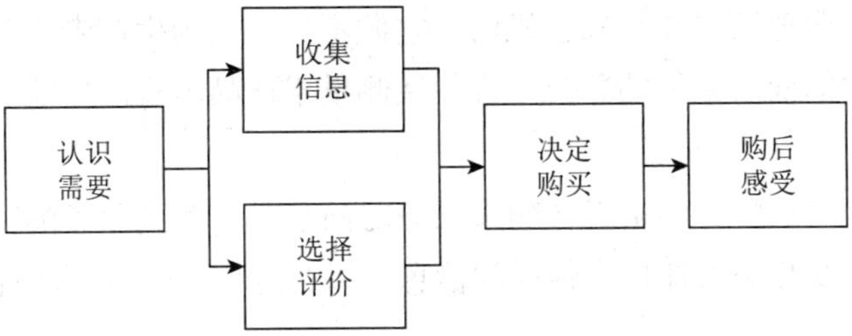

图 3-4 服务消费决策的过程

（四）服务感知风险

美国营销学家R.A.Bauer认为，“任何服务都具有不确定性，无法准确预见其后果”。“感觉中的风险”并不是顾客实际面临的购买风险，它主要包括以下几种风险。

绩效风险——消费者购买的产品或服务可能无法正常使用。

财务风险——消费者由于做出错误的购买决策而损失的金钱。

人身风险——消费的产品或服务会危及人身安全或健康。

心理风险——消费者购买的产品或服务与自我形象和期望不一致，引起心里不安。

社交风险——消费者购买的产品或服务无法得到其社交圈子的认可。

时间风险——消费者因更换不称心的产品或服务可能会花费大量时间与精力。

为什么购买服务产品会感到有较大的风险？

1. 无形性

服务产品的无形性决定了服务消费以体验性属性为主，消费者在事前只能根据有限的信息来选择服务，所以风险较大。

2. 现场性

服务的现场性决定了服务质量的不稳定，因此在购买服务之前无法肯定将消费的服务质量，这自然就增加了顾客的感觉风险。

3. 专业性

许多服务的专业性很强，顾客由于缺乏必要的知识与经验而无法判断服务质量，从而感觉到风险。

（五）服务消费的评价过程及特点

1. 信息搜寻

消费者购买服务消费通常从两类渠道获取信息：一是人际渠道，二是非人际渠道，即产品本身、广告、新闻媒介等。服务消费更依赖于人际来源，原因有以下三点。

（1）服务产品特性。大众媒体多适合于传递有关有形产品可寻找特征方面的信息，服务产品多为经验特征及可信任特征，只适合于消费者向社会相关群体获取。

（2）服务商。服务商往往是独立机构，它们不会专门为生产者产品做经验特征的广告，而生产商与中间商所采用的联合广告往往侧重于产品本身的性能、质量，而不会专门为服务做广告。

（3）消费者规避风险。消费者在购买服务之前很难了解到服务的特征，为了避免购买的风险，愿意接受相关群体口头传播的信息，以为这样的信息可靠性强。

2. 质量标准

只局限于价格和各种设施服务等方面，服务质量判断标准的单一性或者连带性容易造成假象，对消费者造成误导。

例如，在管道维修、物业管理、草坪剪修等服务行业，消费者在购买服务之前只能获得价格方面的信息，只能通过价格高低来判断服务质量；在理发、法律咨询和健身等服务行业，消费者则要根据有形的服务设计包括办公室、场所、人员及其设备等来判断。

在许多情况下，服务质量不一定与价格成正比关系，服务场所的设计和设备也不一定形成良好的服务质量。

3. 风险认知

服务的不可感知性和经验性特征，决定消费者在购买商品之前所获得的有关信息较少，信息越少伴随的风险越大。服务质量没有统一性标准可以衡量，消费者在购买产品过程中的不确定性增强。即使顾客在消费服务的过程中或结束后感到不满意，也无法重新更改或退还。许多服务都具有很强或较强的技术性或专业性，有时即使在享用过服务之后，消费者也缺乏足够的知识或经验对其进行评价。

4. 品牌忠诚度

消费者对品牌的忠诚，主要体现在以下几个方面。

（1）满足社会心理需求。消费者购买品牌产品，认为由此可以获得他人和社会的认同，在心理上获得一种身份地位的满足感，品牌是身份地位的一种象征。

（2）以往的经验。当产品的品牌形象与消费者的自我形象意识一致时，消费者便会选择这种产品来维持和提高自身的形象。

（3）降低购买风险。品牌产品的质量一般有保证，品牌忠诚度有利于降低消费者的购买风险。

（4）降低时间成本。当消费者对一个产品的品牌有很高的忠诚度时，他便会一直购买这种产品，减少了考虑和选择的时间。

（5）替代品的适用性。人们对某一品牌态度的变化，多是通过与可替代的竞争产品相比较而产生的。根据顾客对竞争对手产品的态度，可以判断顾客对其他品牌的产品忠诚度的高低。顾客满意度与忠诚度的关系如图 3–5 所示。

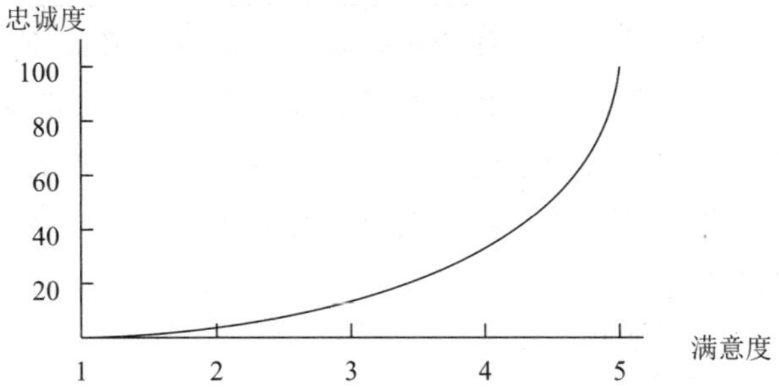

图 3–5　顾客满意度与忠诚度的关系

5. 对不满意的归咎

在服务消费过程中，顾客在很大程度上参与服务的生产过程，消费者会觉得对服务后果的不满意负有一定的责任，或是自悔选择对象不当，或是自责没有给服务提供者讲清要求，或是为没能与对方配合好而自责。服务质量既是服务提供者的事，也取决于消费者的认同与看法，这为企业引导和调动消费者配合完成服务过程提出了更高的要求。

二、角色期望

（一）角色期望的概念

角色期望是指人们对某种社会角色的特权、职责和义务的期望和感觉。人们一般会根据角色期望来调整自己的行为，以便与周围其他互补角色的行为保持协调关系。例如，餐厅服务员这一角色的互补角色包括顾客、其他服务员、引座员、收银员、厨师、经理等。通过角色社交活动，人们可以预见其他角色扮演者的可能反应，从而获得“了解他人扮演角色”的能力。这种能力对于预见他人行为反应，及时调整自我行为非常有效。

【同步案例】

林先生工作之余常到康乐中心来健身。他喜欢打台球，与服务员都很熟悉。在这里他不仅能与熟人聊天，而且台球技艺也在不断长进，每回与对手打球都不相上下，这使得他没有约束感，能体会到不相上下的竞技魅力。

某日，接待他的是一个刚来不久的实习生。小伙子热情地接待林先生，并答应“陪打服务”。但是在短短一个小时的时间里，小伙子干净利落地以大比分赢了林先生两局，让林先生觉得自己像是初学者那样笨拙。他沮丧地提早买了单，并索然无味地离去。

林先生再没有来打球，后来听说他经常出入另一家健身房了。

案例分析：本例中的实习生将自己精湛的球艺发挥得淋漓尽致的时候，忘记了自己的“角色”。“陪打服务”这种特殊的服务项目该如何服务，应该因人而异，向宾客提供“个性化服务”，除了具备较强的技艺之外，还应懂得察言观色，具备应变能力、人际关系处理能力等。该实习生应该时刻牢记自己的“角色”，而不是以“自我为中心”，应以顾客的“角色期望”为关注点，以增强顾客满意为目的，确保顾客的期望得到满足。

（二）服务角色的一致性

1. 内部角色一致性

指服务人员对自己角色的看法与服务管理层对该角色的看法是否一致。主要问题表现在以下几个方面。

（1）角色模糊——不明白自己该干什么（不了解）。

（2）角色不当——该干的干不好（能力问题）。

（3）角色负担过重——干得太多了（数量问题）。

（4）角色矛盾——不该扮演的扮演了（性质问题）。

（5）角色冲突——不知道该按哪一个干（选择问题）。

2. 外部角色一致性

指顾客与服务人员对对方角色的看法是否一致，要求恰当地表明自己的角色特征，同时规定了对方的角色期望。

3. 保持“顾客永远都是对的”角色服务意识

顾客是上帝，但是“上帝”也有犯错误的时候，如果与顾客发生争论，即使赢得了胜利，也只会引起顾客的不满甚至是投诉，最终丧失顾客。

（三）角色投入程度

美国心理学家 T R.Sarbin 和 V L.Allen 认为，角色的投入程度可划分为以下几个层次。

一是不投入，表现为与自己完全无关，如已经终止会员资格的顾客。

二是无所谓，松散的随意关系，如逛超市的一般顾客。在较低角色投入层次的服务中，消费者更重视服务的效率和可预见性，顾客满意度与可预见性程度相关。

三是仪式化，例行公事，如职业化的微笑。

四是投入，全神贯注，真正地投入。

五是入迷，完全沉醉其中，如欣赏音乐。较高角色投入层次的服务中，消费者更重视服务的个性化，顾客满意度与服务的灵活性和个性化程度相关。

【同步案例】

让顾客感觉到自己永远是对的

某酒店的餐厅里，一位客人指着刚上桌的鳜鱼，大声地对服务员说："我们点的是鳜鱼，这个不是！"他这么一说，同桌的其他客人也随声附和，并要求服务员退换。正当服务员左右为难时，餐厅领班张小姐走了过来。张小姐走到客人座位旁仔细一看，发现服务员给客人上的确实是鳜鱼，心里便明白是客人弄错了。当她看到这位客人的反应比较强烈，其余的客人多数含混不清地点头，主人虽然要求服务员调换，但却显得比较难堪，她立即明白这鳜鱼是主人点的，而他对那位客人的错误又不好指出。

于是，张小姐对那位投诉的客人说："先生，如果真是这样，那您不妨再点一条鳜鱼。请您亲自到海鲜池挑选好吗？"客人点头应允。张小姐陪着客人来到海鲜池前，并不着急让客人点鱼，而是先和他聊起天来。稍稍站了一会儿，恰好有其他的客人也点鳜鱼，看到服务员将鱼从池子里捞出，客人的脸上立即露出了惊诧的神情。

等点鱼的客人走后，张小姐对这位投诉的客人说："这就是鳜鱼。"接着，她指着海鲜池前的标签和池中的鱼简要地介绍了一下鳜鱼的特征。最后，她征求客人的意见，"您看您现在点还是等一会儿再点？""这……等一会儿吧。"客人答道。客人回到座位，认真观察了一下，确定是自己弄错了。于是，他面带愧色地向张小姐及服务员道歉，而主人则向张小姐投来了感激的目光。

案例分析：酒店服务中有一条金科玉律：客人永远是对的。在服务过程中，即使明知客人犯了错误，一般也不要直截了当地指出来，以保全其面子。本案例中，领班张小姐虽然明知客人犯了一个常识性的错误，但她心中有"客人永远是对的"这根弦，于是采取了一种间接的转移现场的方式，让客人亲自到海鲜池前点鱼，从而使客人自己认识到错误，取消投诉并致歉。这种处理充分显示了领班张小姐的机智与灵活。另外，领班张小姐在投诉处理过程中察言观色的能力也值得肯定，通过观察，她准确地了解到其中的微妙关系，所以用语措辞都非常谨慎，从而有效地避免了主人和投诉客人之间的尴尬和可能出现的直接对话。

三、改进服务经历，优化顾客感知

（一）个人控制理论

美国心理学家 J.R.Averill 认为个人控制有以下三种形式。

一是行为控制。是指人们通过做出某种行为反应，来直接影响或改变即将发生的某一事件的客观属性。

二是认识控制。指人们对可能出现的不利事件的认知和评估。

三是决策控制。指人们通过分析而预先选择一个可能对自己有利的结果。

服务中的感觉控制、需花费的时间、对服务工作的支配、服务过程的效率、与服务员的接触、需花费的精力、购买风险、依赖他人程度等因素都会影响消费者的控制感。对服务的控制感是顾客评价服务质量时考虑的重要因素。例如，民航服务活动中，如若飞机误点，航空公司应及时通告飞机为何误点、何时起飞、食宿安排等相关问题，以提高乘客认知控制能力，减少埋怨，配合服务。同样，服务人员也希望获得控制感，控制感一方面会影响他们的职业满意度——自豪感；另一方面会影响工作绩效，服务人员对服务过程的相关环节失去控制，会导致服务质量下降、服务效率降低等，最终影响工作绩效。

【同步案例】

夏日炎炎，某酒店608号和609号房间的两位客人各买了一个大西瓜回到房间正准备享用。不巧的是，他们正好被两位楼层服务员碰见。为了避免弄脏地毯和棉织品，这两位服务员分头到客人的房间制止他们在房间里吃西瓜。

服务员A对608号房的客人说道："先生，对不起。您不能在房内吃西瓜，会弄脏地毯的。请您去餐厅吧！"

客人很不高兴地答道："你怎么知道我会弄脏地毯，我就喜欢在房间吃。"

服务员A再次向客人解释："实在对不起，您不能在房间里吃西瓜。"

客人生气地说："房间是我的。不用你教训。酒店多得是，我马上就退房。"说罢便愤然而去。

服务员B对609号房的客人说："先生。您好。在房间里吃瓜容易弄脏您的居住环境，我们让餐厅为您切好瓜。请您在餐桌旁吃，好吗？"客人答道："餐厅太麻烦了。我不会弄脏房间的。"服务员B又建议道："要不我们把西瓜切好，送到您房间？省得您自己动手，好吗？"客人点点头，说道："那就谢谢你了。"

案例分析：这两位员工的语言可谓"小同大异"，其关键区别有两点：一是考虑问题的出发点不同。A站在酒店角度，语言就显得生硬。B站在客人角度，想客人所想，服务就显得热情亲切。二是他们解决的方法不同。服务员A明确地告诉客人"不能……"毫无商量的余地，使客人产生受控制之感。服务员B的语言较为委婉，显出征询客人意见的关切之情。在客人固执己见的情况下，服务员B能灵活地做出合理让步，既坚持了酒店不让客人在房内切瓜的原则，又保住了客人的面子，满足了客人的要求。

（二）服务人员在服务中行使控制权

一是有形控制。如民航乘务员在送食品、饮料前亮指示灯。

二是诱导顾客。服务人员采取主动或抢先行动，引导交往过程，以减少自己的工作压力（点菜、打烊）。

三是训导顾客。服务人员向顾客介绍管理规章，要求其服从。

四是主观判断。在服务开始之前，服务人员根据有关线索来估计顾客的需求，并依据该主观判断，展开对客服务。

五是讨好顾客。在服务过程中，服务人员采取某些牺牲局部利益的行为来迎合顾客，引导顾客配合自己。

（三）顾客在服务中行使控制权

一是更换选择。通过选择另一家服务供应商，获得更好的服务。

二是主动诱导。顾客采取主动或抢先行动，引导交往过程，以避免对自己不利的服务情形（事先声明）。

三是主观判断。在服务开始之前，顾客根据有关线索来估计服务人员的特点，并依据该主观判断，参与到服务之中。

四是小恩小惠。在服务过程中，顾客采取某些小恩小惠来要求服务人员按自己的要求提供服务。

（四）服务优化方式

1. 提供优质的面对面服务

（1）了解顾客需求（要求顾客提供必要信息）。

（2）说明工作要求和期望（由服务员说明）。

（3）高效提供服务，减少顾客感觉中的风险。

2. 向顾客传递真实信息

服务企业在运营过程中向顾客传递的信息要准确、无歧义、不缺失。如果存在多个服务渠道，如呼叫中心、互联网、营业厅都提供服务，那么各个渠道提供的信息必须保持一致。

另外，传递的信息要符合环境和对象的需要。产品、业务等信息在企业内部传递时可能具有专业术语等专业性信息，那么在向客户传递时必须进行客户化转化。手机短信每条不超过 70 字，微博不超过 140 字，信息在通过特殊的渠道传输时，必须考虑渠道特性。

3. 在力所能及的范围内提供标准化服务

服务标准化以服务活动作为标准化对象，其研究范围包括国民经济行业中的全部服务活动。开展服务标准化工作，有利于规范各服务行业市场秩序、提高服务质量、增强服务企业核心竞争力。

服务的标准化可以从两个角度进行：一是服务流程层面；二是提供的具体服务层面。

（1）服务流程标准化。顾客在接受服务的过程中，一方面希望获得专业化的服务，另一方面也希望得到极大的便利，减少等候的时间、方便结算。所以，在进行服务流程标准的设计过程中，要以向顾客提供便利为原则，而不是为了公司内部实施方便等。例如，患者到医院看病，要经历排队挂号、排队就诊、排队付款、取药四个环节。即便是每个环节的服务人员都工作得非常出色，也很难让患者满意。患者身体本来就已经很不舒服了，还要忍受这一系列烦琐的事情，即使由其他人代替，这也不是一个让人愉悦的过程。从某种程度上讲，其流程还有待于进一步优化，以最大的可能来满足顾客的便利。

（2）服务细节标准化。服务的质量与顾客满意度将在很大程度上依赖于“真实瞬间”的情况，如果能在这些“接触瞬间”提炼出可以标准化的部分，对企业本身而言也是一大亮点。“接触点”的服务标准化，主要体现为服务人员的仪表、语言、态度和行为标准等。例如，如果旅馆将“服务细致周到”，转化为服务员要在顾客允许的情况下为其提行李、在顾客进房时对房间内顾客必需的设备进行介绍、三分钟内为顾客打好热水等，这样自然就会体现出其服务细致周到，对服务员所提供的服务是否细致周到也有了判断的依据。

4. 做出质量承诺

承诺内容包括：一是保证自觉遵守法律法规，按法律法规规定和标准要求，诚信经营，切实担负起企业的主体责任；二是自觉、严格地进行质量安全管理，完善质量安全控制体系，加强风险防控，加强质量培训，确保产品质量安全；三是定期主动向相关部门报告质量管理和产品质量安全情况、执行相关法律法规情况，自觉接受公共机构的监督管理，及时报告生产经营过程中发现的质量安全问题、存在的风险隐患、质量安全问题处理情况时，自觉召回不合格产品；四是如有违反以上承诺，企业承担全部责任。

【同步案例】

美容机构的“无效退款”

现在的市场上美容、减肥、丰胸、增高等宣传广告随处可见，不少还以名人宣传、现身说法、免费试用等方式，让消费者体验立竿见影的神奇效果。消费者一下子被诱惑了，却忽视了无效的违约责任，维权相当被动。如果事前双方未约定“无效退款”，无效就并不意味着退款。

这年7月，张小姐到一家纤体中心体验纤体项目，纤体顾问说她只要一个疗程（两个月）就可减6~10斤，并出具承诺保证书。张小姐心动了，交了近9000元的疗程费，美容院的《服务协议书》明确承诺，配合公司的服务要求，保证“从目前53.8千克减到50千克左右”。疗程过后，张小姐体重并没有减到50千克左右。张小姐认为纤体中心做出虚假承诺，要求全额退款。

案例分析：纤体中心尽管有减肥承诺，但并不意味着就是“无效退款”的违约责任条款。“无效”不等于“退款”。

这只是美容等服务常用的宣传口号，消费者千万不要把“无效”与“退款”画等号。

5. 树立良好的品牌形象

品牌形象塑造是一项长期而艰巨的任务，它不是哪个人或哪个具体行动就可以完成的。它需要按照一定的原则，通过一定的途径，全方位地精心塑造。具体有以下途径：

（1）加强品牌管理。首先，要求企业高层领导亲自过问品牌问题，把形象塑造作为企业发展的战略性问题，像抓产品质量一样抓品牌形象塑造。其次，要树立全体员工的品牌意识，员工明白了塑造品牌形象的重要意义，就会产生责任感和使命感，进而形成凝聚力和战斗力。最后，加强品牌管理的另一个核心问题是要在企业内部建立起特有的理念体系和运作机制，建立起科学的组织架构和严密的规章制度，这是实施品牌管理的组织保证。

（2）重视产品与服务质量。质量是品牌的基石，所有强势品牌最显著的特征就是质量过硬。做品牌，一定要有品质。企业为了提高产品与服务质量，应该建立一套完善的质量保证体系，完善的质量保证体系会强化品牌形象，形成良好的品牌信誉。

（3）重视品牌定位。品牌定位是使品牌在社会公众心目中占有一个独特的、有价值的位置的行动，也就是勾勒品牌形象，因此可以想象品牌定位对品牌形象的影响有多大。品牌定位过高、定位过低、定位模糊或定位冲突都会危害品牌形象。

（4）优化品牌设计。对品牌名称、标志和包装进行设计是突出品牌个性、提高品牌认知度、体现品牌形式美的必由之路和有效途径，是塑造品牌形象必不可少的步骤。企业不仅要对品牌识别的各要素进行精心策划与设计，还要使各要素之间协调搭配，形成完整的品牌识别系统，产生最佳的设计效果。

（5）重视社会公众，做好公关与广告。品牌形象最终要建立在社会公众的心目中，最终取决于品牌自身的知名度、美誉度以及公众对品牌的信任度、忠诚度。因而公关和广告要面向公众，以公众为核心，高度重视公众的反应。很多强势品牌就善于利用公关造势而赢得社会公众的好感和信赖。当然，公关造势要善于抓住消费者的心理，否则会事与愿违。

6. 帮助顾客规避感知风险

企业可以采取一些措施来降低顾客的感知风险：营销人员可以通过提供担保、保证退款和自由退换有缺陷的商品等政策来减少失败的结果；在更低价位上提供小包装的产品，也能使顾客在首次试用该产品时减少风险；当顾客不能确定购买与否时，专家的认证可以使顾客确信产品性能；免费样品给予顾客购买之前试用新产品的机会。这些都可以使顾客的感知风险有所减少。

【知识链接】

海底捞是一家以经营川味火锅为主、融汇各地火锅特色为一体的大型跨省直营餐饮火锅店，是全国最著名的火锅品牌之一，而构成其品牌的重要元素之一就是服务。定居北京的邓良军先生前往海底捞用餐后，自称“被感动得一塌糊涂”，他描述了几个细节：在等待区，热心的服务人员为邓先生及朋友送上了西瓜、橙子、苹果、花生、炸虾片等各式小吃，还有豆浆、柠檬水、薄荷水等饮料（都是无限量免费提供），周围还有人在享受棋牌、上网冲浪和擦皮鞋，等待区还专门为女士提供了修甲——也都是免费的；吃饭的过程中，服务员为邓先生换了4套热毛巾，此外，服务员帮他把手机装到小塑料袋以防进水，为长头发的女士提供了橡皮筋和小发夹，还为戴眼镜的朋友送来了擦镜布；服务员帮邓先生喂6岁的侄儿吃饭，并陪他在儿童天地做游戏；邓先生点燃烟时，服务员送来了一个烟嘴，并告知烟焦油有害健康，最好使用烟嘴过滤；邓先生还特别复述了一个流传甚广的故事——一位顾客结完账，临走时随口问了一句：“有冰激凌送吗？”服务员回答：“请你们等一下。”5分钟后，这位服务员拿着“可爱多”气喘吁吁地跑回来：“小姐，你们的冰激凌，让你们久等了，这是刚从易初莲花超市买来的。”

如今，海底捞每年3亿元的营业额似乎印证了优质服务的内在驱动力。海底捞的分店大部分时间能保持每晚3~5桌的翻台率，堪称餐饮界的奇迹。

【延伸阅读】

1. 韩经纶，董军 . 顾客感知服务质量评价与管理 . 天津：南开大学出版社，2006.

该书在介绍服务质量相关理论的基础上，研究了顾客感知服务质量模型及其度量标准、顾客感知服务质量评价方法、顾客感知服务质量的管理，并对评价方法进行实证研究；最后探讨了我国服务质量管理实践中存在的问题及对策。

2. 格罗鲁斯 . 服务管理与营销 . 北京：电子工业出版社，2008.

该书极具前沿性地对服务营销理论进行了全新的诠释。不同于北美学派的实战性，格罗鲁斯素以其关于服务营销管理的思想实质的研究著称。对企业而言，本书将促使企业进行新的思考，怎样通过服务管理来构建自己的竞争优势，进而提升营利能力；对学生而言，本书内容充实、可读性强，不失为一本服务管理与营销的优秀教科书。

3. 宋振赫 . 瞬间读懂顾客心理学 . 北京：中国华侨出版社，2012.

本书是结合销售实践和最新心理学研究成果的实用工具书，对销售人员在销售过程中的不同阶段、消费者的不同心理以及销售人员应该如何面对顾客等方面作了详细的介绍。

【实践活动】

如何改进服务经历，优化顾客感知？根据自己的观察，提出自己的合理化建议。

第四章

旅游服务质量与顾客满意度

导 言

随着旅游业的不断发展成熟和中国旅游市场的逐渐开放，我国旅游企业面临的国际国内竞争日益激烈。旅游企业要想在高度自由竞争的市场上取得优势，提供顾客满意的服务是竞争的焦点和核心问题，其关键是服务质量。面对日趋成熟的消费者，怎样向顾客提供最佳的服务？怎样最大限度地满足旅游消费者不断变化的需求？这是国内各大旅游企业现在必须考虑的问题。

【学习目标】

1. 知识目标：通过本章的学习，理解并掌握旅游服务质量的内涵、特性和基本要求，了解影响顾客评估服务质量的范围要素，学习旅游服务质量的控制方法。

2. 能力目标：在结合本章知识点的基础上，通过对相关案例的分析与讨论，掌握分析影响顾客感知服务质量的重要因素，学习寻找旅游服务质量与顾客满意度之间的联系，从而学会如何制订全面服务质量控制策略，提升顾客满意度。

【导入案例】

因为坚持，所以选择

晚上 11：50，一位客人走到礼宾台，询问道：“请问哪里有别克汽车的专修店？我的车子坏了，明天早上 6：30 我就要送老板去办事。”客人言语中透露着焦急。时值我当晚班，心想，这么晚了，维修店肯定早就关门了。但不管怎样，也得尽自己最大的努力去帮助客人。于是，我礼貌地对客人说："先生，请您稍等一下，我帮您联系一下。"客人没吱声，但表情因焦急而显得不太愉悦。客人肯定非常忧心吧。我迅速地从礼宾部资料库里找到了维修站的电话，拨过去，电话响了一遍又一遍，就是没有人接。我想一定是睡着了，所以继续打电话……站在我面前的客人恼了："你到底能不能找到，什么服务嘛！还四星级呢！"就在这时，电话通了，对方传来了不耐烦的声音。我客气地向对方表示歉意，并说明了原因。专修店老板在我诚恳的请求下终于答应了，并说马上赶过来。这时，站在我身旁的客人脸上有了几分微笑的表情，语气也缓和了。不一会儿，维修店老板过来了，我陪同客人一起去停车场检修车子。经师傅诊断汽车是电瓶坏了，师傅马上为客人换好了新的电瓶。没过多久，车子修好了！客人转过身来充满歉意地对我说："谢谢你小周，刚刚是我太急了，态度不好，请不要介意。"我连忙笑着说："没关系，先生，不能及时为您提供服务是我的不对，耽误您的时间了。"客人满脸笑容，非常满意地走了。

案例分析：小周是服务的典范，正是由于他坚持不懈地帮客人寻找维修师傅，才使得顾客满意，相信下一次顾客还会选择这家酒店。针对这一案例，试分析：

1. 造成服务质量不同的原因有哪些？

2. 请从旅游服务质量构成要素分析这位服务人员有哪些成功的方面？

第一节　旅游服务质量

旅游服务质量（Service Quality in Tourism）是指顾客在旅游活动中所体验的服务表现的总和，即旅游企业提供服务对顾客需求满足程度的综合表现。鉴于旅游服务交易过程的顾客参与性和生产与消费的不可分离性，旅游服务质量必须经顾客认可，并被顾客所识别。其内涵应包括：

其一，旅游服务质量是顾客感知的对象。

其二，旅游服务质量既要有客观方法加以制订和衡量，更多的要按顾客主观的认识加以衡量和检验。

其三，旅游服务质量发生在服务生产和交易过程之中。

其四，旅游服务质量是在服务企业与顾客交易的真实瞬间实现的。

其五，旅游服务质量的提高需要内部形成有效管理和支持系统。

【知识链接】

欧洲质量奖介绍

任欧洲委员会（EC）主席的雅克·戴勒曾指出，“为了企业的成功，为了企业的竞争的成功，我们必须为质量而战”。欧洲质量奖是欧洲委员会副主席马丁·本格曼先生倡议，由欧洲委员会（EC）、欧洲质量组织（EOQ）和欧洲质量基金组织（EFQM）共同发起的。

欧洲质量奖的目的是推动质量改进运动、提高对质量改进重要性和质量管理技术方法的意识，对展示出卓越质量承诺的企业进行认可，以提高欧洲企业在世界一体化市场上的竞争力。欧洲质量奖授予欧洲全面质量管理最杰出和有良好业绩的企业，只有营利性企业才能申请，非营利性企业被排除在外，它对企业所有权的类别和企业所有者的国籍并无要求，但申请企业的质量管理活动必须在欧洲发生。欧洲质量奖评价的领域广泛，它注重企业的经营结果、顾客满意和服务、人力资源开发，强调分享产品和技术信息的重要性。

欧洲质量奖的使命：

一是激励和帮助欧洲的企业，改进他们的经营活动，并最终使顾客满意、雇员满意，达到社会效益和企业效益的卓越化；

二是支持欧洲企业的管理人员加速实施全面质量管理这一在全球市场竞争中获得优势的决定性因素的进程。

在欧洲质量奖卓越化模式的9个要素中，每个要素在评奖过程中所占的百分比如下：领导作用占10%，战略与策划占8%，员工投入占9%，战略与合作关系占9%，过程管理占14%，顾客对产品评价占20%，人力资源效果评价占9%，社会效益评价占6%，经营结果占15%。

欧洲质量奖对欧洲每一个表现卓越的企业开放，它着重于评价企业的卓越性。欧洲质量奖的奖项分为质量奖、单项奖、入围奖和提名奖。欧洲质量奖的奖励范围，1996年扩大到公共领域的组织，1997年奖励范围又扩大到250个雇员以下的中小企业以及销售、市场部门和研究机构等。

思考：中国旅游业是否可以设置一个“中国旅游业服务质量奖”呢？

一、旅游服务质量的构成

【导入案例】

什么样的酒店更吸引人

特色：

豪华，尊崇，自然是很好的，但是千篇一律的奢华却是让客人过目即忘。上海有一家精品酒店 Lapis Casa Boutique Hotel，虽处城中小巷，却备受称赞，其融合旧上海装饰风格加地中海风情，身处其中仿佛能看见过去老上海的历史。另外，其陈列的众多老上海古董、家居等，如果客人喜欢的话，都可以购买，这在酒店中非常稀有的。

精品：

近些年，“极致”这个词被企业用得有些泛滥，但是，极致却不是那么容易做到的，方方面面，每个细节都要做到极致，这样最后才能称之为精品。所谓精品酒店，现代人更加倾向于将其理解为精心设计的、品位雅致的个性化酒店，精致美好，哪怕是巷弄深处，哪怕是只有几十个房间。

文化：

没有文化的酒店，就算满店尽是黄金甲，也只是空有土豪气质而毫无内涵。现代人更加倾向于从酒店发现其对特定的文化、特定的民俗和历史所具有的独特感情和热爱。北京胡同中有个精品酒店——广济邻胡同四合院，在这里可以感受北京特有的胡同文化，体验四合院的民俗风情，秋冬暖阳下，体验胡同文化之余还有音乐、书籍、电影……由此吸引了众多中外旅客的光临。现在众多国内酒店和国际酒店集团都在讲“中国梦”，希望打造出结合中国文化的酒店，比起单纯“土豪金”的闪烁，特有的文化底蕴更能体现出酒店管理者的用心，让本酒店脱颖而出。

科技：

断 Wi-Fi 被评为“2013 十大酷刑”之首，可见科技对人们影响之深。千年旅居文化发展到今天，酒店已不仅是一个打尖住店的场所，更是一种工作和生活方式的延伸，而当科技与我们的生活、工作各个层面都开始融合，酒店生活也该随之变化，不断创新。英国最大的酒店连锁集团 Whitbread 计划于 2014 年开设一家智能商务酒店 HUB BY PREMIER INN，这将成为英国首家允许客人通过手机应用来控制体验的酒店，客人能够通过该应用在网上选房订房、办理入住手续，甚至调节室温和灯光亮度等。在客房内，客人也能通过手机选定需要的电视或电台频道，然后将之串流到房间的平板电视进行观赏。在国内，这种“传统”与“时兴”相结合的趋势也在加强，像“智慧 e 房”系统这样的酒店智能互动平台被运用得越来越广泛，客人通过电视，用手机、遥控器或者 iPad，即可进行上网、点餐、游戏、看电影。夜晚，指尖一点，窗帘缓缓关闭，客房电视、灯光和温度自动变成“睡眠模式”，助眠音乐轻轻响起，想必客人肯定会特别喜欢吧。

思考：这些吸引人的特性体现了哪些服务质量？

（一）技术性质量

指旅游服务结果的质量，即服务的产出过程中，旅游企业提供的服务项目、服务时间、设施设备、服务规范与质量标准、环境氛围等是否满足了顾客需求的程度。例如，酒店为顾客提供的客房和床位，餐厅为顾客提供的菜肴和酒水，航空公司为顾客提供的飞机、舱位等服务，旅行社网点设置的方便程度等。服务结果是顾客服务体验的重要组成部分，顾客容易感知技术质量，顾客对它的评价往往较为客观。

（二）功能性质量

指旅游服务过程的质量，即旅游服务推广的过程中，顾客所感受到的服务人员在履行职责时给顾客带来的利益和享受。旅游服务具有生产和消费同时性的特征，在服务过程中发生的互动关系，必然会影响顾客感知的服务质量。功能性质量与服务人员的仪容仪表、礼节礼貌、宾客意识、服务态度、服务流程、服务技能和技巧等有关，还与顾客的心理特征、知识素养、个人偏好等因素相关。同时，服务质量还受其他外在条件或因素的影响，如服务现场其他顾客对服务质量的评价等。因此，顾客对功能性服务质量的评价往往表现得较为主观，具有较浓重的个人感知。

（三）形象质量

指企业在社会公众心目中形成的总体印象。企业形象通过视觉识别、理念识别、行为识别等系统多层次地体现。顾客可以从企业的资源、组织结构、市场运作、企业行为方式等多个侧面认识企业形象。企业形象质量是顾客感知服务质量的过滤器。如果企业拥有良好的形象质量，些许的失误便会赢得顾客的谅解；如果失误频繁发生，则必然会破坏企业形象；倘若企业形象不佳，则企业任何细微的失误都会给顾客造成很坏的印象。

（四）关系质量

指顾客对服务性企业及其员工的信任感和满意程度，顾客对关系质量的评价一般比较主观。为顾客提供专业服务（如会计服务）、金融服务（如保险服务）和商业服务（如广告代理服务）的服务性企业应重视关系质量。

二、旅游服务质量的特性

【导入案例】

铁路部门的服务质量好坏是上级说了算，还是旅客说了算？上海铁路局给出的答案是后者。该局一改传统的“上级视察、内部考核”的老套路，将评判权交到广大旅客、货主手中。上海市质量协会用户评价中心接受该局委托，对上海、合肥、杭州、福州等13个车站和K63/64次、K65/66次、K13/14次等12趟车的服务质量“打分”。经过客观测评，上海市质量协会用户评价中心向上海铁路局递交了测评结果，对以上25个文明服务示范车站、列车的平均满意度为79.93%。这次全新方式的测评，对各车站、列车人员的心理震动很大。

案例分析：

试从这个案例中分析以下问题：

1. 上海铁路局这种全新的为服务“打分”的测评方法对其他部门有什么借鉴意义？

2. 对于这个案例，你看出来服务质量的哪些特性？

【导入案例】

神州专车的违约

神州专车是国内领先的租车连锁企业——神州租车联合第三方公司优车科技推出的互联网出行品牌。2015年1月28日，神州专车在全国60个城市同步上线，利用移动互联网及大数据技术为客户提供“随时随地，专人专车”的全新专车体验。神州专车采用“专业车辆，专业司机”的B2C运营模式，车辆均为来自神州租车的正规租赁车辆，并和专业的驾驶员服务公司合作，再加上百万安全保障，为每位乘客提供安全、舒适、便捷、贴心的出行体验。

但是，一次不愉快的乘车经历让我记忆犹新。由于出差赶早班机的需要，我请助手帮我预约了早上5点的专车服务。第二天一早，我提前在约定地点等待专车的到来。但是，等到5点多了专车依旧没来。于是，我给专车软件提供的司机打电话，可是电话关机，无人接听。无奈之下，我又打给神州专车的客服热线。客服调解后让我再等10分钟，换一辆车来接我。但10分钟后依然没有车来，在经过30分钟的等待后，我决定放弃专车服务，临时打了一辆的士赶到了机场。

之后，我与神州专车客服联系，并投诉要求补偿200元的士费用。客服说专车赔偿额度没有那么大，最多只能赔偿50元。最终，这次投诉以赔偿50元结束。

案例分析：

神州专车一直在不断改进自己的服务，他们的服务有很多优势，同时也存在一些不足。所以，试从这个案例中分析以下问题。

1. 从案例中归纳影响服务质量的因素有哪些？

2. 针对这次不愉快的乘车经历，你对神州专车的服务提出什么建议？

（一）整体性

从总体角度来看，旅游活动具有综合性的特征，包括食、住、行、游、购、娱六大要素。在旅游过程中，顾客通过与服务机构或服务人员进行接触，真实地感知各个服务环节每个“真实瞬间”的服务水平，从而形成整体旅游服务质量的评价，因而旅游服务质量体现着整体性的特征。从旅游企业角度来看，服务质量的形成需要全员的参与，与顾客直接接触的服务人员会影响顾客感知的质量，其他员工如服务辅助工作人员也会间接影响服务质量。服务质量需要全面的监控，以保证顾客的各个环节的感知质量。保证优质服务质量的输出，需要服务资源在各个职能部门之间平衡协调，并要求各部门间相互沟通、相互协调。全面参与、全面监控、全面协调决定了旅游服务质量的整体性。例如，旅客来到酒店，从大门口门童的问候，到前台接待处的登记，礼宾的引领和介绍房间内各种设施的使用细则，到餐厅的环境、服务和食品等，都会影响顾客对酒店服务质量的真实感知，影响顾客对整体服务质量的评价。

（二）波动性

旅游服务质量的波动性主要表现为两方面：一方面，旅游企业的员工在服务过程中由于自身或企业内部其他条件的影响，每次的服务质量不可能完全保持一致；另一方面，旅游服务的季节性导致服务质量存在不稳定性。在旅游旺季，顾客需求往往超过旅游企业的接待能力，服务人员超负荷的工作量势必影响服务质量的一致性。

（三）阶段性

从旅游活动的整体角度来看，旅游服务质量表现在以下三个阶段：第一阶段是顾客在客源地与组团旅行社、航空公司或异地旅游企业所发生的互动关系的质量；第二阶段是顾客在旅游目的地与相关旅游企业所发生的互动关系的质量；第三阶段是顾客返回客源地与组团旅行社或旅游目的地相关旅游企业所发生的延伸服务关系的质量。从旅游企业和顾客角度来看，旅游企业的职能分工以及顾客自身活动规律的过程性，也决定了旅游服务质量的阶段性。

（四）主观性

顾客对服务质量的感知，主要来自于主观期望、心理感觉、个人判断等主观因素，因此极有可能存在相同的服务质量得到不同顾客不同的质量评价。旅游服务质量的这一特点，与旅游服务的不可感知性与不可分性有关。由于不可感知性，服务质量缺乏较为客观的评价标准，顾客的主观标准便成为较为重要的评价标准之一。由于不可分性，服务质量的形成必须有顾客的参与，而服务质量的感知更多地表现为顾客的一种心理体验，不可避免地带有顾客的主观烙印。

（五）有形性

有形性是指服务机构能通过组成服务的有形元素如服务场所的环境、设施、工具、人员、信息展示等向顾客展示服务的质量。主要体现为服务企业有现代化的服务设施，服务设施具有吸引力，员工有整洁的服装，公司的设施与他们所提供的服务相匹配，等等。

（六）可靠性

可靠性是服务质量感知最重要的决定因素。可靠性意味着旅游企业能按照服务承诺行事，包括提供服务、解决问题、价格履行等各方面的承诺。正是由于旅游服务的不可感知性，顾客希望和信守承诺的旅游企业进行交易，以降低购买服务的潜在风险。例如，顾客希望航空公司的飞机能正点起飞，按时抵达，顾客希望旅行社能按照承诺的旅游路线、食宿标准、餐饮规格提供服务。

（七）响应性

响应性是指旅游企业随时准备帮助客人，并提供迅速、有效的服务，主要体现在旅游企业服务传递系统的效率机制方面。响应性意味着能对顾客的要求、询问、投诉等各项服务问题做出快捷的反应，以有效减少顾客的等候时间。例如，凯悦酒店针对办理登记入住的时间过长这一问题，开发了“一触即可”的自动登记系统，提前预订的客人登记时间不超过60秒。

（八）复原性

在发生服务过错时，如果服务机构能诚恳地认错并及时地采取补救的措施复原顾客所需的服务，就可能消解顾客的怨气，平息矛盾，转“危”为安。例如，一个客人预订的普通标准间，因为其他团队客人延迟退房不能正常办理入住手续，为此前台接待向客人道歉并安排其按原预订价享受豪华标准房，从而让顾客停止了抱怨。

三、旅游服务质量的影响要素

【知识链接】

美国的服务管理研究组织 PZB（A. Parasuraman，Zeithaml，V. and L. Berry）在他们开拓性的研究中确认了有关服务质量的 5 个具体维度，包括可靠性、响应性、安全性、移情性和有形性。

（1）可靠性：按照承诺行事。可靠性被定义为准确可靠地执行所承诺服务的能力。从更广泛的意义上说，可靠性意味着公司按照其承诺行事——包括送货、提供服务、问题解决、定价方面的承诺。（2）响应性：主动帮助顾客。响应性是为顾客及时提供便捷服务的自发性。该维度强调的是回应顾客要求、询问、投诉问题时的专注和快捷。响应性的优劣主要体现在对顾客获得帮助、询问答案及对问题产生注意前等待时间的衡量上。响应性也包括为顾客提供其所需要服务的柔性和能力。（3）安全性：激发信任感。安全性是用来衡量服务提供者的专业水准和谦恭态度，及其能使顾客信任的能力的标准。（4）移情性：顾客关怀与个性化服务的力量。移情性考察的是企业给予顾客的关怀和个性化服务的程度。移情性的本质是通过个性化的或者顾客化的服务使每个顾客感到自己是唯一的和特殊的。顾客想要感到向其提供服务的组织对他们的理解和重视。（5）有形性：服务中的硬件标准。有形性体现了一切与为顾客提供服务有关的有形物质的品质，包括建筑、设备、人员、工具和印刷材料等。所有这些都是顾客，特别是新顾客用来评价服务质量的最直观标准。在战略中强调有形展示的服务行业主要是那些顾客到企业所在地接受服务的类型，如餐馆、酒店、零售商店和娱乐公司。

依据这五个维度的指标，PZB 建立了一种用来衡量顾客感知服务质量的工具——SERVQUAL 评价法。它通过对顾客服务期望与顾客服务体验之间差距的比较分析来衡量顾客感知到的服务质量。通常根据不同的评价对象细化出 22 个指标，被调查者根据其服务体验来回答问题（每个指标的分值在 1~7，分别代表“完全同意”和“完全不同意”）来说明他们期望的服务质量和感知的服务质量，由此来确定总的感知服务质量的分值。分值越高，表明顾客服务体验与服务期望距离越远，即顾客感知的服务质量越低。事实上，计算每个服务质量的分数比总的顾客感知服务质量分数更为重要。

对旅游服务质量范围的认识有助于全面理解旅游服务质量的构成，为设计旅游服务质量评估体系与提升宾客满意度提供依据。

（一）旅游服务质量标准

由于旅游服务的异质性，旅游企业必须制定严格的服务质量标准和规范的质量管理体系，才能保证持续的优质服务质量。旅游业中有公认的行业标准，可以为旅游企业的服务质量标准提供依据，如《旅行社条例》、ISO9000 质量认证、ISO14000 质量认证等。旅游企业也会根据企业的经营性质和服务内容制定相应的服务标准。例如，丽兹·卡尔顿酒店的全面质量管理的黄金标准，IHG 集团的《假日饭店标准手册》等。

【知识链接】

ISO9000 质量管理体系在酒店的应用

用 ISO9000 标准进行酒店质量管理，并以通过 ISO9000 认证，获得第三方注册认证证书，成为不少酒店企业提升服务质量的手段。

1. 规范酒店的各项管理服务程序，有助于提升酒店的管理水平

酒店服务具有生产与消费同步的特点，酒店管理迫切需要一种能事先预防、过程控制、持续改进的管理方法，而这些方法正是 ISO9000 质量管理体系所具备的管理思想和体系运作模式。

导入该体系，酒店在初审阶段就将管理现状进行评估，会将酒店管理和服务精细到每个人、每件事、每一天、每一处。除了接受内审，酒店还要进行管理评审，以及第三方的认证审核，对程序运行中产生的问题不断改进，在规范的基础上进一步提高酒店管理和服务水平。

2. 提升顾客满意度，利于企业树立良好的形象

导入该系统，酒店会建立以“顾客为关注焦点”的质量方针和质量目标，酒店还须对顾客的满意程度进行监视和测量，并对测量的结果进行改善，是打造优质品牌的有力证据，对于树立酒店良好外部形象起到重要作用。

3. 利于企业控制成本

近年来，酒店业竞争激烈，酒店控制成本费用的压力很大。导入 ISO9000 质量管理体系将大大减少或消除不合格产品，明显地降低产品成本；酒店管理更加精细化，事事有人管，用制度和程序将无谓的浪费降到最低，并降低各项费用开支。除了在节约开支方面作用明显以外，在各项程序制度的指引下，酒店服务不断提升，提升顾客满意度，增加酒店营业收入。

（二）旅游服务质量传递过程

顾客参与旅游服务的生产过程，并以过程的感知结果为依据，进行服务质量的基本评价。因此，旅游服务传递系统的设计要符合顾客的活动和行为规律，并保持不同过程之间的有机衔接，以保证顾客感知的效果。另外，旅游企业需要对服务传递过程进行全面的监控：第一，可以对顾客的需求做出快速反应，以更好地满足顾客的需求。第二，

可以加强与服务人员的沟通，以发现服务传递系统中存在的问题，为不断改进服务质量提供依据。第三，旅游企业还需要合理配置服务资源，增加过程的协调性和灵活性，以保证顾客对服务过程质量做出积极的评价。

（三）旅游服务质量结构

旅游服务质量结构是指旅游企业的有形设施、辅助设备和组织设计是否能有效满足顾客的需求。

首先，服务设施和辅助设备直接影响顾客感知的技术性质量，服务设施决定了服务提供的数量，辅助设备影响服务的效率。因此，设施设备的配置应与接待的标准容量相适应。设施设备的闲置或超负荷运转都是对服务资源的浪费，也会影响服务质量的输出。

其次，组织的设计应与服务性质相适应。组织机构设计不合理，服务传递效率较低，会影响顾客对服务质量的评价。组织的柔性设计可以对顾客的需求做出快速反应，并能及时解决服务现场的问题，提高服务传递的效率。

最后，人员的配备也要与运营容量相适应。人员过多，服务人员之间会相互干扰，会影响服务质量水平。人员过少，顾客等候的时间加长，势必会影响顾客的满意度。

（四）旅游服务质量结果

旅游服务质量还需要以服务结果来衡量，通过宾客意见调查等市场调研手段，可以得到顾客对服务结果是否满意的信息。常用的服务结果调研方法主要包括宾客意见表、顾客满意度调查、顾客投诉、走访 VIP 客人、大众点评网络意见搜集等。其中，顾客投诉或抱怨是反映服务质量结果最重要的指标，应引起旅游企业管理者认真对待、及时处理，还要分析意见、整理归档，并提出改进服务质量的方案与行动计划。

旅游服务质量的影响反映在两个方面：一是旅游服务质量的时间影响，即服务是否给顾客创造了满意的经历，留下了美好的印象，使得他们愿意再次光临或进行正面的口碑宣传。二是旅游服务的空间影响，即旅游服务给顾客带来的空间方便利益。旅游服务的可获性暗示了旅游企业服务质量的高低，也是顾客评价服务质量的重要因素。例如，休斯敦的 Marriott 酒店在地铁出口处设立“移动的总服务台”为顾客登记，以方便顾客直接从地铁口到客房。整个过程简单迅捷，客人无须再穿越大堂，也不必再到总服务台办理入住手续，方便了顾客的消费。

四、旅游服务质量的测定

（一）测定标准

1. 规范化和技能化

顾客相信服务供应者有必要的知识和技能，能够规范作业，解决顾客遇到的疑难问题。

2. 态度和行为

顾客感到服务人员用友好的方式主动关心、照顾他们，并以实际行动为顾客排忧解难。

3. 可亲近性和灵活性

顾客认为服务供应者的地理位置、营业时间、职员和营运系统的设计和操作便于服务，并能灵活地根据顾客要求随时加以调整。

4. 可靠性和忠诚感

顾客确信，无论发生什么情况，他们都能够依赖服务供应者。服务供应者能够遵守承诺，尽心竭力满足顾客的最大利益。

5. 自我修复

顾客知道，无论何时出现意外，服务供应者都将迅速有效地采取行动，控制局势，寻找新的、可行的补救措施。

6. 名誉和可信性

顾客相信，服务供应者经营活动可以依赖，物有所值。相信它的优良业绩和超凡价值，可以与顾客共同分享。

在六项标准中，规范化和技能化与技术质量有关，名誉和可信性与形象有关。而其余四项标准显然都与过程有关，代表了职能质量。

（二）测定方法

服务质量测定一般采取评分量化的方式进行，其具体程序如下：

第一步，测定顾客的预期服务质量；

第二步，测定顾客的感知服务质量；

第三步，确定服务质量，即服务质量 = 预期服务质量 – 感知服务质量。

对服务质量的评分量化方法的大致步骤如下：

第一步，选取服务质量的评价标准；

第二步，根据各条标准在所调查的服务行业的地位确定权数；

第三步，对每条标准设计 4~5 道具体问题；

第四步，制作问卷；

第五步，发放问卷，请顾客逐条评分；

第六步，对问卷进行综合统计；

第七步，采用消费者期望值模型分别测算出预期质量和感知质量；

第八步，根据上述公式，求得差距值。其总值越大，表明感知质量离预期质量差距越大，服务质量越差；反之，则服务质量好。

【延伸阅读】

酒店服务质量黄金标准

酒店服务质量的“黄金标准”是从客人角度出发，对酒店服务的环境、产品、人员三个方面提出的基本要求，是酒店视觉形象、服务功能性以及精神享受方面最本质的标准化服务规范。

1. 黄金标准一：凡是客人看到的必须是整洁美观的

众所周知，客人认识一个酒店往往从表面开始，如酒店的立面、台面、墙面、顶面、地面、脸面等，由此形成对酒店的初步感觉。整洁，即整齐清洁；美观，即给客人一种美的享受。它是酒店环境、服务气氛的基本要求，是给客人的第一视觉印象。一方面，必须注意酒店的店容店貌，酒店装修要精致典雅，装饰布置要画龙点睛，物品摆放要整齐有序，酒店环境要洁净美观，酒店气氛要井然有序；另一方面，必须注意员工的服饰仪表与举止，要求做到端庄、得体和大方。

2. 黄金标准二：凡是提供给客人使用的必须是有效的

有效是客人对酒店服务的核心需求。酒店服务的有效，首先表现为设施设备的有效。这就要求酒店的功能布局要合理，设施要配套，设备要完好，运行要正常，使用要方便。这就要求酒店服务项目的设置要到位，服务时间的安排要合理，服务程序的设计要科学，服务方式的选择要恰当，服务标准的制定要适度，员工的服务技能要熟练。

3. 黄金标准三：凡是提供给客人使用的必须是安全的

安全是对酒店产品最基本的要求。安全，即酒店所提供的环境、设施、用品及服务必须保证客人人身、财产和心理的安全。安全是客人的最低层次的需求。首先，要保证设施设备的安全性，如科学安全的装修设计、完善的消防设施、有效的防盗装置、规范的设备安装等。其次，要保证安全管理的有效性，如科学完善的安全管理制度、有效的安全防范措施等。最后，要保证服务的安全性，如科学合理的操作规程、人性化的服务方式、尊重客人的隐私、保证客房私密性等。

4. 黄金标准四：凡是酒店员工对待客人必须是亲切礼貌的

亲切礼貌是酒店对客服务态度的基本要求。其主要表现在员工的面部表情、服务用语和行为举止三个方面。

（1）面部表情。微笑服务始终是最基本的原则。但是仅仅有微笑是不够的，微笑服务，美在仪表仪态，贵在热情真诚，重在技术专业，巧在交流沟通。也就是说，微笑服务要与自身的仪表仪态相统一，同时要对客人有发自内心的热情，辅以柔和、友好、热情、亲切的目光，并在服务中及时与客人沟通。酒店员工笑得自然、笑得自信，客人才能感到亲切礼貌。

（2）服务用语。首先，必须注意礼貌性。包括：要用尊称称呼客人；客人进入时要有迎候语；与客人见面时要有问候语；提醒客人时要用关照语；客人召唤时要用应答语；得到客人的付款、协助或谅解等要有致谢语；客人向我们致谢时要用回谢语；由于我们条件不足或工作疏忽未满足客人需要或给客人带来麻烦时要有致歉语，要询问客人或要求配合时也要先说致歉语；客人着急或感到为难时要及时安慰；客人离店时要有告别语。其次，必须注意艺术性和灵活性。交谈中要理解客人的心理，做到有的放矢，不盲目服务。

（3）行为举止。主要体现在主动和礼仪上，如主动让道、主动帮助、注重礼节等。

第二节　顾客满意度

一、顾客满意度概述

（一）顾客满意度的含义

顾客满意度也叫顾客满意指数，是顾客满足情况的反馈和评价，是顾客期望与顾客体验的匹配程度，即顾客对产品或者服务性能，以及产品或者服务本身的可感知效果与其期望值相比较后得出的指数。

【同步思考】

理想的座位

Z先生因公出差在A酒店住好几天了，他渐渐发现西餐厅领位员好像知道他的小心思一样，每次都将他带到A区靠近窗户的座位上。这天早上，他又来到西餐厅，仍是那个西餐领位在值班，座位仍旧是A区靠近窗户的那个座位。他终于忍不住问了：“小姑娘，你怎么总带我来这个座位呢？”领位员莞尔一笑：“那天带您来这个座位时，您惊叹窗外还有小鸟，看您还拿手机出来拍视频，我就知道您特别喜欢这个位子了。”Z先生听完大受感动：“如此微不足道的小事，这家酒店的普通员工都能够关注到，难怪生意这么好呢！”从此以后，Z先生便成了A酒店的常客。

思考：这名领位员是怎样成功打动Z先生，并使其成了A酒店的常客的？

（二）顾客满意度层次与级度

1. 很不满意状态

是指顾客在消费了某种商品或服务之后感到愤慨、难以容忍，不仅试图找机会投诉，而且会利用一切机会进行反宣传以发泄心中的不快。表现特征：愤慨、恼怒、投诉、反宣传。

2. 不满意状态

是指顾客在购买或消费某种商品或服务后所产生的气愤、烦恼状态。在这种状态下，顾客尚可勉强忍受，希望通过一定方式进行弥补，在适当的时候，也会进行反宣传，提醒自己的亲朋不要去购买同样的商品或服务。表现特征：气愤、烦恼。

3. 不太满意状态

是指顾客在购买或消费某种商品或服务后所产生的抱怨、遗憾状态。在这种状态下，顾客虽心存不满，但想到现实就是这样，不要要求过高，于是就认了。表现特征：抱怨、遗憾。

4. 一般状态

是指顾客在消费某种商品或服务过程中所形成的没有明显情绪的状态。也就是对此既说不上好，也说不上差，还算过得去。表现特征：无明显正、负情绪。

5. 较满意状态

是指顾客在消费某种商品或服务时所形成的好感、肯定和赞许状态。在这种状态下，顾客内心还算满意，但按更高要求还差之甚远，而与一些更差的情况相比，又令人安慰。表现特征：好感、肯定、赞许。

6. 满意状态

是指顾客在消费了某种商品或服务后产生的称心、赞扬和愉快状态。在这种状态下，顾客不仅对自己的选择予以肯定，还会乐于向亲朋推荐，自己的期望与现实基本相符，找不出大的遗憾所在。表现特征：称心、赞扬、愉快。

7. 很满意状态

是指顾客在消费某种商品或服务后形成的激动、满足、感谢状态。在这种状态下，顾客的期望不仅完全达到，没有任何遗憾，而且可能大大超出了自己的期望。这时顾客不仅为自己的选择而自豪，还会利用一切机会向亲朋宣传、介绍推荐，希望他人都来消费。表现特征：激动、满足、感谢。

（三）顾客满意度的特点

1. 主观性

顾客的满意度建立在其对产品和服务的使用体验上，感受对象是客观的，而结论却是主观的。它与顾客自身条件如知识、经验、收入状况、生活习惯、价值观念等有关。

2. 层次性

心理学家马斯洛指出人的需求有五大层次，处于不同需求层次的人对产品和服务的评价标准不同，因而不同地区、不同阶层的人或同一个人在不同条件下对某个产品或某项服务的评价可能不尽相同。

3. 相对性

顾客对产品的技术指标和成本等经济指标通常不熟悉，他们习惯于把购买的产品和同类型的其他产品，或和以往的消费经验相比较，由此得到的满意或不满意具有相对性。

4. 阶段性

任何产品或服务都带有生命周期性或阶段性特点，这就导致顾客对产品的满意度来自过去的使用体验，或是在过去多次感知服务的过程中形成。

二、顾客满意度测评

（一）顾客满意度测评维度

1. 横向方面

（1）理念满意。是指旅游企业经营管理理念带给顾客的满足状态，其测评维度会重点关注企业经营宗旨满意、经营哲学满意和经营价值观满意等。

（2）行为满意。是指旅游企业全部的运行状况带给顾客的满意状态，其测评维度要重点放在对其行为机制满意、行为规则满意和行为模式满意等方面。

（3）视听满意。是指旅游企业具有的外在形象带给顾客的满意状态，应关注企业标志满意、标准字满意、标准色满意以及三个基本要素的应用系统满意等。

（4）产品满意。是指旅游企业的产品带给顾客的满足状态，如产品质量满意、产品功能满意、产品设计满意、产品包装满意、产品品位满意和产品价格满意等。

（5）服务满意。是指旅游企业各项服务带给顾客的满足状态和整体感觉，应关注测评保证体系满意、服务的完整性和便捷性满意、服务的时效性和质量性满意、消费氛围和环境满意等各方面的因素。

2. 纵向层次

（1）物质层面。是指顾客对旅游企业产品物质层产生的满意情况，各个企业管理者应重点在产品的功能、设计和品种等方面的满意要素上下功夫。

（2）精神层面。是指对旅游企业产品的精神层产生的满意感受，如产品的外观、色彩、装潢、品位和服务等会直接影响顾客的精神层面的满意水平。

（3）社会层面。是指顾客在对企业产品和服务的消费过程中所体验的社会利益维护程序的满意，如顾客整体的社会满意程度。

（二）顾客满意度测评方法

顾客满意度可以通过直接或间接的测评方法得到。顾客满意度的直接测评法是通过顾客满意度调查来获得的；顾客满意度的间接测评法包括追踪和检测销售记录、利润以及顾客抱怨等。下面介绍的是旅游企业中常用的顾客满意度的测评方法。

1. 百分比量表法

是指旅游企业请顾客对其服务情况根据百分比量表进行评价的方法。该方法实质上是请顾客给旅游企业的服务质量一个具体的分数。从表面上看，这种方法量化程度较高，但是一个分数并不能反映旅游企业存在的问题，不能提供提升顾客满意度的直接改进意见。

2. 满意序列表法

企业向顾客发放一种五点序列量表，五点分别为很不满意、有点不满意、一般、有点满意、很满意。顾客进行选填之后，旅游企业回收调查表，进行统计分析，得到一个满意度分数。这种方法尽管对于满意度分值本身提供了更多的含义，但是仍缺少一种诊断能力的指标来提升旅游企业改进的特定领域，不能对旅游企业要改进的领域进行说明。

3. 组合的方法

是指在满意调查中使用定量分析与定性分析相结合的方法。在定量评分的基础上，旅游企业鼓励顾客提出企业应怎样才能做得更好的建议，然后旅游企业将这些建议进行分类，并确定这些建议在实施改进中的顺序。把定性分析和定量分析的资料进行有机结合，提高了顾客满意度调查的精准性，并为旅游企业的服务质量改进指明了方向。如喜来登酒店即采用了组合的方法对顾客满意度进行测评。

【知识链接】

喜来登酒店（Sheraton）宾客满意度测评方法

1. 信息控制

（1）宾客意见反馈（包括宾客抱怨和投诉）。

（2）喜来登酒店监视、测量获得的信息。

公关销售部负责宾客意见的收集、汇总工作。

2. 结果控制

（1）宾客满意程度数据分析的指标。

（2）宾客不满意的数据分析指标。

（3）不合格服务。

质量管理部每月发布《宾客满意月度分析报告》，识别和改进存在的问题。

3. 活动控制

（1）宾客满意度的日常调查方法有：发放、收集意见表；提供服务中和提供服务后与宾客谈话、问询；不定期的拜访；设置投诉电话；其他形式的收集。

（2）宾客满意度的日常调查包括以下内容。

①客房部服务人员每天在客房中放置《宾客意见表》，收集宾客对客房、餐饮、康乐等服务的质量意见，对宾客已填写的意见表，服务人员及时收集，转交公关销售部。

②对在与宾客接触面上提供服务的各部门、人员都有责任在服务提供中与服务提供后通过与宾客谈话、问询的方式对宾客满意的信息进行监视和收集，发放《宾客意见表》。对重要的宾客满意信息，应按《内部沟通程序》的规定及时传递至公关销售部。

③公关销售部销售经理、质量管理部客户关系主任按《宾客沟通程序》的要求不定期对喜来登酒店客户进行拜访，整理形成《客户拜访记录》。

④设置宾客投诉电话，大堂副理负责接听，及时收集处理反馈宾客要求、意见，填写《宾客投诉意见表》。

⑤全体员工都应注意在日常工作中以各种形式，倾听、问询、收集宾客满意信息，传递反馈至公关销售部。

（3）宾客满意度的定期测量包括以下内容。

①公关销售部制订季度《宾客满意度测量计划》，确定测量的负责人、时间、方法、频次，并组织具体实施。

②现阶段宾客满意度的定期测量方法有：向市场公众发放《市场问询调查表》，收集市场对喜来登酒店服务满意或不满意的信息及要求事项；市场销售人员对宾客的登门回访；开展与宾客的联谊活动。

③公关销售部整理季度测量结果，编制《宾客满意测量季度报告》，分析存在的主要问题和事项。

（4）对在宾客满意监视和测量过程中发现的宾客抱怨、投诉等不合格服务应按《不合格控制程序》相关规定进行妥善处置。

（5）公关销售部负责建立《宾客满意监视和测量统计台账》，分服务项目、类别对宾客满意信息进行整理统计。

（6）宾客满意度的分析评定和改进包括以下内容。

①公关销售部每月对收集的信息按《数据分析程序》的相关要求进行统计分析，计算出喜来登酒店和各部门宾客满意率的项目、数量和百分比，确定宾客满意程度的特性及趋势，找出与目标值和竞争对手的差距和持续改进的问题点，编制《宾客满意月度分析报告》。

②宾客满意的统计信息，输入《预防措施控制程序》以采取相应的预防措施，持续改进体系、服务质量及服务过程，增强宾客满意度。

（三）顾客满意度测评模型与指标设定

服务质量分为客观质量和感知质量，客观质量是生产导向，感知质量是顾客导向，两者存在明显差异。顾客满意度测评主要是从感知质量方面进行考量，感知质量受消费者背景和偏好的影响，影响消费者决策行为。把消费者的感知质量评价作为服务质量评价标准进行调查，也称作“感知质量调查”。感知质量调查不是向客户询问工作人员做了什么，而是直接询问服务感受或满意程度，关注的是客户“感受到的服务质量”和最终的“服务效果”。顾客满意模型如图 4-1 所示。

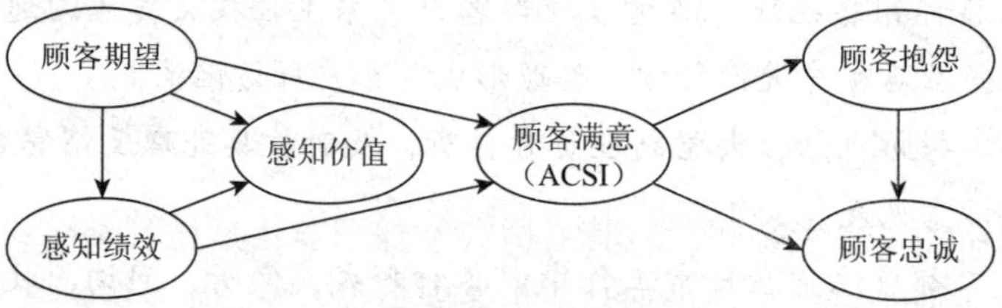

图 4-1　顾客满意模型

感知质量调查特别关注客户关心什么，哪些是关键影响因素。搜集相关影响指标（具体测评指标体系见图 4-2），利用统计技术，可计算出各级指标对上一级指标的影响强度，从而找出关键影响因素；结合指标满意度表现和影响程度，找出服务短板，优化资源配置。由于服务落实度调查对规范员工行为特别有效，发展出“神秘顾客”这样新的调查方式，并被广泛应用于各个旅游企业单位，尤其是窗口部门。

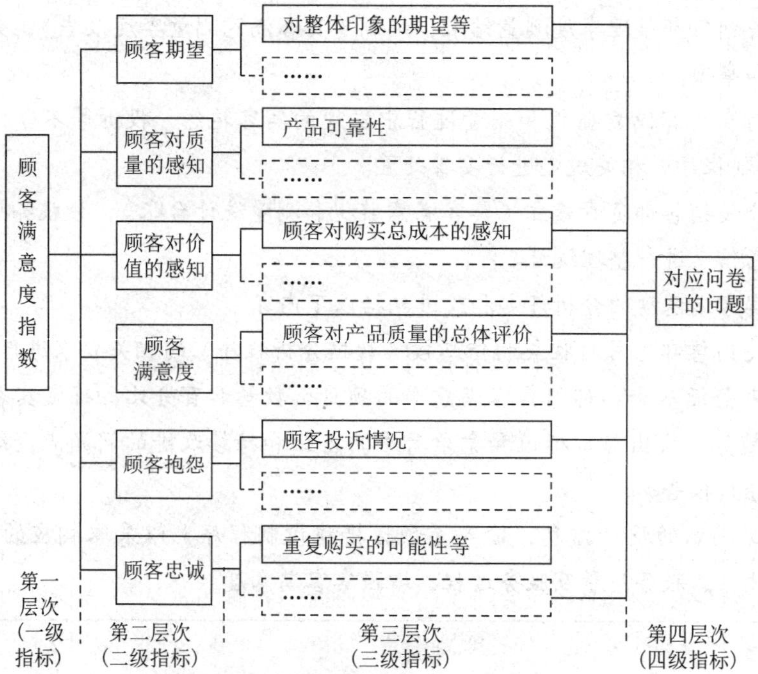

图 4-2　顾客满意度测评指标体系

（四）顾客满意度测评的数据来源

1. 顾客意见调研

（1）问卷调查。是客观、系统地了解顾客需求的最有效途径之一，也是旅游企业顾客满意度测评的必要条件。问卷调查的方法有发放问卷调查、邮寄问卷调查、网上问卷调查、电话调查等。

（2）小组座谈会。选取一组具有代表性的顾客，在主持人的组织下对某个专题进行讨论，通过参与者之间的互动激发新的思考和想法。

（3）神秘顾客调查。由企业指派暗访人员以普通消费者的身份进入指定的检测地点，对事先规定的检测要点进行观察或亲身体验检测，在打分记录之后以普通消费者的感知对各项检测要点做出满意度评价，并提出相关改进意见或建议。这种方法，为旅游企业尤其是饭店业切实掌握整个服务系统的工作方法、工作流程、人员态度、应对技巧、语言以及处理突发事件的方法等提供了客观事实，使饭店能更有效、更深入地满足顾客需求。

2. 宾客投诉（抱怨）率

投诉率是指消费了旅游企业提供的产品或服务之后产生抱怨的比例。顾客的抱怨是不满意的具体体现，通过了解顾客抱怨率与抱怨的内容，就可以知道顾客的不满意状况，所以宾客投诉率也是衡量顾客满意度的最重要指标。如今各大饭店都建立了顾客投诉（抱怨）情报系统，除了设立专人随时处理来自顾客的投诉（抱怨）之外，还建立一种保险机制，收集来自营销人员、经销商、网站等相关顾客反馈的信息，甚至是竞争对手反映出来的顾客意见。

3. 旅游企业内部营销数据分析报表

有不少顾客对旅游企业提供的产品或服务不满并发出明确的抱怨信息，或代之以购买竞争对手的产品或服务，对此，旅游企业可建立内部营销数据分析机制，收集顾客潜在或隐形的抱怨信息。

三、顾客满意度提升途径

（一）增进与顾客的有效沟通

旅游企业产品生产和服务过程本身就是一种人际互动与沟通，这也是企业产品和服务销售与一般商品销售的差别所在。因此，在沟通的过程中，不能一味地只想说服对方接受自己的意见，那不叫沟通；只有设法与顾客建立良好的沟通氛围和环境，让其放松心情、稳定情绪，才是最好的沟通。此外，旅游产品和服务的提供者还要让顾客能感受到你的职业美德。每个员工都应让顾客感受到你是忠诚工作、诚恳待人、充满爱心和热情的人，这样顾客才会信任你，才会乐于接受你所提供的产品和服务。

（二）肯定和接纳顾客

员工提供服务时要让顾客感觉到被肯定、被接纳。服务客人时要有耐心，保持微笑。一般情况下，微笑和应答可以让客人感到你乐于为他服务，对引起冲突或纠纷而发脾气的客人而言，有时微笑或换位思考比任何解释更可能说服他。

（三）满足顾客的合理要求

为了提高顾客的满意度，只要顾客提出的要求合理，服务人员就应当予以满足，除了主动用心了解顾客的需求外，还要用心设计和采纳一些技巧，对自身的判断力充满信心，运用一定的授权或关系协调来解决顾客的困难。

（四）提高对顾客的关怀程度

体贴和体谅顾客不仅体现在旅游产品生产的标准化中，更体现在规范化和程序化服务以外的方方面面，尤其是那些充满人情味的细节之处，往往能给客人带去惊喜，从而提高顾客满意情况，利于培养顾客的忠诚度。

【延伸阅读】

酒店试睡员

试睡员的工作具体是什么呢？第一，挖掘新酒店。第二，针对大型活动或项目考察酒店。第三，总结不同类别的客人对酒店不同的要求。试睡员入住每一个酒店，要针对酒店服务、酒店安全、价格、软硬件设施进行考察。酒店周边的交通、美食、景点情况也不能遗漏。然后整合文字，通过点评系统和博客来呈现。

为了保障点评的公正性，“去哪儿网”对旗下的试睡员提了不少要求：尽量撇开自我的喜好，关注大众的需求；任何时候都不能私下接酒店的试睡邀请，若有酒店邀请网站派试睡员，那也要在酒店不知情的情况下入住；点评按一贯公正原则，如果说文字有时会主观，照片和视频要当作辅助性说明资料。

“去哪儿网”在对试睡员的考核标准中有这两项：“去哪儿网”上的人气（鲜花数及用户回应）、在微博上与用户的互动质量及粉丝的数量。要获得较高的关注，试睡员私下得做很多功课。

一些酒店经营者对试睡员的出现表示了担忧，他们不知道试睡员什么时候会入住酒店，酒店存在的一些问题一旦被写成点评报告公布，对酒店的经营将产生不利影响。更多的酒店经营者，尤其是一些品质较好的连锁经济型酒店对试睡员的出现表示了欢迎。他们认为，酒店试睡员作为消费者与酒店之外的第三方，能够更好地起到监督作用，同时还可以在消费者和酒店之间搭建起信息沟通的桥梁。另外，酒店试睡员的深入点评对高品质的连锁型酒店而言，还能提升其品牌知名度和美誉度。

【实践活动】

尝试做一份国家 5A 级旅游景区的游客满意度调查表。

第五章

服务失误与服务补救

导言

服务产品具有无形性、异质性、并发性和易逝性等特征，同时还具有服务质量评价主观性的特点，这些都注定了服务失误不可避免且大量存在。即使对于有着最佳服务意识的、世界级的服务系统来说，服务失误也是难以避免的。只要有一次服务失误就可能导致顾客不满，并可能永远失去该顾客的信任。在这种情况下，企业怎么做才能避免因服务失误而导致利益损失？能否通过成功的服务补救而增加利益？

服务补救可以提供一个机会去弥补这些缺陷并提供一个让顾客留下正面服务印象的机会。恰当、及时和准确的服务补救可以减弱顾客不满情绪，并部分地恢复顾客满意度和忠诚度，某些情况下，甚至可以大幅度提升顾客满意度和忠诚度。服务补救不仅仅是企业重新获得消费者满意的一种手段，也是一种改进服务质量的有效工具。

【学习目标】

1. 知识目标：了解什么叫作服务失误，以及服务失误的原因和各种表现，同时学习服务产生失误之后采取怎样的策略解决，赢回消费者的满意度。

2. 能力目标：在参与相关服务工作的过程中，能有效识别服务失误，并且及时采取措施进行服务补救，让顾客对你的服务满意。

【导入案例】

“小失误，大代价”

旅游管理专业毕业生小李，在初次接触酒店服务之后，就已经意识到了服务失误管理的重要性。刚到酒店，小李被分配到酒店客房中心工作，有一次轮到小李值夜班，接班手续办完没有多久，小李接到顾客电话，一位中年男子用沙哑的声音说道：“明天早晨6点10分叫醒我。”小李立马记下了客户的叫醒要求，然后立即转告总机。当小李接通总机电话后，才突然发现，自己竟忘了问清客人的房号，根本不知道是哪位顾客预订的叫醒服务。小李查看了刚才的电话机键盘，结果这部电话机没有号码显示屏，小李顿时心慌，立即将此事向总机说明。总机告称也无法查到房号。于是小李的领班马上报告值班经理。值班经理考虑到这时已是半夜，不好逐个房间查询，再根据客人要求一大早叫醒情况看，估计是明早赶飞机或火车的客人。现在只好把希望寄托在客人也许自己会设置手机闹铃。否则，只有等待投诉了。

第二天早晨8点左右，一位男性顾客来到总台，投诉说酒店未按他的要求叫醒，使他误了飞机，其神态沮丧而气愤。早已在大堂等候的大堂副理见状立即上前将这位客人请到大堂咖啡厅接受投诉。大堂副理了解到，该客人是准备一大早赶往机场，与一家旅行社组织的一个旅游团成员会合后乘飞机外出旅游。没想到他在要求叫醒时，以为服务员可以从电话号码显示屏上知道自己的房号，就省略未报。这样的服务失误，打乱了顾客的旅游行程，酒店必须想办法进行补救，酒店方面立即与这家旅行社联系商量弥补办法。该旅行社答应让这位客人加入明天的另一个旅游团，不过今天这位客人在旅游目的地的客房预订金270元要由客人负责。接下来酒店的处理结果是：为客人支付这笔订金，同时免费让客人在酒店再住一夜，而且免去客人昨晚的房费。这样算下来，一次小小失误，导致酒店经济损失共计790元。所幸的是，顾客由于服务失误产生的经济损失酒店都进行了及时的补救和合理的赔偿，并取得了顾客的谅解。

案例分析：服务失误在所难免，当服务失误招致了比较重大的损失，或者导致了客人的严重不满时，服务提供商要主动承担应有的责任。只要顾客要求与原服务价值相当甚至更低的补偿，那么酒店就可以将其归为合理的抱怨予以处理；尽量采用客人提出的方法，并让客人参与调查。这样既可以表示对客人的尊重，也能够体现企业的公正，从而有效地消除顾客的不满。

第一节　服务失误

一、服务失误的概念及类型

（一）服务失误的概念

服务失误是顾客对服务传递中没有满足其期望的一个或多个方面的感知。简单来说就是服务表现未达到顾客对服务的要求及评价标准。

从这一定义中我们可以看出，服务失误取决于两方面：一是顾客对服务的评价标准，即顾客的服务预期所得；二是服务表现，即顾客对服务真实经历的感受，也就是顾客对服务过程中的实际所得。只要顾客认为其需求未被满足，或是企业的服务低于其预期水平，就预示着企业有可能发生服务失误。服务失误的大小可以表述为由于服务失误而给顾客带来的损失的大小程度，服务失误的严重程度的大小会对顾客满意度产生影响，失误的严重程度越大，顾客的满意度越低；服务失误发生在不同时段也需要有不同的对待。

（二）服务失误的类型

1. 按服务发展阶段分类

按服务发展阶段，服务失误可分为结果失误和过程失误。服务失误的结果维度涉及顾客实际从服务中得到（或损失）的经济利益，而过程维度涉及的是顾客如何获得服务。因此，所谓的结果失误，是指企业没有能够满足顾客的基本需求，或者说没有完成核心服务。例如，某种原因，顾客向某家酒店预约房间失败。过程失误则是指在履行核心服务的过程中出现了瑕疵，或提供方式出现某种程度的损失。例如，顾客在酒店前台登记入住时遭遇工作人员的粗鲁对待。

2. 按服务失误能否控制分类

按服务失误能否控制，服务失误可分为不可控制的失误和可控制的失误。服务企业系统出现故障、天气恶劣等不可抗拒的随机因素的影响等属于不可控制的失误；服务人员个人的原因导致服务顾客时状态欠佳、服务技巧欠娴熟等属于可以控制的失误。当顾客期望的服务与企业提供的服务相去甚远时，有时尽管并不是企业的责任，但是顾客往往会归罪于企业，感到不满，这也会导致服务失误。

3. 按服务接触的程度分类

按服务接触的程度，服务失误可分为结果性失误、程序性失误和互动性失误。

（1）结果性失误。是指那些没有能够完成顾客预期的基本服务内容而造成的失误情形。这类失误是与服务提供者的明确承诺紧密相关的，一般也与服务的核心结果有关。这类失误比较常见，如饭店不能为顾客提供预点的菜肴、旅馆不能兑现旅客预订的票务、理发店不能为顾客剪出应有的发型。

（2）程序性失误。是指那些关于服务传递的规章、政策、方法等制度或习惯所造成的服务失误，如服务延迟、顾客等待。

（3）互动性失误。是指由那些直接人际互动过程所造成的服务失误，如一线员工与顾客的人际交流失败、员工的服务态度和礼仪不当。

【导入案例】

从“洗手盅”的笑话看互动性失误

某餐厅内，一桌客人正在用餐，值台服务员在为客人上了基围虾后，又按常规给客人端上了洗手盅。服务人员并没有告诉客人水的用途，只说了一句："先生，请慢用"后就离开了。一位客人见水上飘着几朵菊花，以为这是菊花茶，便一饮而尽。当其他客人正在为这位客人解释时，被正在上菜的服务员听到了，服务员不禁笑出了声，使此位客人十分尴尬。

案例分析：这个服务员在上菜的时候没有说明洗手盅的用处本身就是失职。其次，在顾客不知情而闹笑话的时候居然笑出声，让顾客丢脸，这是大忌。试换位思考：如果自己是顾客，在这里丢了脸还被服务员笑话，下次还会来这个餐厅吗？所以，在服务中必须谨记要维护顾客的面子。

二、服务失误的原因

现实生活中服务失误产生的原因多种多样，系统分析并了解服务失误产生的本质原因，有助于企业在服务管理中找到规律，并找出应对方案。服务失误之所以发生主要是因为服务的质量会受到一些因素的影响，而这些影响因素也正是我们探究服务失误成因的突破口。服务质量一般受到服务本身、服务提供者、服务接受者以及一些外在因素的影响，服务失误也与这几个方面有关。

（一）服务质量构成的特殊性

服务产品的质量水平不完全由提供服务的企业决定，还受到顾客的影响。服务质量是一个主观的范畴，取决于顾客对服务质量的主观预期与实际感知的服务水平之间的对比。服务质量由技术质量、职能质量、形象质量和真实瞬间构成。

技术质量是服务过程中的产出，即顾客最后从服务中得到的东西。

职能质量是服务推广过程中，顾客所感受到的服务人员在执行职责时的行为、态度、着装和仪表给顾客带来的利益和享受。

形象质量是企业在社会公众心目中形成的总体形象。

真实瞬间是服务过程中顾客与企业进行服务接触的过程。

一般来说，技术质量有客观的标准，容易为顾客所感知和评价，而职能质量、形象质量和真实瞬间带有强烈的主观色彩。服务的提供者和服务的接受者对同一服务产品的质量认识并不相同，特别是服务接受者对服务质量的评价不但会考虑服务的结果，还会注重服务过程的质量。

（二）服务提供者的原因

从服务提供者（企业）的角度来看，失误包括服务的系统性失误和员工的操作性失误两方面。服务的系统性失误是服务架构缺损而导致的服务中的失误，通常表现为，企业的服务体系不够完善，设计不科学，服务架构不完备，服务要求不到位，缺乏有效的服务监管体系或没有完备的服务保障措施来满足顾客的要求等。员工的操作性失误一般表现为服务的员工在接待顾客的过程中，因违反服务规程而出现的行动迟缓、态度欠佳、业务不熟、用语不当等现象，从而引发服务失误或服务失败。上述服务失误的出现，既可能与企业的服务理念有关，也可能与员工的素质有关，还可能与店家对服务的监管不力有关。

【知识链接】

1990 年，Bitner 等人在 Diagnosing Favorable and Unfavorable Incident.Journal of Marketing 中，将服务失误构成分为三大类：

1. 服务提交的系统失误

主要是指企业提供的核心服务的失误，包含员工的三种类型的失误：无法提供服务、不合理延迟服务时间和其他核心服务失误。

2. 员工对于顾客需求的反应

包括员工对个别顾客的需要和特别请求的反应。

（1）顾客特殊需求，如为素食主义者准备饭菜；

（2）顾客特殊偏好，如顾客偏爱甜食，不喜辣味，要求更换饭菜口味；

（3）顾客自承错误，如顾客丢失酒店房间钥匙。

3. 员工自发而多余的行为对顾客的关照、不寻常的员工行为、文化规范下的员工行为、整体的体验、对于逆境下的反应。

（三）服务接受者的原因

从服务接受者（顾客）的角度来看，服务具有生产与消费的同步性等特点，从而在很多情况下，顾客对于服务失误也有一定的责任。顾客的服务期望中既有显性的服务需要，也有隐性的服务需求，还有模糊的服务期盼。如果顾客无法正确地表述自己的服务期望，就会带来服务失误与失败。

（四）外在随机因素的影响

在有些情况下，随机因素也会造成服务失误。如电脑病毒突然发作，引发收银系统发生故障，导致顾客长时间排队等候而引发不满等。对于由此造成的服务失误，企业补救的重点应是如何及时准确地将服务失误的原因等信息传递给顾客，与顾客进行沟通，以期得到顾客的理解。

三、服务失误的后果

服务失误的后果有隐性后果和显性后果之分，服务失误的显性后果是顾客流失。目前，随着竞争的不断加剧，零售企业间的竞争十分激烈。在激烈的竞争下，服务的失误、失败必然会导致顾客流失。而服务失误的隐性后果则是“坏口碑”的形成与传播，即因不满意客户的“抱怨”，而在周围人群中迅速传播，使潜在顾客对企业产生不良印象。由于服务产品具有较高的不可感知性和经验性特征，顾客在接受服务、购买产品前，其服务或产品信息更多地从人际渠道获得，顾客通常会认为来自关系可靠的人群或专家的信息更为可靠。因此，对服务产品的口头传播是消费者普遍接受和使用的信息收集手段。“坏口碑”传播导致的结果是企业形象受损，潜在顾客减少，竞争能力下降，形成恶性循环。可见，服务失误的后果是严重的，对失误的服务进行及时的补救则是至关重要的。

【延伸阅读】

联邦快递如何避免服务失误

联邦快递是全球最具规模的快递运输服务公司，为全球超过 235 个国家及地区提供快捷、可靠的快递服务。联邦快递设有环球航空及陆运网络，通常只需 1~2 个工作日，就能迅速运送时限紧迫的货件，而且确保准时送达。联邦快递公司旨在提供精准快速的快递服务，为了提高服务准确性降低服务失误率，该公司利用 Powership 自动系统跟踪有关货件的行踪资料，以了解服务类别、送货时间及地点。这样一来，服务人员可以及时了解到是否发生服务失误，并在第一时间采取补救措施。同时，服务人员记录和分析顾客的投诉以评估服务补救的效果，并以此了解服务失误发生的原因并作出相应的改进措施，之后把这些信息收集整理，建立数据库，用于改进内部工作程序，以减少下次服务失误的发生。当顾客打电话给联邦快递的时候，只要报出发件人的姓名和公司的名称，该顾客的基本资料和以往的交易记录就会显示出来，极大地提高了服务补救质量。

美国联邦快递公司制定了非常严格的服务标准。公司承诺肯定于第二天上午10点之前送达物件，这样顾客会很清楚地了解其应获得的服务水准。同时公司也非常重视员工的培训与授权、组织学习等。公司有相当好的培训制度，每时每刻联邦快递都有3%~5%的员工在接受培训，在员工培训方面的花费每年约为1.55亿美元。

【实践活动】

讲述自身经历过的服务失误，讨论引起这些失误的原因。

第二节　顾客对服务失误的反应

一、顾客对服务失误的反应

面对日常生活中的服务失误，消费者有各种不同的反应，这与消费者自身的性格、生活环境和所受教育等有关，同时也与服务失误的类型与受失误影响程度有关。而我们首先要弄清楚的是，顾客面对各种服务失误可能有哪些反应，由此才能提供更具有针对性的服务补救措施。顾客对服务失误的反应，大致可以分为不作为和作为两个方面，如图5-1所示。

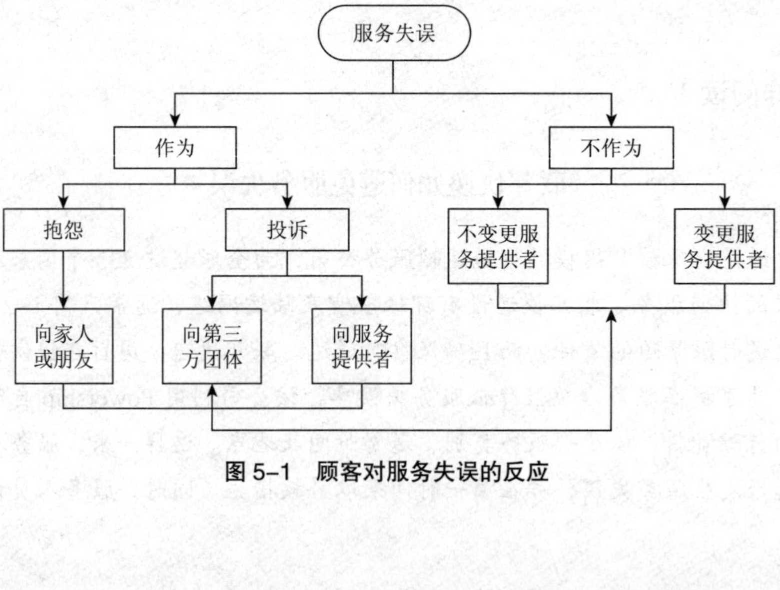

图5-1　顾客对服务失误的反应

（一）顾客不作为

不作为是指顾客针对出现的服务失误并没有采取任何行动。一部分顾客选择继续停留在原服务提供者处，继续接受服务，另一部分顾客会更换服务提供者。在服务经济时代还未来临，服务业并没有如此发达，服务产品需求大于供给的状况下，大多数顾客在服务失误发生之后选择了不作为，选择忍气吞声，然后继续接受该服务；然而在服务业到达供大于求的阶段时，顾客有了更多的选择权，一旦出现服务失误，会选择其他服务提供者，而不是默默忍受失败的服务，也不是花更多的精力去抱怨投诉。

（二）顾客作为

随着消费者维权意识的觉醒，顾客更加注重服务质量、服务体验以及个性化服务等，对于服务失误的重视日益凸显，因而顾客应对服务失误时更倾向于作为，即针对服务失误主动采取一些行动，如抱怨和投诉。

1. 向家人或朋友抱怨

这类抱怨，主要目的为发泄不满情绪和传播一些负面消息，阻止自己的亲朋好友去所在服务提供者处消费。

2. 向服务提供者抱怨

向服务提供者抱怨包含向服务员抱怨、向相关经理抱怨以及向企业管理层投诉等不同等级的抱怨。

3. 向第三方团体投诉

第三方投诉主要是指顾客通过政府部门、公共媒体、商会、消费者协会等第三方组织，以求服务供应商或企业能够对其损失进行合理的补偿。

根据抱怨和投诉的处理结果，顾客会对服务提供者采取的应对策略和补救措施做出评价和衡量，最后决定是否继续接受原有服务提供者提供的服务或变更服务提供者。

【同步案例】

一流酒店也会疏忽

文华东方酒店因服务一流而成为行业佼佼者，其出众的服务和优异的管理经常获得国际大奖，但是这并不代表他们的服务不会出现失误。有两位客人讲述了他们在文华东方酒店的住店经历。预订酒店时，两位客人得知他们将在机场享受酒店的有偿专人接机服务，下飞机之后，他们乘坐付费豪华轿车迅速抵达酒店。去客房途中，前台服务员向他们介绍了酒店以及客房的各种特色服务。然而两位客人从服务员的介绍中发现：接机服务员只向他们推荐了酒店最贵的豪华轿车的迎接服务，实际上，从机场到酒店还有费用低廉的出租车服务。两位客人开始怀疑服务员有故意“宰客”之嫌。

第二天，两位客人打算步行10分钟去会议地点，由于当时下着大雨，他们就向前台借了一把雨伞。服务员在前台储物柜里寻找了5分钟之后，非常抱歉地说："所有免费雨伞都借出去了。"客人无奈地接受了这个解释，但由于是台风季节，客人就想最好还是为以后几天预订两把雨伞，预订雨伞的请求马上被前台服务员记录下来。但事情并没有想象中那么顺利，在接下来的三天里，一直下雨，两位客人一直没有借到雨伞。他们不相信像文华东方酒店这样的酒店会没有足够可供出借的雨伞，也不明白为什么每天总是无法预订到雨伞，最终他们质问了服务台，才发现服务部根本就没有可供借用的雨伞，两位客人被告知他们可以在酒店的零售店购买雨伞。

某天晚上，其中一位客人用客房的直拨电话给家人打电话，他仔细研究了计费方式，最后算出如果加上服务费、各种税收以及外汇兑换费用等，他大概需要花费5澳元。打完电话后，发现他打的4分钟电话需要45澳元。他把这个情况反映给客服部经理，希望能得到合理的解释，客服部经理作了简单调查，承认服务指南上的电话计费方法容易让人产生误解，并向客人保证会解决这个问题。

连续三次的服务疏忽引起了两位顾客的强烈不满。一次又一次的隐形"欺骗"，不仅导致了两位顾客的经济损失，也对顾客的住店心情造成很大影响，两位顾客决定维护自己的权益，向酒店的管理层进行投诉。他们写了一封投诉信，表达了对雨伞欺骗事件、豪华轿车欺骗事件、误导性的电话收费指南的不满。

案例分析：在上述案例中，顾客对文华东方酒店的服务失误的反应大致经历了四个阶段：第一阶段，默默忍受归结于自己运气不好；第二阶段，质问前台；第三阶段，向经理反映情况；第四阶段，向管理层写投诉信。文华东方酒店在整个服务过程中出现了多次失误，顾客对酒店服务失误的反应从默默忍受到最后爆发，将问题暴露出来，引起管理层的重视。而在很多现实案例中，大部分人处于第一阶段，默默忍受，而随着消费者维权意识的觉醒以及对服务质量的要求日渐提升，越来越多的顾客走向第二阶段，向服务提供者抱怨或者在解决不力后向管理层反映问题。

二、顾客对服务失误的抱怨

抱怨是人们表达不满的一种方式。根据消费心理学中的研究，抱怨可能是有目的的或者无目的的。顾客对服务失误的抱怨非常普遍，但也分有目的的抱怨和无目的的抱怨，有效识别抱怨的本质，也是进行服务补救的重要基础。

有目的的抱怨是为了改变事情的并不想要的状况而表达的。例如，对服务员抱怨一份牛排没煎熟是有目的的抱怨。在这个例子中，抱怨者完全是希望服务员纠正这种状况。

无目的的抱怨并不期望改变不想要的状况。这类抱怨远多于有目的的抱怨。例如，关于天气的抱怨，如“真是太热了！”并没有真正希望改变这种情况。

（一）抱怨者的种类

按照抱怨反应方向、是否传播负面消息以及是否转换供应商三方面，抱怨者可分为消极者、发言者、发怒者、积极分子和极端分子五大类（见表 5-1）。

表 5-1 抱怨者的类型

<table>
<tr><th rowspan="2"></th><th rowspan="2">抱怨者类型</th><th colspan="3">抱怨反应方向</th><th rowspan="2">是否传播负面消息</th><th rowspan="2">是否转换供应商</th></tr>
<tr><th>供应商</th><th>周围的人</th><th>第三方</th></tr>
<tr><td>1</td><td>消极者</td><td>×</td><td>×</td><td>×</td><td>×</td><td>×/√</td></tr>
<tr><td>2</td><td>发言者</td><td>√</td><td>×</td><td>×</td><td>×</td><td rowspan="3">根据抱怨处理的情况而定</td></tr>
<tr><td>3</td><td>发怒者</td><td>√</td><td>√</td><td>×</td><td>√</td></tr>
<tr><td>4</td><td>积极分子</td><td>√</td><td>√</td><td>√</td><td>√</td></tr>
<tr><td>5</td><td>极端分子</td><td>√</td><td>√</td><td>√</td><td>√</td><td>√</td></tr>
</table>

1. 消极者

这类顾客极少会采取行动，他们一般不会向服务人员诉说任何事，也不大可能向第三方或周围的人抱怨。他们怀疑抱怨的有效性，因而不会传播一些负面消息，一般会选择默默忍受或转换提供服务的供应商。这类抱怨者不利于服务供应商及时采取补救措施，提升服务形象，留住顾客。

2. 发言者

发言者乐于向服务人员抱怨，他们认为抱怨对社会有益且有效。他们不大可能传播负面消息、改变服务供应商及向第三方发泄不满。这类顾客有助于企业改进、提升服务质量和服务体验，给予服务提供者改正的机会。

3. 发怒者

这类顾客更有可能向服务供应商抱怨，并且极力向周围的人以及朋友、亲戚传播负面消息，一般不会向第三方讲述不满。他们相信抱怨会给社会带来利益，但很少给服务提供者改正的机会。

4. 积极分子

积极分子在各方面更加具有抱怨的积极性，他们会向服务供应商、家人朋友以及第三方团体抱怨，会传播负面消息，非常乐于抱怨，并且对所有抱怨的潜在正面结果都有非常乐观的态度。这类顾客比较利于服务供应商进行改进，留住顾客并且赢得更多的顾客。

5. 极端分子

这类顾客会极力向服务提供者进行控诉以及向周围的人传达较多的负面思想，甚至发布具有煽动性的负面评论，同时会向第三方发泄不满，并且不会给供应商进行服务补救的机会。这类顾客是服务提供者需要密切注意的，否则会给企业带来巨大的损失，并且不利于保持形象和留住顾客。

（二）影响顾客抱怨的因素

影响顾客抱怨的因素主要可以从抱怨的投入与产出两方面考虑。简而言之，顾客认为自己抱怨的投入要大于产出的时候，通常会选择沉默；而当顾客认为抱怨产出的利益要远大于投入时，则倾向于向服务提供者、周围的人以及第三方抱怨。当然，能够左右顾客抱怨的因素不止投入产出比这一项，还有其他的因素，如抱怨的便利性、顾客个性等，顾客会考虑发生的服务失误是否对他有很大的影响，抱怨必须付出的时间成本与精力值，以及抱怨能给自身及社会带来多大的利益和贡献价值。影响顾客抱怨的因素如表5-2所示。

表5-2 影响顾客抱怨的因素

抱怨投入	抱怨产出		抱怨渠道	抱怨者自身的因素
	正面结果	负面结果		
时间成本	心理抚慰	心理挫败	是否便利	个性和性格； 受失误影响程度
经济成本	经济补偿	经济损失		
情感与精力	尊重感	形象与名誉受损与威胁		
社会支持	社会贡献	社会负面影响		

（三）顾客抱怨的原因

顾客之所以选择抱怨，是因为服务失误导致服务质量没有达到他们的期望，并且想要通过抱怨解决问题。他们基本上相信抱怨的投入会小于产出，并具有较为便利的抱怨渠道，且自己乐于抱怨。但有些人则只是想发泄不满情绪，并不在乎抱怨投入产出比。抱怨原因分析如下：相信投诉会带来积极效果；对其他人或社会有益；相信自己会获得合理的赔偿；相信应该得到公正对待和优质服务，且认为服务本应做好；抱怨是抱怨者得以恢复某种控制力的方式；惩罚服务供应商和提供者；仅仅是喜欢抱怨或制造麻烦。

（四）顾客不抱怨的原因

服务具有无形性，顾客对服务提供过程的评价基本上是主观的。因此，顾客经常很难保证给出客观的评论，服务生产与消费的不可分离性导致了顾客经常会对服务过程提供输入，因而也会影响服务产品的输出，最后即使遇到不想要的结果，也往往倾向于责怪自己；许多服务技术性和专业性较强，需要具有专业的知识与技能，因而顾客有时认为自己没有能力提出专业的评价或抱怨。顾客不抱怨的原因可以大致归纳为以下几点：浪费时间与精力，需付出时间成本与心力；不相信对自己或别人有积极意义；抱怨不便利：不知道通过什么渠道抱怨；认为失误是自己造成的，并且得不到赔偿；缺乏相关的专业知识和法律知识；没有受到足够大的影响和造成很大的损失，不足以抱怨。

（五）顾客抱怨时的期望

当顾客投入精力与时间时，期望都会随之提高。他们期望问题能迅速得到解决及获得帮助，期望对其产生的损失和不便能进行合理补偿，期望在服务过程中得到亲切热情的对待。

顾客期望得到公平公正的对待，当然这是从顾客自身角度出发的带有感性色彩的公平。这种公平又包括过程公平、结果公平、互动公平。过程公平是在服务提供过程中，顾客享受到的政策规定公平、服务等级以及时限公平等；结果公平是指顾客得到对等的服务质量；互动公平是指顾客在与服务人员互动沟通中被有礼貌、耐心和诚实的对待。

【延伸阅读】

抱怨是金

由于服务行业的特殊性，顾客不知道失误是否由自己造成或者他们不确定是否能获得应有的赔偿，因此大多数顾客即使有不满的地方也不投诉，而选择了沉默。然而沉默并没有给大多数企业带来幸运。顾客不投诉，不是企业的福气，而是企业的损失。据有关资料统计，1 个不满意的客户会把他的不满态度告诉 10 个人，其中 2 个人又会分别告诉 20 个人，其破坏力不可低估。因此，妥善处理客户抱怨对一个企业的经营管理至关重要。当时如果处理好客户的抱怨，70% 的客户还会继续购买；如果能够当场解决，95% 的客户会继续购买。从中我们可以看出，处理好顾客抱怨是多么重要，那么我们在实际工作中该如何处理这些抱怨呢？

一个观念：抱怨是金。有研究发现，提出抱怨的顾客，若问题获得圆满解决，其忠诚度会比从来没遇到问题的顾客要高。因此，顾客的抱怨并不可怕，可怕的是不能有效地化解抱怨，最终导致顾客的离去。相反，若没有顾客的抱怨，反而是有些不对劲。在过去的观念中，客户一旦抱怨，经营者就会认为他们是在找麻烦、添乱，而且只认识到抱怨给经营者带来的一些负面影响。但实际上这种观念是偏颇的，从一定意义上讲，顾客的抱怨往往比顾客的赞美对企业的发展更为重要，因为抱怨表明企业还能够比现在做得更好，你的顾客会比现在还要更多。对大多数顾客来说，他们很少对你抱怨，相反，他们总是一声不吭地选择其他服务，或者不再接受这种服务。但是如果顾客的抱怨得到鼓励，他们就会产生信任感。顾客抱怨往往说明他们正是信任你，因为他们有更高的要求，你满足他们要求的过程就是企业提升的过程。所以，当客户向你抱怨时，不要把它看成问题，而应把它当作天赐良机，所谓“抱怨是金”。

【实践活动】

您是否遇到过服务失误但不愿意提出抱怨的经验？为什么？

第三节 服务补救

一、服务补救概述

（一）服务补救的概念

“服务补救”一词，最早由英国航空公司在其“以顾客为先”的活动中首次提出。狭义的服务补救是指服务提供者在发生服务失误后所作出的一种即时和主动性反应，主要强调及时性和主动性这两个特点。广义的服务补救是指针对服务系统中可能导致失误或已发生失误的任一环节所采取的一种特殊措施，它不仅包括失误的实时弥补，也涵盖了对服务补救需求的事前预测与控制，以及对顾客抱怨和投诉的处理。

本书中的服务补救是指服务企业员工在为顾客提供服务的过程中，对因失误而引起的顾客抱怨所采取的弥补性、挽救性行为。在服务接触中，服务传送与其提供者是不可分离的。在服务传送的任何一个接触点都可能发生失误。顾客在发生服务失误后，便会发生抱怨行为，可能终止服务，或向亲朋好友宣传该项失误。因此，企业在面临顾客抱怨时，应采取行之有效的服务补救措施，减低可能发生的负面影响。恰当并及时的服务补救和真诚、主动的服务补救行为，可减弱顾客的不满情绪，有效化解矛盾，避免服务危机，最终赢得顾客的满意，换取顾客的忠诚，树立企业形象，提高企业声望。

（二）服务补救与抱怨管理的区别

第一，服务补救具有实时性特点。这是服务补救与顾客抱怨管理一个非常重要的区别。顾客抱怨管理一般必须等到一个服务过程结束之后，而服务补救则必须是在服务失误出现的现场。如果等到一个服务过程结束，服务补救的成本会急剧上升，补救的效果也会大打折扣。

第二，服务补救具有主动性特点。顾客抱怨管理有一个非常明显的特点，即只有当顾客进行抱怨时，企业才会采取相应的措施，安抚顾客，使顾客满意地离去。但据华盛顿一家调查机构所进行的一项调查显示：有问题的顾客中，只有 4% 向公司有关部门进行抱怨或投诉，而另外 96% 的顾客不会抱怨，但他们会向 9~10 人倾诉自己的不满。顾客抱怨管理“不抱怨不处理”的原则，将严重影响顾客感知服务质量和顾客满意，从而影响顾客忠诚，使企业在竞争中处于不利的境界。服务补救则不同，它要求服务提供者主动去发现服务失误并及时地采取措施解决失误，这种前瞻性的管理模式，无疑更有利于提高顾客满意和忠诚的水平。

第三，服务补救是一项全过程的、全员性质的管理工作。而顾客抱怨管理则是由专门的部门来进行的、阶段性的管理工作。一般来说，服务补救具有鲜明的现场性，服务企业授权一线员工在服务失误发生的现场及时采取补救措施，而不是等专门的人员来处理顾客的抱怨。

二、服务补救悖论

（一）服务补救悖论的来源

服务补救悖论（Service Recovery Paradox）最早由 McCollough 和 Bharadwaj 于 1992 年提出，它是指服务失败后，服务商采取的补救措施为顾客带来的满意度超过失败前的满意度。

服务补救悖论认为，服务失败后的有效补救不仅能够维持顾客满意，还能将满意提升到更高的水平。服务人员与顾客服务接触过程中出现的任何问题，如果把握得好、处理得当，其实都是一个机会，一个超出其职责范围赢得顾客终身信赖的机会。

（二）服务补救悖论的条件

服务补救悖论并不是在任何情况下都会发生的，掌握好服务补救的度和补救悖论发生的条件，才能给企业带来正面的补救效应。

1. 服务类型约束

从服务类型上看，适合风险较小或者容易补救的服务。反之，如果服务失误严重，对顾客伤害大，则任何高水平的补救都不会恢复顾客的满意。例如，医疗事故造成患者终生残疾或身心痛苦、美容失误导致顾客毁容等，无论企业采取何种补救措施都难以弥补顾客损失。

2. 企业层次要求

从企业类型来看，只有服务和补救水准都较高、服务补救系统完善的企业才适宜实施服务补救悖论。如果企业服务质量较低，服务失误频繁发生，企业就不能有计划地实施服务补救悖论；如果企业补救能力差，就会第二次造成顾客失望，进而增加顾客新的不满。当然，高水平的服务补救并非过度补救，它意味着按照服务标准或顾客期望第二次给予顾客提供服务。如果补救水平过高，一是会大幅度增加企业补救成本，致使企业得不偿失；二是会提高顾客期望，为企业以后的服务留下隐患。

3. 顾客类型锁定

从顾客类型上看，通情达理、容易满足的顾客更适合补救悖论。首先，服务补救悖论的直接目的是弥补顾客损失，建立顾客忠诚，若顾客“得理不让人”或漫天要价，就会极大地增加企业补救成本和补救难度。其次，服务补救也是为了推动顾客口碑传播，以唤起其他顾客对企业的好感。

4. 补救频率控制

西方学者研究发现，一位顾客能够容忍一家企业出现 1~2 次服务失误，但服务过程中出现多次失误，顾客会把失误的原因更多地归咎于企业服务质量的不稳定，即使企业有努力的补救措施，也仅仅只能化解顾客暂时的不满，很难让顾客产生很高的满意度和建立顾客忠诚。因此，企业应该控制服务补救频率。

基于以上认识，作为服务供应商，对服务补救悖论不可盲从。服务补救悖论有其存在的条件，建立高水平的服务补救是必不可少的，对企业的生存和发展尤为重要。

三、服务补救方式

服务补救方式多种多样，但总体来说可以分为以下三种：经济补偿、行动补偿和心理补偿。

（一）经济补偿

经济补偿是最为普遍的补救方式，主要是指针对服务失误给顾客造成的直接经济损失进行补偿。经济补偿方式一般包括打折优惠、退费免费、赠送礼物、提供优质招待以及赔偿失误造成的额外经济损失。例如，航班晚点，乘客会获得免费的食物，并且航空公司在必要条件下会提供住宿。

（二）行动补偿

行动补偿是指为了让顾客感受到服务提供者的重视，采取实际行动以带给顾客安全感。一般立即纠正会让顾客觉得受到了极大的重视，认为他们的问题引起了重视并能较快地解决。例如，客人在餐馆吃饭，等菜的时间超过了合理时间，服务员立即过来解决问题会比较容易获得信任，而直接忽视客人的等待或者回答客人问题模棱两可更容易导致顾客厌烦情绪升级。

（三）心理补偿

心理补偿是指对顾客进行心理上的安慰，一般表现为清晰的解释、诚恳的道歉以及耐心的安慰。诚挚的道歉往往是顾客接受服务补救的敲门砖，同时也是服务补救的第一步，服务提供者首先必须承认自己的错误，摆正服务态度，顾客才会给予服务提供者改正的机会，后续服务补救措施才能得以进行。忽视心理赔偿的服务补救，即使得到顾客的暂时原谅，但若不能得到顾客心理上的认同，仍难以实现顾客忠诚。

以上三类服务补救方式极少单独出现，一般三种方式结合在一起，不仅要给顾客物质上的补救还要在行动上表现积极性，同时要重视顾客的心理感受。

【同步案例】

一流酒店也会疏忽（续）——服务补救实例

针对两位客人发来的投诉信，文华东方酒店采取了一系列出色的服务补救措施，给这两位客人留下了不可磨灭的印象。

1. 立即反映

两位顾客发出投诉信没有多久，一名客房服务员来到他们的房间，赠送他们一篮新鲜奇异的水果，并且带来了一封楼层经理的信件。

2. 诚恳致歉

服务部经理来了并承担了“雨伞问题”的责任，她为给客人带来的不便道歉，并且向他们赠送了全新的雨伞，还为他们提供免费的豪华轿车送机服务。电话费的问题也得到了很好的解决，客服部经理很有礼貌地解释电话费用没有错，但是她对服务指南所造成的误解道歉。接着，他们又收到住店经理的道歉信，这位经理对服务部未能借给客人雨伞承担了全部责任。

3. 丰富的补偿以及折扣优惠

除了客房部送出的新鲜水果篮，还有服务部经理赠送的雨伞以及免费豪华送机服务，为了安抚客人，客服部提出给客人的电话费提供10%的折扣，这一系列的赔偿和补偿措施，弥补了由于酒店服务失误带给客人的不便和直接经济损失。

4. 及时改正

这一系列的服务补救措施给人留下了深刻印象，酒店为其失职承担了责任，各相关部门经理也及时承担了各自应该承担的责任，一切问题都得到了及时的解决。此外，酒店为防止此类问题的再次发生，当天晚些时候，两位客人目睹前台的员工忙着往柜子里摆放可供外借的雨伞。酒店还马上通知机场服务员以后必须告知每一位客人所有的交通选择。至于电话收费，酒店及时修改了服务指南，清楚地说明了电话的正确计费方式。

显然，文华东方酒店非常重视这一封投诉信，酒店员工们真正把这封信当成一次提高服务质量的契机。事实上，这两位客人认为这次服务补救措施已经弥补了他们对酒店服务的不满，并且在一定程度上加深了他们对文华东方酒店的印象。他们表示，下次还会选择入住文华东方酒店。

案例分析：服务补救时机的选择非常重要，一条基本的原则是服务补救越迅速越好。快速有效的服务补救不仅可以提高顾客对服务质量的满意程度，而且企业补救的成本也要比缓慢补救小得多。另外，真正及时有效的服务补救必须依靠有效的服务补救系统。一个有效的服务补救系统通常包括三个组成部分：借助不间断监控服务系统，及时发现服务失误；及时、有效地解决服务失误；从质量问题和服务补救中吸取经验教训。

四、服务补救流程

服务失误差异性较大，对应的服务补救工作也比较复杂，但一般都需要经过这样的一个流程：识别问题、主动承认错误、及时回应、采取行动、圆满解决问题、跟踪服务、吸取经验、导入服务补救系统（见图 5–2）。

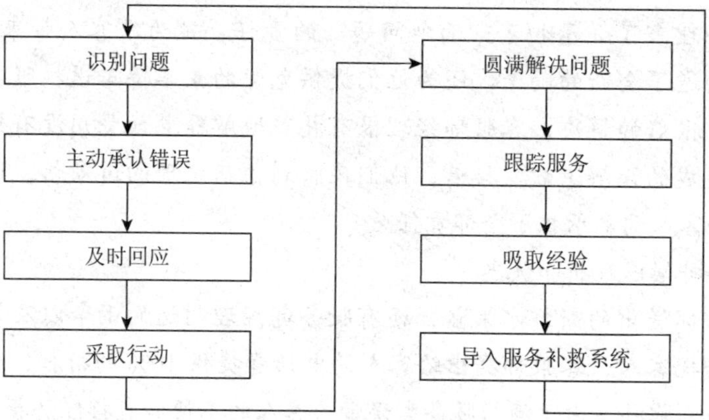

图 5–2　服务补救流程

从图 5–2 可以看出，服务补救是一个循环的流动过程。即预测潜在服务失误、采取补救行动、分析服务失误发生的原因并加以改进、搜集整理顾客反馈信息、建立数据库、根据数据库信息预测下一阶段的潜在服务失误。

服务人员需要对服务失误进行预测和识别，发现问题之后，无论顾客是否向服务人员抱怨，员工都应该主动承认错误，向顾客诚挚道歉，并迅速通过一系列的补救措施来弥补服务失误给顾客带来的不便与损失。解决问题之后，需要跟踪并反馈顾客在接受服务补救之后的动态，并与之建立起长期的服务关系，提高顾客忠诚度。同样重要的是，从每次服务补救的经历中吸取有价值的经验，并导入企业的服务补救案例库中，为建立服务补救数据库提供素材来源，服务失误的提前预测很大程度上可以降低服务失误率，同时有助于企业员工在第一时间识别同样的问题，从而立即采取相关补救措施。

五、服务补救策略

（一）预防服务失误

每一个服务过程都是由一系列的关键事件，即顾客和公司相互影响的节点所组成的。能有效地实施服务补救的公司会预知服务提供过程中最可能发生失误的地方，从而提前预防，降低服务失误的发生率。预防服务失误可以从以下几个方面着手：

1. 深化企业质量文化，减少失误发生概率

引导员工对自身或他人的工作进行评定与反思，从根本上提升企业的整体形象。同时，运用标杆管理，对员工的工作质量进行审评，根据住客的满意程度制订相应的激励及惩罚的措施，给员工的工作画一个基本的底线，从而有效地减少失误发生概率。

2. 培训员工，提高服务准确率

服务失误大多发生在员工流动性较大的岗位上，企业应当特别关注员工的流动率高的地方。许多流动率高的职位都是由低报酬的顾客接待人员来承担的，而这些员工经常缺乏激励或没有掌握有效的补救技巧。因此，企业更应该加强员工培训，不仅仅是技能上的，还需要有服务态度和责任心上的培训和引导，提高员工素质，使之树立对待服务的正确观念。

（二）积极鼓励顾客抱怨和投诉

如果顾客感到不满，大部分人不会向服务提供者投诉，而是选择向周围的人、亲戚朋友等抱怨，极力传播负面消息。这不仅会使企业失去很多潜在的顾客，更会严重地影响到企业的形象和口碑。因此，要积极鼓励和引导顾客投诉，对于顾客投诉不能只停留在口头上，而应积极地采取措施。

1. 拓宽投诉渠道、简化投诉程序

为了获得服务补救的更好效果，要拓展顾客投诉或抱怨的渠道，降低他们的时间或精力成本，这样顾客进行抱怨投入产出衡量时，会更多地选择向服务提供者抱怨。企业还要采用各种方式培训顾客如何投诉，简化投诉程序。例如，通过促销材料、产品包装、名片等，告知顾客企业接受顾客投诉部门的联系方式和工作程序。

2. 主动进行顾客调查，对服务提供过程主动监测

服务补救绝不能“顾客抱怨才补救”，而应主动出击，主动对顾客进行各种形式的调查，了解顾客的真正需求和真实评价，从中获得补救依据。同时，企业也要对员工提供服务的全过程进行实时监督，这样不仅能避免许多低级服务失误的出现，还能为后续服务提供借鉴。

3. 树立欢迎投诉的企业文化

要在企业内部建立尊重顾客的企业文化，并通过各种渠道告知顾客企业尊重他们的权利，更重要的是让全体员工认识到顾客的投诉可以为企业提供取得竞争优势的重要线索，让企业的管理层认识到那些直接向企业投诉的顾客是企业的朋友和忠诚的用户，对企业“沉默”的顾客会给企业造成更大损失，他们最容易转向与企业的竞争对手交易，而且还会散布对企业不利的信息。

4. 制订明晰的服务标准及补偿措施

许多顾客在遇到服务失误之后决定不投诉的原因很大部分是企业服务标准的模糊不清以及补偿措施的模棱两可。顾客在复杂的服务标准定义之下，不知道投诉能否成功或者能否弥补其受到的损害。因此，为鼓励顾客直接向企业反映情况，企业应制订明晰的服务标准及补偿措施，清楚地告诉顾客如何进行投诉及可能获得什么结果。

（三）重视顾客问题并及时反馈

顾客认为最有效的补救是企业一线服务员工能主动地出现在现场，承认问题的存在，向客户道歉（在恰当的时候可加以解释），并将问题当面解决。企业应做到使客户始终处于知情状态。一般情况下，客户希望看到企业承认服务失误并知道企业在采取措施解决这一问题。如果不能当场解决服务失误，就应坦诚地告知客户，企业正在努力，需要一段时间。当问题得到解决后，应告知客户解决的结果和企业从这次服务失误中所得到的经验教训以及将来如何避免此类事情的发生。服务失败后，企业员工的反应速度越快，顾客得到的问题反馈越快，服务补救的结果成功可能性越大。

（四）建立服务补救预警系统

有效的服务补救策略需要企业不仅能通过客户的抱怨和投诉来确定企业服务失误的原因，还能查找那些潜在的服务失误。服务失误和服务错误可以在任何时间和地点发生，这需要通过对服务过程、人力资源、服务系统和客户需要的详尽分析，寻找服务失误的“高发地带”，预测补救需求和采取措施加以预防。有时，一个服务失误会引发一系列反应（如航班的误点），对这一类问题必须高度重视，做好预防工作。复杂的 IT 系统是引发服务失误的另一危险“地带”，因为从目前的技术水平来分析，智能化程度再高的机器也不能和人相比。当然，通过引进新的系统可以较好地解决这个问题，寻找服务失误的“高发地带”，采取措施，服务补救可以取得更好的效果。

（五）测算补救的成本和收益

服务失误会导致客户流失，这样就需要企业获取新的客户来弥补客户流失所造成的损失，更重要的是，客户流失会给企业带来“坏口碑”。获取新客户的费用通常比维系老客户的费用要高出好几倍，而“坏口碑”使企业获取新的客户更加困难。良好的服务可以有效地避免因服务失误而付出的额外费用，但企业很少能意识到服务失误所带来的经济损失。因此，较为准确地测算这笔费用有利于提高企业的质量意识。一个重要的衡量指标就是客户终身价值，即企业在客户整个生命周期从客户那里获取的全部价值。如果某一客户的终身价值远低于为了弥补服务失误所增加的服务成本，就应该重新思考是否有必要采取服务补救措施和补救的投入强度。

（六）适当授权，提高补救效率

从企业的一线员工到经营管理者，都要树立对待服务补救的正确观念，把每次服务补救都当成提高服务水平的机会。而这种正确观念的树立绝不是一蹴而就的，要在平时的积累中完成。除了加强员工服务补救意识外，还要授予一线员工适当的补救权力，以利于员工在服务失误出现后第一时间做出反应，而不需要经过烦冗的上报和申请的手续。这样既利于提高服务补救的效率，降低服务补救成本；也利于增强员工的责任感和主人翁意识，避免了许多服务过程中员工疏忽造成的失误。

【同步案例】

希尔顿的特别服务补救

希尔顿酒店在服务补救方面的措施主要有：酒店首先对员工进行客户关系管理入门培训，告知服务补救的重要性，使服务补救理念融入企业文化之中。酒店还制定严格统一的服务标准，设立宾客档案经理的职位，负责顾客信息的汇总并建立数据库，从而保障在每个宾客接触环节都可以识别某个顾客及其个人偏好。结合顾客反馈消息不断改良顾客信息库，这样在失误发生后，能根据客人的个人偏好、特殊要求对在各个接触点的过往的服务失误采取有针对性的补救措施。

在上述补救过程中，酒店积极开发顾客投诉渠道，为顾客建立了“服务补救工具箱”供顾客投诉和反馈消息，以保证服务补救的成效，消除客人因为服务失误造成的不快。在希尔顿酒店，员工被授权可以花费 2000 美元为顾客解决问题。尽管这笔钱很少用到，但公司这一激励措施使员工行使其补救权力时不用担心受罚。

美国通用电气六西格玛服务补救理念

美国通用电气公司有一套全面的服务补救战略。其完善的报修系统能保证公司对顾客投诉及时做出反应，如平均响应时间 2 小时的线上服务，使工程师可以在顾客需要的第一时间到达现场，并以精湛的维修诊断技术及强大的后台技术支持，及时准确地判断故障并解决问题。在接到顾客投诉后，服务人员通过公司数据库中的顾客和产品资料，能迅速分析和解决问题，从而提高了反应速度。

在上述服务补救过程中，公司将生产线上品质管理的六西格玛标准运用到其顾客服务上，为服务制定了严格的标准。公司积极鼓励并支持顾客投诉，努力为顾客开辟投诉渠道。如公司每年为一天 24 小时、一年 365 天不间断运作的通用电气回复中心而花费 1 亿美元，该中心每年要处理 300 万个电话。GE 的所有产品上都印有 800 电话，鼓励顾客遇到困难时，直接向公司寻求支持。同时，公司注重对员工的培训，工程师定期接受与世界同步的维修技术培训，服务人员也要接受服务技巧和公司服务理念培训，以努力达到公司六西格玛的服务标准。公司挑选了大批高素质的员工并刺激他们不断学习公司的精神、主张以及赖以生存的基础，这其中当然包括服务补救理念的传播和学习。

案例分析：从以上案例可以看出，世界一流企业都认识到服务补救是一个包括服务售前、售中与售后的过程，都将服务补救行为作为一个循环过程来实施，其在服务补救上有几个共同的关键步骤：首先，企业通过数据库或服务失误预警系统预测服务失误可能发生或出现的环节。一旦发生服务失误，企业迅速采取行动，尽快解决顾客问题，弥补服务失误。其次，积极分析服务失误发生的原因并加以改进。最后，将顾客反馈的相关信息搜集、分类和整理，并建立服务补救数据库。

【延伸阅读】

服务承诺，一种特殊的服务补救

服务承诺是指对于销售产品的期望质量或使用寿命的一种保证，常常伴有补偿的承诺。对于顾客而言，公司给出的服务承诺是对其服务结果补偿的一种保证，一定程度上安抚了顾客在遇到服务失误后的不安与焦虑，顾客会因此对服务提供者产生一定的安全感。有效的服务承诺是无条件的，并且具有实际意义。有效的服务承诺可以补充企业的服务补救策略，同样作为一个服务工具可以有助于顾客接受服务补救，实现服务补救策略。

一个好的服务承诺促使企业关注其顾客。一个有效承诺为企业设立了清晰的服务标准。实施服务承诺时即是一个绝佳的补救机会，既令顾客满意也有助于维持忠诚。实施承诺产生的相关信息可以被追踪，并导入服务补救系统。服务承诺降低了顾客的购买风险并建立了对服务提供者的信任。

【实践活动】

选择一家你熟悉的企业，描述一下你将如何为该公司设计一项理想的服务补救策略。

第六章

服务运营与服务体系设计

导言

服务运营类型并不是一成不变的，随着时间的推移和市场的变化，许多行业的服务运营本质也在发生着变化。以餐饮业为例，传统的餐厅可以有着较高的顾客化服务水平和中等程度的劳动密集度，与顾客的相互作用更强，可以划归为服务车间类型；雅致、个性化的美食餐厅则以特定目标群体为科员，以顾客化服务为目标，与顾客的接触程度不断提高，可以划归为专业型服务；而对于快餐业来说，顾客化服务和顾客的相互作用程度都很低，劳动密集程度也较低，属于服务工厂类型。

服务运营流程是指顾客享受到的由企业在每个步骤和环节上为顾客所提供的一系列服务的总和。一家企业服务体系设计一旦确立后，通常就不会有人再去考究其是否正确，而服务质量问题往往就出在服务体系本身。本章主要讨论如何安排服务运营流程，进行服务利润链分析，利用服务蓝图设计服务运营体系。

【学习目标】

1. 知识目标：通过本章学习，理解并掌握服务运营、服务利润链、服务蓝图等核心概念、内容及其特征，学习了解服务运营流程管理和服务蓝图在旅游业中的应用。

2. 能力目标：在理论基础和案例学习的基础上，自主分析旅游企业的服务利润链及服务蓝图。

3. 技能目标：结合本章知识点，对书本案例进行分析与讨论。

【导入案例】

东航班机“返航集体”背后的玄机

2008年3月31日，中国东方航空云南分公司从昆明飞往大理、丽江、西双版纳等地的14个航班在飞到目的地上空后，乘客被告知无法降落，航班又全部飞回昆明。事发后，东航对外宣称，飞机“集体返航”是因为天气。不过这一解释引发了乘客的疑问，因为在同一时间相同航线上，除了东航的航班，其他航空公司的所有航班都安全降落。显而易见的原因是，所有飞行员对工作不满意，或者说他们对公司的不认同，才造成了几万名乘客滞留的现象。

案例分析：大多数时候，服务企业更重视面对面接触的服务人员的素质或是顾客的满意度，往往忽略了顾客看不到的环节。在整个航行中，飞行员都处于个人的空间中，无法得到来自顾客的正面评价，而“备受冷落”。面对高强度的工作、终身制的工作合约、不合理的薪酬水平，飞行员的不满最终爆发。前台员工管理和后台员工管理同样重要，只有了解并妥善管理服务蓝图中的每个环节，才能确保服务企业均衡持续发展。

第一节　服务运营流程与服务利润链

一、服务运营管理

（一）服务运营管理的概念

服务运营是将人力、物料、设备、资金、信息、技术等生产要素（投入）变换为无形服务（产出）的过程。服务运营管理是指对服务业企业所提供服务的开发设计的管理，对服务运营过程及其运营系统的设计、计划、组织和控制。内容包括完整服务项目和服务提供系统的设计，服务运营活动的计划、组织与管理，服务营销与服务运营的集成，服务提供过程中对质量、成本、时间的控制等。

服务运营管理的基本问题与制造业企业运营管理的基本问题是类似的。但是，与制造业企业所产出的物质形态的产品相比，服务业企业产出的主要是一种非物质形态的“无形”产品，其生产与消费几乎同时进行，且具有较强的时间相关性、地点相关性与服务设施相关性。

（二）服务运营管理的特点

服务产出的特点决定了服务运营和管理过程与制造业相比，呈现出很大的不同。这些不同点如表 6–1 所示。

表 6–1　服务业运营管理与制造业运营管理的特点对比

内容	服务业运营管理	制造业运营管理
运营的基本组织方式	以人为中心组织运营； 需求有很大不确定性，无法预先制订周密的计划； 及时预先规范好服务程序，仍然会由于服务人员的随机性和顾客随机性产生不同结果	以产品为中心组织运营； 根据市场需求预测或订单制订生产计划，并在此基础上采购所需物料，安排所需设备与人员； 以生产进度、产品质量和生产成本为控制对象
产品和运营系统设计方式	服务与服务提供系统同时设计； 服务提供系统是服务本身的一个组成部分（即服务的“环境”要素），两者的设计不可分离	产品和生产系统可分别设计； 同一产品可采用不同的生产系统来制造，如可以采用自动化程度截然不同的设备生产同一产品
库存调节供需矛盾的作用	无法预先把“服务”生产出来，无法用库存来调节需求，如航空公司无法把某航班的空座位存起来销售给第二天的客户	可以通过库存来调节供需； 可以充分利用一定的生产能力，预先将产品制造出来，以满足高峰时的需求和无法预期的需求
顾客在运营中的作用	积极作用：促使企业提高服务效率，提高服务设施利用率； 消极作用：造成服务干扰	制造业企业生产系统相对封闭，顾客在生产过程中不起作用
职能间界限划分	生产运营、销售、人力资源管理职能很难区分，必须树立三者集成的观念，用集成的方法进行管理	生产运营、销售、人力资源管理三者职能划分明显
需求的地点相关性	生产与消费同时发生，服务提供者与顾客必须处于同一地点； 不是顾客到服务地（如到餐厅就餐），就是服务提供者上门服务	生产与消费相对分离，销售地点需要靠近顾客，服务设施须分散化
人力密集特性	服务组织中员工地位更重要； 员工的知识、技能与表现对服务运营效率影响极大； 服务业中的技术进步更多体现为员工技能的更新和管理水平的提高	制造业对人力的依赖相较服务业略低

（三）服务运营的类型划分

不同的服务类型，其产出特点可能有很大差别，相应地，其运营和管理特点也不相同。必须在把握共性的基础上对个性进行分析，通过不同的分类维度和不同的视角分析服务运营的类型，提高服务运营管理水平。服务运营类型具体划分如下：

1. 按运营特点分类

按运营特点，服务运营可以分为项目型、批量型、流水线型和流程型四种类型，具体见表 6–2。

表 6-2　服务运营按运营特点的分类描述

类型	运营特点	服务类型示例
项目型	运营时间长，数量少，每次运营均各有特点	法律服务、咨询
批量型	运营时间短，数量少，比较顾客化的产品	医疗、餐饮
流水线型	运营时间短，数量大，标准化产品	洗车、自助餐馆
流程型	没有明显的运营开始与结束持续性的过程	保安、消防

2. 按运营流程分类

（1）服务工厂。是指服务流程的劳动密集程度较低（即服务设施设备成本占比较大），顾客接触程度和顾客化服务的程度也很低的服务类型。运输业、饭店、休假地以及银行等金融服务业的"后台"运营都是这种类型。

（2）服务车间。当顾客的接触程度或顾客化服务的程度增加时，服务工厂会变成服务车间。医院和各种修理业是服务车间的典型例子。

（3）大量服务。有较高的劳动密集程度，但顾客的接触程度和顾客化服务程度较低。零售业、银行的营业部门、学校、批发业等，是大量服务的例子。

（4）专业型服务。当顾客的接触程度提高，或顾客化服务是主要目标时，大量服务就会成为专业型服务。例如，医生、律师、咨询专家、建筑设计师等提供的服务。

二、服务运营策略

（一）服务策略

服务策略理论包括四个基本要素：目标市场、服务的概念、运营策略、服务传送系统。

1. 目标市场

和那些物质产品生产厂家的工人不同，服务业的每个员工都要清楚地了解自己的企业应该满足的目标市场在哪里。例如，一家高档珠宝店的目标市场是那些愿意购买高档珠宝的人，假如想要购买廉价珠宝的顾客占用了销售人员的时间，真正的目标市场顾客可能会对这家商店的服务感到不耐烦，甚至离去。即便角色转换一下，同样的问题也一样存在：一家专卖廉价珠宝的商店一定无法满足那些需求较为高档的顾客，而销售人员同样需要应付他们。服务业和物质产品生产行业的区别之一，就在于人们需要应付那些目标市场之外的潜在消费者。

2. 服务的概念

服务的定义是从顾客的角度出发来制定的：顾客需要什么样的结果？从顾客的角度来说，服务的概念就是顾客选择某一家特定企业的理由。这种选择可以是意识中的，也可以是实际发生的。服务的概念还包括一种安全、愉快的感觉，或者很简单，服务就是速度，如美国联合包裹运送服务公司（UPS）和联邦快递（FedEx）的核心服务概念。

3. 运营策略

运营策略的定义是从企业的角度出发来制定的：我们应该采用什么样的结构来完成服务？哪些要素值得我们投入资金、时间和人力？人力资源、市场、运营和财务之间，应该采用什么样的组织形式？

举一个简单的例子：一个普通机场的汽车出租代理，可以很轻易地辨认出那些急于拿到汽车钥匙出发的客人，这些客人希望柜台服务人员的速度能够尽量快。但是，柜台服务人员追求的是让每辆车尽量地满员，因为他们的收入是和客人的数量成正比的，他们希望每升的汽油都能承载尽量多的客人。运营策略需要协调“速度”与“收益”的矛盾。

【同步案例】

西南航空公司的服务价值

西南航空公司不指定座位、不提供餐饭、不与其他航线共享售票系统，但是顾客对该公司的评价仍然很高。顾客看中的是密集的离港航班次数、准时的服务、友好的员工及低廉的票价（低于市场60%~70%的票价）。该公司可以实行低票价的部分原因是，训练有素的、灵活性强的员工可以执行几种类型的工作，并能够在15分钟或15分钟以内转机。

案例分析：“为什么我必须选择你？”这是每一个企业都会面对的顾客提出的最基本的问题，该问题的答案正是企业组织形式的核心理念。这不仅仅是广告中宣传的那些表面文章。不同的答案意味着企业在运营流程中可能采取完全不同的对策，如运营的组织形式、规则和流程、雇佣员工的标准、安排工作岗位的方式、给予员工的报酬、购买装备和技术等。

4. 服务传送系统

作为服务组织的内核，服务传送系统是由企业中的相关人员、流程、设备、产能、工具等要素共同组成的，一个好的创意在服务传送系统中有可能和服务的概念产生冲突。例如，租车服务，服务传送系统强调的是充分利用每一分钟抓住所有的顾客，提高公司的利润，以此形成延续的服务体系，但是这样势必降低服务的速度，也就是与服务的概念产生了冲突。

（二）产能策略

对于大多数服务型企业来说，产能计划的制订都比物质生产企业困难。生产性企业可以简单地根据未来一段时间内的平均需求来制订产能。对于很多服务型企业来说，未来的平均需求这一概念根本毫无意义，因为市场需求可能具有很强的季节性，每天的需求都有可能发生很大的变化，甚至在同一天之内都有不同时段的波动。如果一个生产性企业发现它的顾客总是在下午 2~3 点购买自己的产品，这对它的生产计划不会产生任何影响，但是对服务型企业来说，这就是一个相当重要的信息。

服务型企业的产能决策比生产性企业更复杂，也更重要。生产性企业平衡短期产出与需求的手段很简单，只需适应利用库存或者推迟某些后台订单的出货时间。对大多数服务型企业来说，产能的“库存”就是员工的工作时间，或者某个暂时闲置的装备，如旅馆的房间或者飞机上的座位，因此这种库存是不能储存到将来再使用的。后台订单在服务业中是不存在的。想象一下，如果某个企业的员工宣称他将在下个星期二与某位顾客交谈，这位顾客有可能立刻就会转向其他企业寻求服务。因此，当需求小于供给的时候，总会产生暂时的供求不平衡，造成员工的无聊或者设备的闲置；而当供给小于需求的时候，顾客又很容易转向购买企业的竞争对手所提供的服务。

【同步案例】

冰激凌的产能策略安排

一家冷饮店的顾客对冰激凌需求如下：

工作日：100~300 只。

星期六：500~1500 只。

星期日：500~1100 只。

对于生产冰激凌的企业来说，安排产能是一件很简单的事情，它可以将一周内的平均需求做如下计算：

5×（100+300）/2+（500+1500）/2 +（500+1100）/2=2800

因此，它每天只需要生产 400（2800/7）只冰激凌，并且将一小部分产品预留在库存中，在需求较大的时候卖出去。

而对于那些必须在顾客走进店门时才将冰激凌倒进蛋卷的服务人员来说，简单的计算就完全不适用了。他必须为自己安排一个合适的服务产能策略。常用的四项服务产能策略包括如下：

1. 完全供给策略

是指总是保证足够的产能。以冷饮店为例，假设每位员工能制作 10 个冰激凌，如果经理希望总是有足够的人来满足顾客的最大需求，那么星期六冷饮店里就需要有 15 名员工，星期日 11 名，其余工作日中每天 3 名。雇佣大量的兼职员工是不可能的，那么这种策略就要求冷饮店雇佣足够多的全职员工来满足要求。

这种策略的服务质量固然是很高的，但是成本也一样很高，员工也会有大量的时间闲置，无事可做。具有这种特征的企业一般都是高利润的销售行业（如珠宝、豪华汽车）以及那些顾客中拥有很多富人的行业（如私人司机、私人银行）。那些竞争运输速度的行业也应该采用这种策略。

2. 匹配策略

是指根据需求改变产能。以冷饮店为例，这种策略将在星期六雇佣 10 名员工，在星期日雇佣 8 名员工，剩余的每天里雇佣 2 名员工。星期六和星期日那些超出平时数量的员工全部雇佣兼职员工。这种方式适当平衡了服务质量和成本之间的取舍，在很多服务型企业中都属于比较典型的模式，包括大部分中低档餐馆和电话销售公司。

3. 主动策略

是指使需求适应企业的产能，通过价格、销售或者预约体系，推平需求高峰，使需求与企业的产能相适应。这种模式主要应用在高资本投入的行业中，如航空公司和旅馆，还有一些高收入的专业服务人员，如医生和律师都会采用这种模式。

4. 控制策略

是指将产能的利用最大化。这种策略潜在的动力就是通过竞争让每一名员工的闲置时间都减少到零。该策略通常使用在公共事业部门和低利润率的服务行业，以及那些员工报酬较高的行业，因为企业需要充分利用每一名员工的工作能力。例如，有很多内科医生都会精心安排自己的时间表，以至他们的候诊室里总是坐满了人。这种策略会牺牲一部分高峰时期的销售，但是保证所有的时间里企业都在满负荷运转。

（三）增长管理

1. 多点服务的生命周期

许多销售课程中都会提到大家所熟悉的产品生命周期，实际上多点服务也存在生命周期。图 6–1 描述了一个成功企业的增长周期。

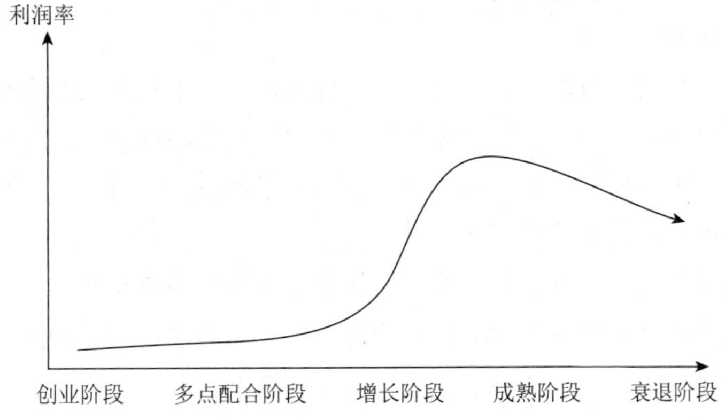

图 6–1　多点服务企业的生命周期

每个阶段的焦点就是企业不同阶段发展策略的核心。企业策略会随着时间的推移自然地发生变化。也就是说，在不同的发展阶段，企业必须采用不同的运营结构、销售策略，雇佣不同类型的员工，来适应企业内部发生的变化。

（1）创业阶段。在最初的创业阶段，对于一个企业来说最重要的是创始人在当地的销售网络、公共关系和能够激励员工努力工作的人格魅力。在这个阶段，大多数员工获得的报酬相对较少，还有可能根本拿不到什么报酬，因为这个阶段的大部分企业最终都将失败。然而他们还是要坚持找到创新的途径，围绕服务的概念发展服务策略和相应的传送系统，或者在寻求市场对自身的接受时修改服务的概念。

（2）多点配合阶段。在多点配合阶段，企业必须选择合适的，关于销售、运营和人力资源等各方面的最佳战略并且将其标准化。扩张的意愿必须转化成可以复制的程序，让其他员工通过简单的手册或者规则就能成功地再现同样的格局。在这个阶段，企业还必须发展自身的培训、会计体系，并且将运营流程制订好。在这个发展过程中，代表创业阶段的、创始人自身的个性、唯一性将慢慢地退出企业的管理策略。

（3）增长阶段。一旦进入增长阶段，企业就必须完整地完成自身的运营流程和未来发展目标的构思。这个阶段企业必须培养自身的销售能力，将自己的概念推广给更多的消费者和管理者。这个阶段大范围的广告比区域内的公共关系更重要，也更有效，投资者和销售者必须找到企业规模扩张所需要的资金。

（4）成熟阶段。在成熟阶段，企业会在销售方面遇到一些困难，比如维护自身在市场上的地位、保持企业对市场的敏感性，以及维持人们所谓的“新鲜感”。在经营中，要注意保证标准的执行以及运营控制，而减少管理过程中感性因素的使用；企业这时必须注意雇用一些来自不同地区的员工。一线的员工此时不再处于创新过程中，相反，他们的工作开始变得安全然而稳定、枯燥。维持员工的热情和激情变得困难起来。

（5）衰退阶段。最后，当服务的概念变得陈旧无味时，人们必须重新设计服务的概念，在一个巨大的、已经适用于旧概念的网络中重新贯彻新的运营理念，这个时候企业领导的个人魅力又将成为企业的活力来源。

2. 行业滚动增长

在服务型企业的增长阶段，通常会使用一种叫作行业滚动增长的策略。这种策略从实质上说是一种资本运作手段，也就是利用购买上市流通的股票，收购同行业内的一些小公司。通常，一个小型的、私有的“夫妻店”可以用自己的所有权入股，成为一个包含了许多类似小单元的大企业的一部分。

滚动增长的成功之处在于，各个彼此独立而相互竞争的单元共享了各自的设施、货源及行家经验。当一个企业的滚动增长成功之后，它就会被看作维护区域内市场和同行关系的核心，同时，还能为下属的小单元带来规模效应。

3. 特许经营

传统的内部投资扩张模式的另一个替代品就是特许经营权的设置。对于服务型企业来说，特许经营是一种很重要的策略选择。专营店的开设能够从财务、销售、人力资源和运营领域等各方面改变一个企业内部的工作方式。

最初推动企业采用专营方式最大的动力就是快速的资本增长。大部分服务概念都是无法申请专利的，所以，与生产性企业相比，一个优秀的服务概念更容易被竞争者复制。因此，服务业的快速增长需要以一种物质的具体方式在一个具体的市场中体现出来。特许经营权的设置是一种自我增值。经销商通常预付了一部分资本，并且将毛利润中的一部分交给企业，这样企业就不必担心沉重的资本债务了。特许经营权的优缺点如表 6–3 所示。

表 6–3　特许经营权的优缺点

	优点	缺点
财务	自我增值；能够达到快速的资本增长速度；风险较小	降低成功服务概念的利润率
运营	经销商的品牌精神	控制较为困难
人力资源	可以直接成为所有者；企业利润最大化激励联盟的形成	在专营店中的影响能力受限；专营店利润最大化阻碍联盟的形成
营销	—	限制市场渠道；区域改革扭曲市场信息；可能造成品牌分化；特别事件处理更加困难

如表 6–3 所示，在一个企业的快速增长过程中，有很多因素会影响企业关于特许经营权的决策。从财务上来说，如果一个服务的概念是非常成功的，设置特许经营权将极大地降低企业的利润率，因为利润中有一大部分都归经销商所有。因此，也有很多企业在起始阶段设置特许经营权，等企业步入成熟阶段后再将其购回。

采用特许经营权模式的企业和采用公司所有模式的企业从根本上来说是不一样的。公司所有模式下的企业在扩展过程中必须拿出自己的资本，而特许经营权模式下的企业只需要对那些申请成为经销商的人说“可以”或“不行”就够了。由于经销商个人利益建立在利润上，而上缴给企业的利润却建立在销售收入的基础之上，企业在市场销售方面的计划，在实际推行过程中往往会产生很大的冲突，因为其中涉及经销商和公司所有的销售部门之间的利益关系。

当特许经营权模式存在的时候，企业必须制定自身的策略。一般来说，能够选择特许经营权模式的服务概念就是一个成功的服务概念。谁会花钱购买一个失败的概念的特许经营权呢？

三、服务运营流程

（一）服务运营流程的概念

服务运营流程是指企业把一定投入变换为一定产出的一系列任务，对于服务业企业来说，产出的主要是服务，其中的一系列任务包括接待顾客、与顾客沟通、按照顾客的不同要求为顾客本身或顾客的物品提供服务，其服务流程主要由提供服务所经历的步骤、顺序、活动构成。

对于一个服务业企业来说，即使已经设计了很好的服务产品和服务提供系统，制定了周密的竞争策略，但最后顾客是否满意，还取决于服务过程中顾客的感受。因此，服务流程的管理是最终赢得顾客的必不可少的一环，需要企业精心的管理和控制。

我们把服务过程中顾客与服务组织的接触称为“服务交锋”。顾客是否对一项服务满意，很大程度上取决于“服务交锋”的那段时间或者只是那一刻。因此，服务流程的管理和控制还需要对服务交锋有特别的关注。

（二）服务运营流程的类型

服务流程作为一个“投入—变换—产出”的过程，其最后产出的结果不是一件有形产品，而是可以被描述成“一种行为、行为的结果或一种努力”。虽然有些服务的结果是用物品来表示的，如咨询专家的报告，但是在所有的服务中最重要的是顾客的身体、精神、资产或信息的变换过程。

因此，根据顾客本身及其资产进入服务流程的不同情况以及服务主要作用于顾客本身还是顾客的资产，可以将服务运营流程划分为四种（见表 6–4）。

表 6–4 服务运营流程分类

项目	可接触	不可接触
顾客	作用于人体： 要求顾客在服务过程中必须在场，即身处服务设施内。顾客与服务组织及其员工，设施在一段较长的时间内有紧密接触。 例子：交通客运、外科手术、免疫服务、美容美发	作用于人的精神： 服务的结果主要针对顾客的精神发生作用，使其感到愉悦、增加知识、得到信息或改变想法。有时并不要求顾客身处服务设施内。 例子：娱乐教育、艺术展览、音乐会、电视节目
顾客资产	作用于顾客的有形资产（物品处理）： 要求顾客提供其物品，但不一定要求顾客在场；或服务组织上门服务，顾客只需给出足够的服务信息和指示。 例子：修理维护、服装干洗、住宅保护、花园修整、包裹递送	作用于顾客的无形资产（信息处理）： 在顾客和服务组织接触并提出要求后，顾客没有必要在场。 例子：网络服务、证券服务、保险服务、软件开发、文件处理

【同步案例】

宜家（IKEA）零售商店——自助式服务流程

宜家（IKEA）家居集团是一家著名的家具制造商和零售商，拥有上万个产品。其产品特点是：价格低廉、便于拼装。由于实现了模块化设计，顾客可自助购买各种家具组装件，并按自己的想法拼装成多种不同形式的完整家具。

宜家家居以出色的自助式服务流程设计著称。具体自助式服务流程见图 6–2。

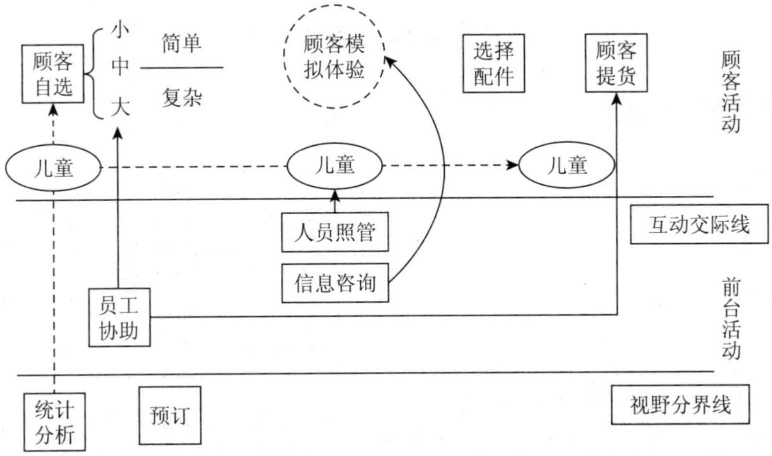

图 6–2 宜家的自助式服务流程

案例分析：自助式服务是服务运营流程中十分独特的一个类型，目前也十分流行。提供自助式服务必须在服务设施和中线安排上有精良的设计，宜家的设计就充分说明了这一点。同时，推行自助式服务还可降低人工成本，非常适于采用总成本领先战略的服务组织。

（三）服务运营流程的应用

1. 服务流程图

服务流程图是服务组织向顾客提供服务的过程和完成该过程所需要素的组合方式的信息图，用来展示服务行为、工作方式、服务程序和路线、设施布局、材料配送、资金流向等信息。服务流程图分类如表 6–5 所示。

表 6–5 服务流程图分类

服务流程图	内容	特点	作用
业务流程图	包括流程的步骤次序、设备和技术的选择、流程各步骤所需的能力、需要完成的任务等内容	对流程的描述，是一张顺序图	说明各个运作步骤之间的前后关系或并行关系
信息流程图	包括如何确定这一系列具体流程的有关信息	表明在信息流程图中应该有什么样的流程信息	区分了处于不同层次的管理者和普通工人的工作，并描述了他们之间的信息是如何流动与反馈的

【同步案例】

别克车的维修服务流程

1. 业务流程（见图 6-3）

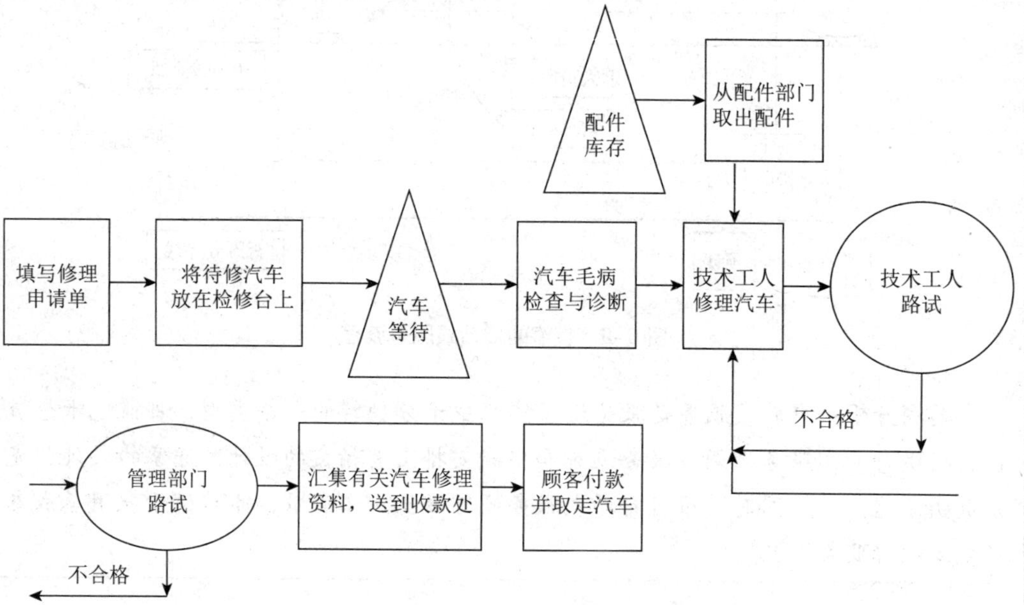

图 6-3　业务流程

（1）在业务流程图中，不同的符号代表以下不同的含义。

长方形表示一个操作步骤，要进行的某项活动。

三角形表示存货点或表示处于等待的状态。

椭圆形表示检查流程。

箭头表示流程流动方向。

（2）有的运作步骤可能会循环，即一个运作步骤会有两条箭头线分别指向其他步骤。例如，当一辆汽车在管理部门路试时没有通过就会返回，由技术工人再次修理。另外，可以并行完成的运作步骤与必须按顺序完成的步骤应清楚地区分。

（3）有些运作步骤是在顾客在场的情况下完成的，可以在流程图中清楚地标明这些步骤。因此，一个服务流程图可以分成两个部分：一部分是顾客亲身参与的流程，另一部分是与顾客分离的后台操作流程。

2. 信息流程（见图 6–4）

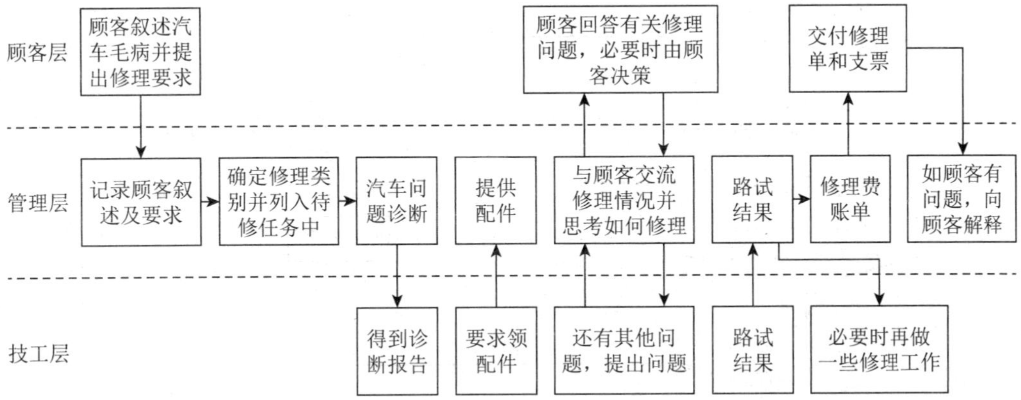

图 6–4 信息流程

案例分析：尽管业务流程图和信息流程图的概念本身非常简单，但它们对于公司的运作管理却是十分重要的。案例中修理别克车的服务流程图就是一个典型代表。如果想要考察流程流动的细节，重新确定工人是如何完成各种工作目标的，那么只需在此基础上再建立更详尽的业务流程图及信息流程图即可。

2. 系统流程图

系统流程图是改进服务流程的简单可视化工具，是分析和改进流程的第一步。图 6–5 所举的例子是最常用的系统流程图图形，许多文字处理程序包的标准配备就是一套相当完整的图形符号。

箭头表示产品、信息客户或者任何感兴趣的事物的流程方向。

菱形表示系统流程中的决定。一个箭头通常只能指向一个菱形，但由一个菱形却可引出两个或更多的箭头来表示这个决定可能产生的结果。

矩形表示具体工作。

3. 甘特图

甘特图又叫横道图，是第一次世界大战期间，由科学管理运动的先驱之一亨利·劳伦斯·甘特发明的。它以图示的方式，通过活动列表和时间刻度形象地表示出任何特定项目的活动顺序与持续时间。凭借图形概要化、易于理解，有专业软件支持、无须复杂计算和分析等特点，甘特图被广泛应用于中小型项目。图 6–6 为甘特图示例。

在甘特图中，横轴方向表示时间，纵轴方向并列机器设备名称、操作人员和编号等。图中以线条、数字、文字代号等表示计划（实际）所需时间、计划（实际）产量、计划（实际）开工或完工时间等。

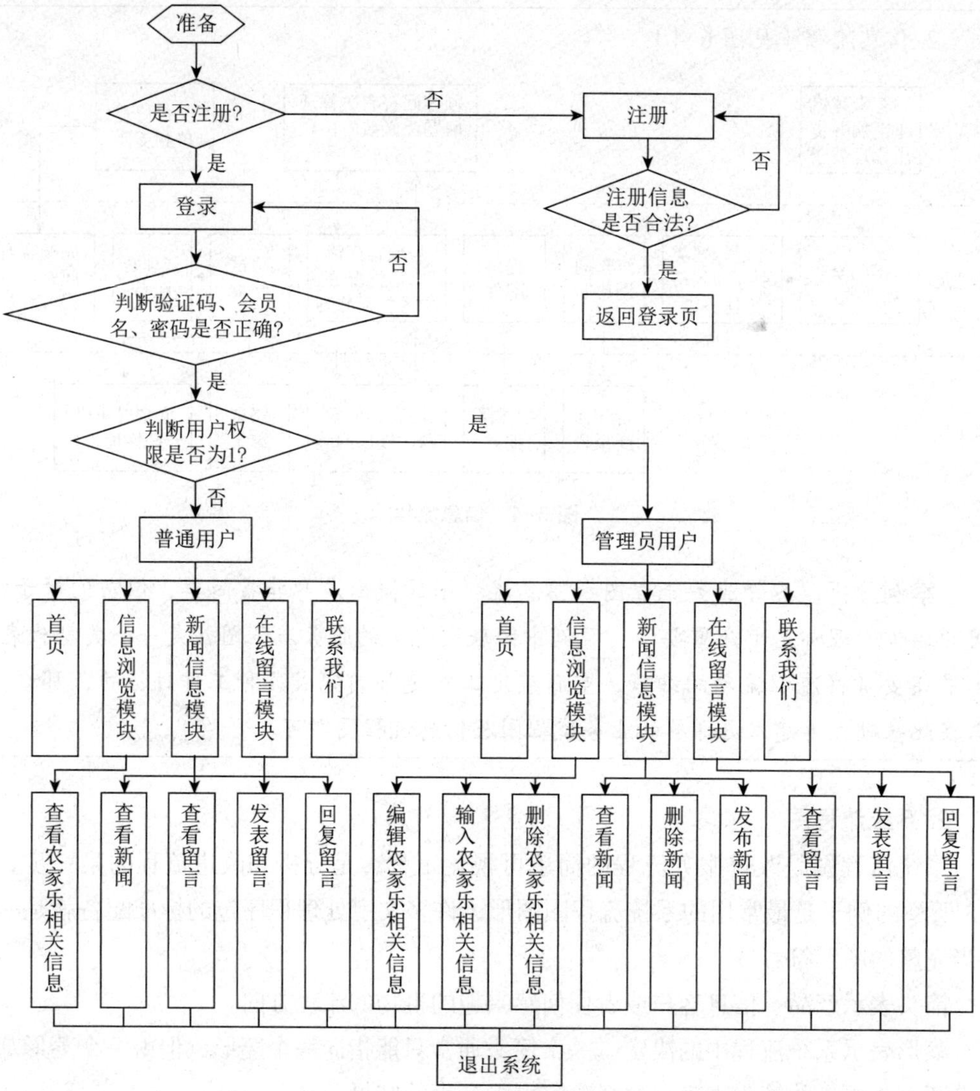

图 6-5　系统流程图示例

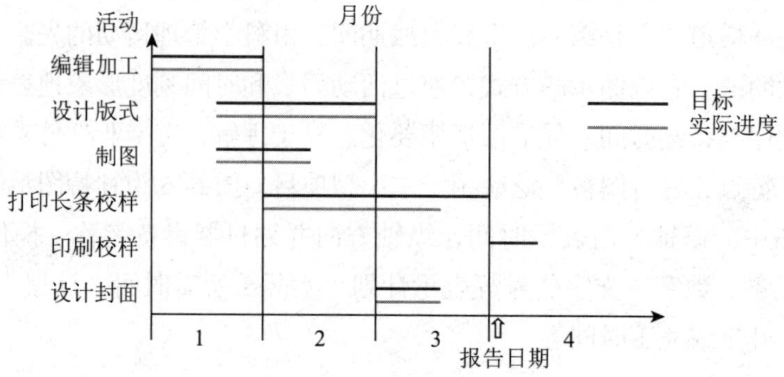

图 6-6　甘特图示例

四、服务利润链分析

（一）服务利润链的概念及模型

所有企业的核心就是为顾客提供的服务的价值，它能够产生另外两种关键结果——顾客满意度和忠诚度。价值主要是通过那些满意的、忠诚的、生产率高的员工来实现的。这些指标合起来就构成了我们所说的服务利润链。

哈佛的学者提出了服务利润链模型（见图 6–7）。这一模型建立了一个将员工行为、顾客态度和企业业绩联系在一起的逻辑框架，以此构成了服务利润链的驱动机制。

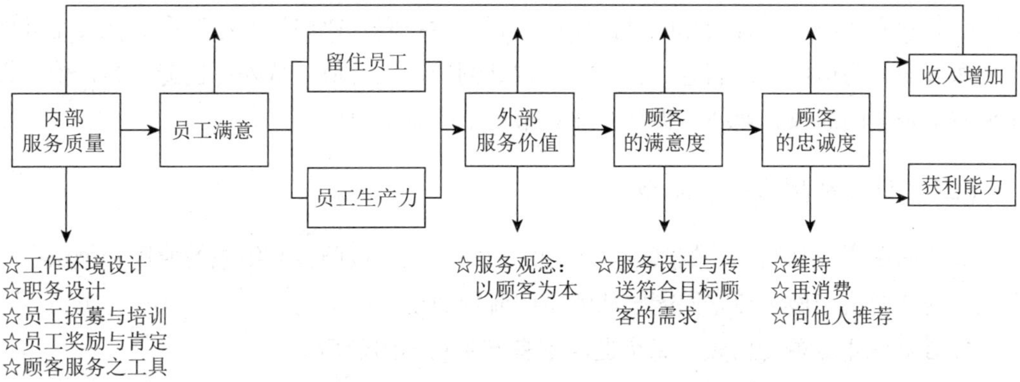

图 6–7　服务利润链模型

1. 内部服务质量驱动员工满意

内部服务质量描述了员工的工作环境，它包括员工的挑选和开发、奖酬和认可、对服务信息的获得、技术和工作设计。内部服务质量好的公司的员工满意度通常高于同行业其他公司。

2. 员工满意度影响员工保留率及生产率

在大多数服务工作中，员工跳槽的真正成本是生产率的损失和顾客满意度的降低。在个性化的服务企业中，低员工流动率是与高顾客满意度密切相关的。例如，西南航空公司一直是利润最高的航空公司，部分原因是该公司拥有较高的员工保留率，低于 5% 的员工流动率在该行业是最低的。

3. 企业员工保留率与生产率影响服务价值

高服务价值来源于企业员工高保留率和高工作效率，企业员工的工作是服务价值产生的必然途径，而员工的工作效率无疑决定了他们所创造的价值高低，只有高忠诚度的员工才能产生高的服务价值。

4. 服务价值影响顾客满意度

对于顾客来说，服务价值可以通过比较获得服务所付出的总成本与得到的总利润来衡量。

5. 顾客满意度影响顾客忠诚度

施乐等公司对其顾客进行过一次调查，使用的是5分制，从“非常不满意”到“非常满意”。调查发现，“非常满意”的顾客再次购买施乐产品和服务的可能性是“满意”顾客的6倍。该公司称这些非常满意的顾客为“传道者”，因为他们会转变那些不接受公司产品的人的看法。而对产品非常不满意的顾客会产生不好的口碑。

6. 顾客忠诚度影响获利性与成长

有研究显示，顾客忠诚度增加5%，利润可以增长25%~85%，因此，市场份额的质量可根据顾客忠诚度来衡量，应得到与市场份额的数量一样的关注。

服务利润链模型具有实际的可操作性，它告诉我们企业如何把注意力放在员工和顾客这两方面，为他们提供满意的服务，从内部创造员工价值，从外部创造顾客价值，以此来驱动企业的成长和业绩，提高企业在市场中的竞争力。

（二）有效利用服务利润链

那些明白服务利润链并按其进行管理的组织，还会按照精心组织的原则和做法进行管理，这些原则和做法使它们能够从竞争中脱颖而出。

1. 强调成本收益的比较，每个链环都有产生利润的使命

服务利润链的每个链环有机联动并产生正效应的驱动力在于利润。要使服务利润链整体有效，任何一个链环都要有利润可图。否则，就有可能出现某个（些）链环断链，而使整个服务利润链失效。

利润是比较的结果。处在各个链环中的主体——内部顾客（员工）、外部顾客，把自己“得到的”价值同“付出的”成本相比较，得大于失（即有利润）时满意、得不偿失则不满意，最后反映在他们对工作的态度或购买决策上。

【知识链接】

合理待遇组合

从可计量的成本与收入来考虑，企业对待外部顾客一般不会做亏本的买卖，从顾客那里得到的价格收入应该大于成本付出。同理，企业对待内部顾客也不应该出现账面亏损，即企业给予员工的各类待遇总和应该是不超过其贡献值的合理数。问题的难点在于，企业怎样评估员工的贡献值，企业怎样确定满足员工的合理待遇。员工贡献有可以量化的部分，但服务业员工提供服务让外部顾客感受到的服务质量大多数情况下是难以量化的。

例如，微笑服务次数并不容易跟踪计数，微笑的迷人程度更加无法度量，且因人而异。员工贡献的服务质量不仅与员工的技能有关，更重要的是与员工的态度有关。员工贡献值难以度量，合理待遇的制定本身就少了一个关键参照值。此外，不同员工个人偏好有异，企业内部不同层级、不同职能机构的工作没有统一认同的可比性，社会及同业还对企业有影响，员工对自身待遇的期待往往令管理者难以预测。这就要求企业做好薪酬与绩效管理，关注和参照社会与业界动态，在待遇中注入人文关怀元素，用愿景引导员工的心理期待，以确定有吸引力的合理待遇组合。在合理待遇组合的前提下，用优秀的企业文化和管理制度，通过员工积极性、创造性的激发和忠诚度的增加提高员工贡献值。合理待遇组合给了员工想要的利润。企业则通过员工贡献值增加产生超出员工合理待遇组合总值的溢出，使服务利润链各个链环都为企业创造利润，保证整个企业服务利润链有效作用，最终创造出企业盈利。

2. 要求找出关键链环，并确保关键链环的主体有利润可图

服务利润链，每个链环都必须有机联动，对服务利润链有机联动影响最大的就是关键链环，关键链环的主体“利润”必须得到确保。

（1）不同业态企业，服务利润关键链环不尽相同。服务企业类型众多，具体各服务行业提供服务的流程、涉及的服务设施装备、需要的服务技能、服务的信息差异很大。有些服务环节特别依赖特定的服务设施装备或特定的服务技能。这些特别依赖环节往往构成服务利润链的关键链环。例如，理发服务的关键链环是理发师的使用管理，网上银行服务的关键链环是网络交易安全技术及管理，民航运输服务的关键链环应该是飞行安全保障与管理，等等。

（2）不同发展时期企业服务利润链关键链环会有所转化。服务企业在发展过程中，从进入行业门槛到业务成熟，不同时期服务利润链关键链环会有所转化。在发展初期，如何在业界站稳脚跟、如何赢得外部顾客眷顾往往是关键链环；成长期，如何改善员工工作条件和工作待遇以及如何引导员工价值取向成为这个时期服务利润链的关键链环；成熟期，服务利润链关键链环应该是外部服务的优化，即设法为外部顾客提供最高的顾客让渡价值。对于资源稀缺性造成的服务利润链关键链环，解决资源短缺问题后，原先的关键链环可能自行转化。

3. 要有内部服务“质量拳”概念

服务界面之外的外部顾客服务效果，取决于服务界面之内的企业内功。一线员工（内部顾客）劳动生产率、忠诚度、满意度又决定于企业内部服务质量。服务利润链理论要求有“质量拳”概念，要从工作流程环境、员工队伍技能、硬性制度环境、软性制度环境、企业领导榜样等方面并举，抓好内部服务建设和管理，创造高质量。

（1）搞好服务工作流程和工作环境规划、设计、布置和保持。服务工作流程和工作环境规划、设计、布置和保持是搞好服务的基本工作。它是外部顾客感受服务质量的外在形象，是服务企业的“窗口”。同时，它又是服务企业一线员工工作的日常环境。常年置身于这些流程和环境，对员工身心影响是长期的——不环保的装修有害员工身体；不科学的服务流程或设施布局会增加员工的行程并导致出错率升高等。

（2）从员工招聘、培训等方面着手塑造一支掌握较强服务技能的一线员工队伍。培养掌握较强服务技能的一线员工队伍是服务管理和决策的题中之意。每个人悟性有别、体质有异，不同的服务工作需要选拔招聘相应的“苗子”进行技能培训和素质培养。

（3）设立公平合理的考评、激励、分工、分配的企业硬制度环境。建制成章的各类企业管理文件构成了企业“硬性”的制度环境，其中考评、激励、分工、分配等制度关系员工的切身利益，特别要做到公平合理。复杂的“人”的管理是最难的管理。服务企业应该本着用人所长、因才施用的原则合理安排工作岗位和分配任务量，还要设法合理考评和给予合理待遇组合，起到激励作用。

（4）营造和谐融洽、团结合作、积极进取、乐于贡献的企业文化软环境。群体文化的软力量裹挟着个体的行为，企业文化作为“ 软性”制度环境，影响着企业员工的作为。健康的企业文化有利于企业管理成本下降、管理有效性增加，是对“ 硬性”企业制度的帮衬。服务企业要通过及时、适当地弘扬有利于和谐、合作，愿意进取、讲究贡献的人与事，惩戒与之背离的消极作为，引导和促进和谐融洽、团结合作、积极进取、乐于贡献的企业文化。

（5）企业领导的榜样力量。企业领导的榜样力量是最为重要的因素。管理者，特别是高层管理者将为企业各级员工忠于职守产生巨大的榜样力量。健康的企业文化氛围很大程度上也取决于企业创立者及高层管理者的思想道德和行为方式。受员工尊敬、爱戴、信赖、亲近的企业领导，其令易行，其政畅通，对其他方面工作的指挥、协调和控制容易生效。

4. 企业需要发展和应用切合自身特点的服务利润链审计工具

服务利润链理论强调服务市场份额的质量比服务市场份额的数量更重要。而反映质量的满意度、忠诚度等很多指标参数都不是会计账簿可以记录的。服务利润链各链环的绩效衡量（即成本收益的比较）并不直观、非常困难，而这一点恰恰又对服务利润链实际应用十分重要。

那么，企业适用什么样的服务利润链审计工具呢？ 罗伯特·卡普兰的平衡计分卡打破了传统的只注重财务指标的业绩管理方法，从学习与成长、业务流程、顾客、财务四个角度审视企业自身业绩。这一方法的基本思想与服务利润链所强调的理念不谋而合，平衡计分卡可以为服务利润链审计所借鉴。

服务企业千差万别，服务利润链各链环的构成要件很不相同，所以，像基本会计准则那样的统一记账方法难以为服务利润链审计所找到。也就是说，服务利润链审计需要各服务企业借鉴科学的业绩管理方法，结合自身特点，发展属于自己的有效的服务利润链审计工具。

第二节 旅游服务蓝图设计

一、服务蓝图

服务蓝图是详细描绘服务传递系统的地图。服务过程中涉及不同的人员，无论他们的角色或个人观点如何，都可以理解并客观地使用它。服务蓝图直观上从几个方面展示服务：描绘服务实施过程、接触顾客的地点、顾客角色与员工角色、服务传递过程中的可见要素。它提供了一种把服务合理分块的方法，再逐一描述过程的步骤和任务、执行任务的方法和顾客能够感受到的有形展示。

开发新的服务或改善已有的服务，最关键的是将服务概念开发、服务过程开发及市场测试等阶段准确地描绘出来。特别是能客观准确地将服务过程的特点加以描绘，并使之形象化。这样，顾客、员工和管理者都会清楚地知道正在做的服务是什么，以及在服务实施过程中自己所扮演的角色。通过服务蓝图，上述问题可以得到很好的解决。

（一）服务蓝图的构成

服务蓝图作为服务传递系统的一种可视技术，它由感知与满足顾客需求的一组有序活动组成，包括顾客行为、前台员工行为、后台员工行为、支持过程以及可视分界线与互动分界线。前台员工行为与顾客行为由一条互动分界线隔开，而可视分界线将前台员工与后台员工隔开，有时在后台员工与支持过程之间由一条内部互动分界线分开，如图6–8所示。

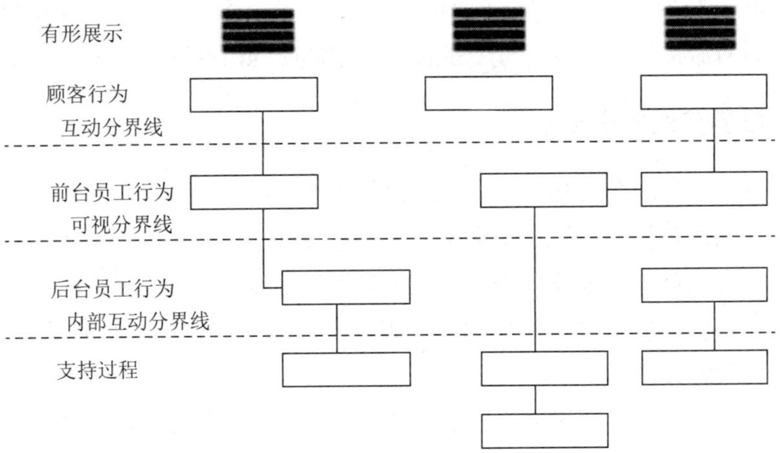

图 6–8 服务蓝图的构成

1. 顾客行为

包括顾客在购买、消费和评价服务过程中的步骤、选择、行动和互动。例如，在法律服务中，顾客行为可能包括决定请律师、与律师交谈等。

2. 前台员工行为

是顾客能观察到的员工的行为和步骤。例如，在法律服务中委托人（顾客）可以看到律师（服务人员）的行为，可能包括会面、出具法律文件、出庭辩护等。

3. 后台员工行为

是发生在幕后的员工的行为。这些行为对前台的服务活动有支持作用。例如，法律服务中，律师的会面准备和文件准备等活动。

4. 支持过程

包括内部的服务及员工的服务步骤和互动行为。例如，在法律服务活动中，受雇人员的法律调查、秘书准备文件等。有时，支持性活动可被包含在后台员工行为之中，不加分离。

5. 互动分界线

表示顾客与组织间直接的互动，一旦有一条垂直线穿过互动分界线，即表明顾客与组织发生接触。

6. 内部互动分界线

用以区别接触顾客人员的工作和其他支持性服务人员的工作，垂直线穿过该线，表明发生了内部接触。

7. 可视分界线

把顾客能看到的服务行为和看不到的行为分开，即把员工在前台与后台的工作分开，该线在服务传递系统的设计中具有重要的意义。

服务蓝图的最上方列出了服务的有形展示。有形展示是将无形的服务有形化。因为服务本身是无形的，顾客常常在购买之前通过有形线索对服务进行判断，并在消费过程中或在消费完成后对服务进行评价。每个接触点上方都应列出服务的有形展示。

（二）制订服务蓝图的必要性

第一，提供一个服务的全局观念，让员工把服务视为不可分割的整体，并与“我做什么”关联起来，从而在员工中加强以顾客为导向的重点。

第二，识别出失误点，即服务行动链上的薄弱环节，确定质量改善目标。

第三，互动分界线阐明了顾客的作用，并表示出顾客在何处感受服务质量的好坏，由此促进被感知的服务设计。

第四，可视分界线促使有意识地确定出顾客该看到什么以及谁与顾客接触，从而促进合理的服务设计。

第五，内部互动分界线显示出具有互动依赖关系的部门之间的界面，它可以加强部门之间的联系。

（三）服务蓝图的建立步骤

步骤 1：识别需要制订蓝图的服务过程，并对整个服务过程进行分解。

步骤 2：识别目标顾客对服务的经验。针对细分市场中顾客的具体要求，制订具体的服务，使服务过程更加清楚明白。

步骤 3：识别顾客的角色描绘服务过程，或称描绘顾客的行为，即描绘顾客在购买、消费和评价服务中的行为。对于内部服务，应描绘员工的行为。

步骤 4：描绘前台与后台员工的行为。主要区分哪些是顾客能看到的行为（前台），哪些是顾客看不到的行为（后台）。

步骤 5：把顾客行为、服务人员行为与支持功能按步骤相连。

步骤 6：为每个顾客行为步骤加上有形展示。

二、旅游服务蓝图应用

（一）旅游服务蓝图的内涵

旅游服务蓝图是描述旅游服务传递过程的可视技术，是详细描述旅游服务系统的"引导图"或"指示图"。如同技术人员一样，旅游服务过程中的不同人员可以通过旅游服务蓝图，理解旅游服务的实施过程、接待顾客的地点、顾客的角色以及服务的可见要素。

（二）旅游服务蓝图的使用

根据旅游企业不同的战略意图，可以采用不同方式使用服务蓝图，即横向使用、纵向使用和全面使用。

1. 横向使用

（1）如果旅游企业的战略意图在于了解顾客是如何使用服务的，则可以跟踪顾客的行为，并提出相应的问题：

顾客使用各种不同类型服务的规律是什么？

顾客使用服务的参与程度如何？

顾客对有形展示有什么要求？

如何满足顾客的需求，是否能保持与服务战略和服务定位相吻合？

（2）如果旅游企业的战略意图在于了解服务员工的角色，则可以跟踪服务人员的行为，并提出如下问题：

服务人员的操作流程是否合理、有效率、有效果？

哪些员工与顾客直接接触？在什么时间？什么地点？发生的频率如何？

顾客的服务问题是由一名服务人员直接负责到底，还是需要向其他服务人员交接？

2. 纵向使用

如果旅游企业的战略意图在于了解服务过程不同因素的组合，或者在大背景下识别某一员工的位置，则可以纵向使用旅游服务蓝图。这时，我们会清楚地看到顾客有哪些服务要求，旅游企业的服务任务是什么，由谁来执行这些服务任务，哪些人在服务中起关键性的作用，执行这些服务任务需要内部组织提供什么样的支持。为解决上述问题，旅游企业需要考虑以下问题：

在关键性服务环节上，需要什么样的服务人员？

为支持关键性的服务接触，服务人员需要做哪些后台工作？

相关的服务接触需要提供什么样的支持行为？

在不同的服务环节之间是如何衔接的？

3. 全面使用

如果旅游企业的战略意图在于对服务进行重新设计，则可以从总体上全面使用旅游服务蓝图。

首先，需要了解服务的总体特征和服务过程的复杂程度，这是进行重新设计服务的基础。其次，对顾客接受服务的行为进行观察，发现重新设计服务的关键性环节，并进行改进。同时考虑这些变化要求服务人员如何改变行为，需要组织内部提供怎样的支持性行为。再次，还要考察有形展示的内容是否需要发生变化，这些变化与服务战略目标是否保持一致。最后，旅游服务蓝图还用来发现服务过程的失误点和瓶颈点，从而进行分析和研究，提出解决问题的方案。

（三）旅游服务蓝图的设计

1. 设计旅游服务蓝图的意义

第一，提供全局性的视点，让员工树立整体性的服务意识，找准自己在蓝图中的位置，并考虑自己能为整体性服务做些什么，从而在员工中树立以顾客为导向的服务意识。

第二，识别服务过程中的薄弱环节，然后确定服务质量改进的目标。

第三，通过服务人员与顾客的接触线，发现顾客在何处感受并评价服务质量，从而促进服务的设计。

第四，通过内部互动分界线的显示，发现顾客在服务现场的接触点，以促进服务质量的持续改进。

第五，通过显示服务过程的构成要素和关系，以促进服务战略的形成。

第六，为识别成本、收入以及向不同的服务要素投资提供基础。

第七，为外部营销和内部营销活动提供重要的基础。

第八，提供一种由表及里的提高服务质量的途径。

2. 设计旅游服务蓝图的步骤

（1）识别制订旅游服务蓝图的意图。在开发旅游服务蓝图之前，首先需要识别建立蓝图的目的，并就此在组织内部达成共识。服务蓝图可以在旅游企业不同的层面上开发，可以在整体层面上开发，不涉及具体的服务细节，如酒店的整体服务蓝图；也可以在职能部门的层面上开发，如酒店前厅部服务蓝图；还可以就某一具体业务进行开发，如送餐服务蓝图。另外，还可以基于某些特定的细分市场或某些服务产品进行服务蓝图设计，如会议服务蓝图、婚宴服务蓝图。

（2）识别顾客接受服务的经历。任何旅游企业都服务于特定的细分市场，而不同细分市场的顾客需求存在差异，他们对服务质量的期望也不相同。因此，旅游企业需要根据顾客的需求，确定顾客接受服务的经历和过程。如团队观光客人和商务散客对酒店的服务需求存在差异，其在酒店中的活动规律也不相同。

（3）从顾客角度描绘服务过程。该步骤是指顾客在咨询、消费以及评价中所经历的选择和行为。从顾客角度认识服务过程，可以将注意力集中在关键性服务环节和关键服务要素上，避免从主观角度认识顾客需求，造成服务资源的浪费和顾客满意度的下降。

（4）描绘前台和后台员工的行为。画出顾客与服务人员的接触线以及区别前台行为和后台行为的可视分界线，然后从顾客角度和服务人员的角度设计绘制过程，并区分出前台行为和后台行为。若是对现有服务进行描述，可以向一线服务人员征询意见。

（5）把顾客行为、服务人员行为和支持性行为进行组合。首先画出组织内部服务的互动分界线，然后识别出服务人员的行为与内部职能部门的联系以及联系的程度，从中可以发现服务行为的关键性支持因素。这些因素与顾客满意度的关联性较强，需要引起旅游企业的高度重视。

（6）在顾客行为上加上有形展示。旅游服务蓝图开发的最后一个步骤就是在蓝图上添加有形展示的内容，以此说明顾客在每一个服务经历中所需要的有形物质以及看到的实体内容。这些可以通过照片、录像等形式加以反映，以帮助分析有形展示对顾客感知服务质量的影响以及是否与企业的服务战略和服务定位保持一致。

【同步案例】

酒店服务蓝图设计

顾客行为：顾客消费酒店服务的行为。包括预订客房、办理登记手续入住酒店、在酒店中接受各种服务、结账离开酒店。

前台员工行为：顾客能看见的酒店服务人员表现出的行为和步骤。包括顾客入住酒店，前台服务人员的迎接服务、行李服务、登记服务、结账服务等。

后台员工行为：能够影响酒店前台服务质量，但顾客看不到的行为。包括前厅服务人员的夜间稽核、餐厅服务员的餐前准备等。

支持过程：酒店内部服务或者支持服务人员履行的服务步骤和互动行为。包括酒店的工程维修、保安服务、厨房生产、电话总机、采购工作等。

有形展示：顾客在酒店服务现场可以看到的用于提示服务质量的实体内容。包括酒店的装潢设计、设施设备、服务物品等。图 6-9 为酒店服务蓝图示例。

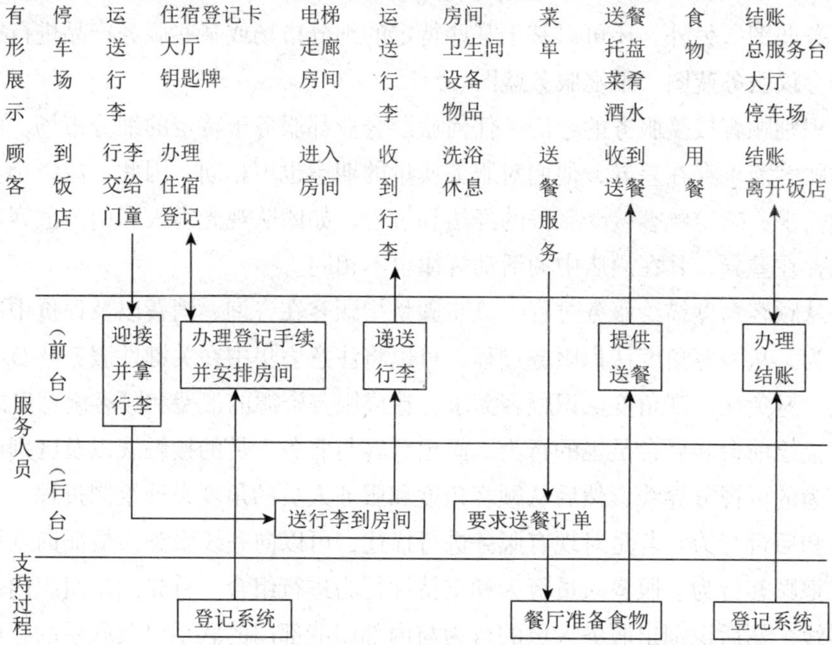

图 6-9　酒店服务蓝图示例

【实践活动】

对某物业管理公司的服务进行调查，绘制其服务蓝图，对比其服务特色并提出改进建议。

第七章

服务需求与企业服务能力管理

导言

经济的蓬勃发展使得服务业的发展日新月异，人们不再拘泥于追求生理需求和安全需求，而是将目光放到更高层次的社会需求和尊重需求等方面。面对多样化、个性化的服务需求，旅游企业该如何提高自身的服务能力？如何提供高质量的服务供给？如何实现服务供需平衡？本章从服务需求和供给的角度进行分析，为旅游企业实施服务需求管理和服务供给管理提供有效指导和借鉴。

【学习目标】

1. 知识目标：通过对本章的学习了解服务供需平衡的定义和状况，了解服务供需失衡的现象和原因，掌握服务需求和服务供给的特点。

2. 能力目标：在对本章知识点了解、掌握的基础上认识服务供需平衡的必要性，熟悉服务需求管理的基本策略，掌握旅游企业服务能力管理的基本策略。

【导入案例】

一张机票引发的官司

一张机票引发了一场官司，也正是这场官司完善了一项民航管理措施。

一位乘客通过电话向上海民惠航空服务有限公司订购机票，言明在虹桥机场登机。第二天，民惠公司送来一张中国南航股份有限公司（以下简称南航公司）CZ349 航班机票。出发当天，这名乘客兴冲冲赶到虹桥机场，但怎么也找不到自己要乘的航班，一打听才知道该航班应在浦东国际机场登机。于是只好办理退票手续，另购下一个航班的全价机票。

这名乘客事后将上海民惠航空服务有限公司、南航公司告上法庭。庭审中，两被告辩称，作为承运人和出票人，他们都按“行规”操作，使用自动打票机填开机票。机票上标有国际通用机场代码，“PVG”表示浦东机场，“SHA”表示虹桥机场。作为受过高等教育的原告，对此应当认知，即使有疑问也可通过各种渠道随时询问。

法院调查后发现，绝大部分乘客对专用机场代码并不清楚，承运人有义务在出售的机票上使用我国通用的文字，清晰地标明航班起降机场名称，或以其他方式明确说明。据此，依照《合同法》的有关条款，法院判令南航公司退还原告机票款770元，并赔偿80元。

案例分析：我国航空公司的机票如果都是英文，肯定不方便本国游客。如果强调“高学历的消费者”应该能看懂，这就是强盗逻辑，服务提供者不能妄加猜测或自行定义需求者的“应当行为”，只有充分考虑服务需求的现实情况，提高服务供需匹配度，才能完善企业服务能力。

第一节 旅游服务供需平衡状态分析

一、服务供需平衡基本概念

（一）服务供需平衡的概念

企业所面临的市场需求往往是波动的，而企业的生产供应能力通常是一定的。因此，对于企业管理者来说，无论是制造业企业还是服务业企业，如何使供需达到平衡都是一个重要的管理问题。

对于制造业而言，解决供需平衡的方法多种多样。它不仅可以利用库存，预先把产品制造出来，以满足高峰时的需求或无法预期的需求，还可以利用加班、外协或推迟供货等方法。但是对于服务业而言，由于服务产品与需求存在特殊性，不可能库存，因此供需矛盾的解决就显得困难重重。

服务供需平衡即服务能力与服务需求的平衡，是指具有独立服务功能的机构，其服务能力能够满足服务需求，不存在服务能力供给过剩或者服务能力供给短缺的问题，从而实现服务供给与服务需求的最佳匹配，这些机构包括商场、机场、火车站和餐厅等。从服务供给和服务需求管理的目标来看，它是要实现服务供给与服务需求的平衡，从而将服务系统各方面的损失（包括空闲损失、机会损失和顾客损失等）降到最小。

【同步案例】

中午12点的“早餐”

某山庄酒店，午餐时间，已有不少客人正在餐厅用餐。有电话打进餐厅吧台，询问还有没有早餐可吃，接电话的领班小杨抬腕看了一下手表：12点差10分。她本能地笑出声来，给出建议：“你们干脆吃午餐吧。”“我们是外地过来的旅游团，昨天一天爬山，累得没胃口，都不想吃东西了，只想喝点稀粥。你看还有没有早上剩的稀饭呢？”小杨想，对方要求也不高，不过要问一下厨房才好回答。于是她就说：“您是哪个房间的？我过两分钟打您房间电话答复您好吗？”

小杨将客人的要求向厨师长作了通报。厨师们听说中午有客人要求吃早餐，都觉得好笑。有的说真逗，有的说怪怪的，还有的说这个例不能开，不然以后还要把早餐食品留到中午，怎么留啊！厨师长也感到为难：早餐没吃完的稀饭已统统送给附近的养猪户去了，如果答应客人的要求，那就要另外再加工，无形中加大了成本，于是没有同意。

这件事情正好被一位旅游职业学校实习生小廖听到了，他不认为客人的要求有什么好笑的地方——“不是说客人是上帝，他们总是对的吗？”“不是说客人不能得罪，只要他们的要求是正当的就应当尽可能给予满足吗？”于是他把这件事情向正在巡视餐厅的餐饮部李经理做了报告并谈了自己的看法。李经理立即批示厨房马上加工稀饭，同时向旅游团全陪房间打了电话。不一会儿，旅游团的团员虽然个个睡眼惺忪，却满脸笑意地走进了餐厅。

酒店总经理听了餐饮部李经理的汇报后，当即决定：以后免费早餐券上的用餐时间改为上午7点至中午12点，同时要求餐厅上午9点过后将剩余的早餐食品移至一个小餐厅保留至中午。

案例分析：“中午要求吃早餐”这一需求是否合理？从客人一方说，我早餐券未用，酒店理应补上这一餐，只不过要求在时间上做一些灵活处理而已。从店方说，酒店既然做了就餐时间上的规定，超出这个时间范围不提供也理所当然。

事实上，目标市场的需求就是酒店服务设计的出发点，而客人需求的变化就是酒店服务改革的方向。如果把个别客人（甚至部分）要求延迟早餐用餐的截止时间看作个性需求的话，那么把早餐食品留到中午正是服务供需平衡的创新。

（二）服务供需平衡状况

服务能力与服务需求之间存在的四种平衡状况如表7-1所示。

表 7–1　服务供需平衡状况

类型	需求过度	需求大于最优服务能力	供需平衡	服务能力过剩
表现	需求＞最大服务能力	最优服务能力＜需求＜最大服务能力	需求＝最优服务能力	需求＜最优服务能力
结果	一部分顾客得不到服务，潜在顾客离开，企业销售额甚至是信誉丧失	服务环境拥挤，顾客得到的是低水平的服务	需求平衡于最优服务能力，顾客得到准时而良好的服务	资源没有得到利用，影响企业生产效率
案例	餐馆就餐高峰期，常常出现餐馆人满为患的情况，就餐等待时间长，服务人员无法及时为顾客提供服务	餐馆就餐高峰期，常常出现餐馆人满为患，就餐等待时间长，服务人员无法及时为顾客提供服务，商场试衣间出现排队等待	绝对供需平衡不存在	饭店顾客过少，使人怀疑其服务品质；消费者会选择生意较好（人多）的餐厅

1. 需求过度

当需求大于最大服务能力时，即服务需求超过服务机构最大可提供的服务容量，造成多出来的顾客离开服务机构，给企业带来机会损失。在这种情况下，一些潜在顾客可能离开，而且可能永远离开。

2. 需求大于最优服务能力

当需求在最优服务能力和最大服务能力之间时，即当需求大于服务系统可提供的最佳容量，可能发生顾客接受有缺陷服务的情况。此时虽然没有顾客离去，但是服务条件劣化，服务质量下降。这个时候，管理者必须采取措施以控制服务水准的降低，并防止顾客不满。

3. 供需平衡

在供需平衡的情况下，企业的最优利用能力与最大服务能力是相同的，即需求和供给在最佳服务容量点上达到平衡，所有的服务设施和员工都没有闲置，顾客和服务机构都达到最佳，这是最理想的状况。例如，在剧院或体育比赛现场（座无虚席），令人兴奋的气氛。

4. 服务能力过剩

在其他类型的服务中，当供给能力没有达到满负荷时，顾客可能会感觉更好。例如，餐饮服务（座位）、航空服务（旁边的座位）。在修理和维护服务中，如果日程表被挤满了，可能导致临时发生工作的延误。

【同步案例】

打的为何如此难

在发达地区，由于轨道交通网络化运营等公共交通较为发达，出租车扮演着大容量公共交通的“补充”角色，被当作“个性化服务”；而在欠发达地区，由于公共交通服务不够发达，未能充分满足公众日益增长的出行需求，出租车成为公共交通的主要角色，被当作“普通服务”。近年来城市发展迅速，市民生活水平提高较快，对更优质的公共交通服务有很大的需求。但由于出租车供给远远小于公众需求，再加上出租车司机狭隘的经营心理，使得打的难成为中国多数城市普遍存在的问题。

案例分析：这种乱象层出不穷的原因有很多，其中之一便是服务供不应求，需要打的顾客很多，但是出租车司机由于距离近、收费少、赚取利益小等拒绝载客，给乘客出行造成了极大影响。为了解决这种局面，应该充分规范出租车市场，对拒载行为进行严厉打击和惩罚，增加出租车行业的服务供给，形成出租车市场的良性竞争。

二、旅游服务供需失衡

（一）旅游服务供需失衡现象

在实际经济活动中，服务能力与服务需求之间的完全平衡是很难达到的，不平衡是绝对的，而平衡则是相对的。比较常见的现象是：在需求高峰期，由于服务设施的接待容量有限造成顾客流失，而在非需求高峰期，服务能力有时大量闲置，造成不必要的损失。

常见的服务供需失衡现象有两类：

第一类，服务生产能力相对固定不变，而顾客服务需求规模波动。例如，某城市的公共交通运输能力是固定的，由于乘客对交通运输时间段需求不同，所以一天中，公交的拥挤程度也是不同的。

第二类，服务能力与服务需求都发生波动的情形。这一类主要是由突发事件引起的。例如，发生地震时，对心理医生的需求迅速上涨。

（二）旅游服务供需失衡的原因

1. 服务能力难以储存

首先，多数服务具有易逝性。因此，不可能通过预测后期有较大的需求而提前生产服务，对大多数服务业来说，库存这一方法并不适用于去应对服务需求的波动。

其次，需要服务提供者与消费者共同参与。服务的需求与消费是同步的，需要双方共同参与，是双向的互动行为。例如，当顾客愿意等待时，推迟服务是可能的，海底捞的座位是有限的，但大多数顾客却愿意等上两三个小时。

最后，供需平衡中仍需顾虑顾客满意度。供需平衡是质量与数量两方面的结合，顾客满意度是对服务质量的衡量。

2. 服务产能受到限制

服务产能受人员、机器设备、材料、方法、大环境设施的限制，如何有效利用服务产能成为关键。

3. 服务需求难以预测

人们的服务消费具有很大的随机性，服务需求变化多端，且往往发生在很短的时间内。

4. 服务行为受时空限制

因为所提供服务的多样性，服务个性化和顾客需求多样性等，对一定量顾客所提供服务的时间很难预测。例如，餐厅就餐顾客就餐速度不同，所用时间不尽相同。

服务具有现场性，只能在一定地点提供。对于在不同地点提供服务的机构来说，服务供需不能跨地域调节。

三、服务需求的特性分析

（一）服务需求的特性

1. 波动性

服务需求的波动性是指服务需求并不是固定的或长期稳定不变的；相反，内外因素的不确定性使得服务需求经常波动。

2. 层次性

不同层次的顾客需要不同档次的服务，愿意为不同的服务水平和质量支付不同价格；不同层次顾客对开发相同的服务有不同的反应，较高层次的顾客对新服务的反应更强烈。例如，医院的病房有 VIP 病房和普通病房，选择住进 VIP 病房的患者需要病房提供高档的服务，如宽敞舒适的病房、独立不被打扰的空间、高级护工的护理，而住进普通病房的患者对病房的要求并没有那么高。

不同层次的人自身所具备的条件不同，消费欲望不同，对服务的要求不同，导致服务需求呈现出不同层次的特点。

3. 伸缩性

服务需求的伸缩性是指随着各种因素的共同作用，服务需求会随之扩大或缩小，这是服务需求弹性的一种表现形式。伸缩性大小与消费者所选择的商品类型有极大的关系。人们基本的消费资料（如基础教育产品）的需求弹性较小，即需求的伸缩性较小；享受和发展资料（如娱乐、审美和科研产品）的需求弹性较大，即需求的伸缩性较大。

4. 发展性

人们对服务的需要，无论是在数量上、质量上，还是在品种上，都处于不断发展变化之中。某种服务需求被满足了，又会产生新的服务需求，并且服务需求总是由简单到复杂、由追求数量上的满足到追求质量上的满足发展。这表明服务需求总是在变化发展的，不是静止不动的。

5. 可诱导性

服务需求在一定条件下是可以引导和调节的。消费者最易受产品特色、广告宣传、营销方式、现场氛围等因素的刺激，诱发冲动性需求。开发出新的产品，会使潜在的服务需求转化为现实需求；良好的售后服务，会使无需求转化为有需求，诱导“看客”成为现实买主。

【知识链接】

旅游服务需求的“旺季”与“淡季”

旅游景区并非所有时间都是“人满为患”，它会分旺季和淡季两个经营期。旺季，常常会出现游客将景区挤得水泄不通的现象，而淡季景区内游客大幅减少。这包含游客和景区两个方面的原因。景区由于本身自然风光受季节的限制，而将景区自然风光最好的时候定为旺季，其他时间为淡季。而游客由于时间的限制，往往在法定节假日、周末等才有时间去旅游，所以景区往往节假日时十分火爆，其他时间稍显冷清。由此推出，服务需求受内外因素的影响无法一直保持稳定状态。内因是指消费者自身收入、时间、消费预期、服务期望等，外因则是指服务水平、质量等。内外因造成服务需求难以预测。

旅游企业作为服务企业的重要组成部分，其服务需求的预测具有较大的波动性。众所周知，旅游是季节性很强的服务业，其经营管理和运营在很大程度上受到季节的影响。“淡季”门可罗雀、“旺季”人满为患的现象十分常见。旅游企业需要充分考虑这些，采取相应的措施将淡季的损失降到最低，并尽最大努力控制旺季的游客量，从而提高旅游景区自身的盈利和旅游者的满意度。

（二）服务需求的规律

服务需求的内外因作用使得服务需求的变化呈现无规律可循的现象，但进一步分析会发现其实服务需求的变化未必无规律可循。

1. 周期性

服务需求变化的周期性需要进行细分市场方可看出。旅游市场的季节性使得服务需求在旺季增加，淡季减少，节假日增加，工作日减少，这是季节性变化和节假日变化，例如医院在换季时患者会增加。

2. 转移性

人们的服务需求存在群体内、群体间以及时间、地点的转移和扩散的规律，即服务需求的转移规律。例如，女性顾客会在友人的介绍下从原来经常光顾的服饰店转移到朋友推荐的店中去买，有人会将在游泳馆的消费转移至健身房，这些都是服务需求转移性的表现。

第二节　服务供需管理的基本思路

一、服务供需管理

服务供需管理包括服务需求管理和服务能力管理。服务过程管理中，需求波动是管理者不得不面对的一个挑战，如果不能很好地解决服务供需平衡问题，会造成服务质量下降、顾客满意度降低、顾客价值减少、成本上升等一系列问题。

从需求的角度解决问题：一是想办法影响和调节需求，使需求的波动减小；二是想办法管理和应对需求，以便灵活地满足顾客需求。这需要首先研究需求的特点和变化模式。

从能力的角度解决问题：一是需要了解不同服务类型下服务能力的特点；二是考虑如何通过利用服务能力本身的弹性和增加服务能力的弹性来满足不断变化的需求。另外，在面临不断增长的服务需求时，还需要考虑如何扩大服务能力。

服务供需管理的基本思路如图 7-1 所示。

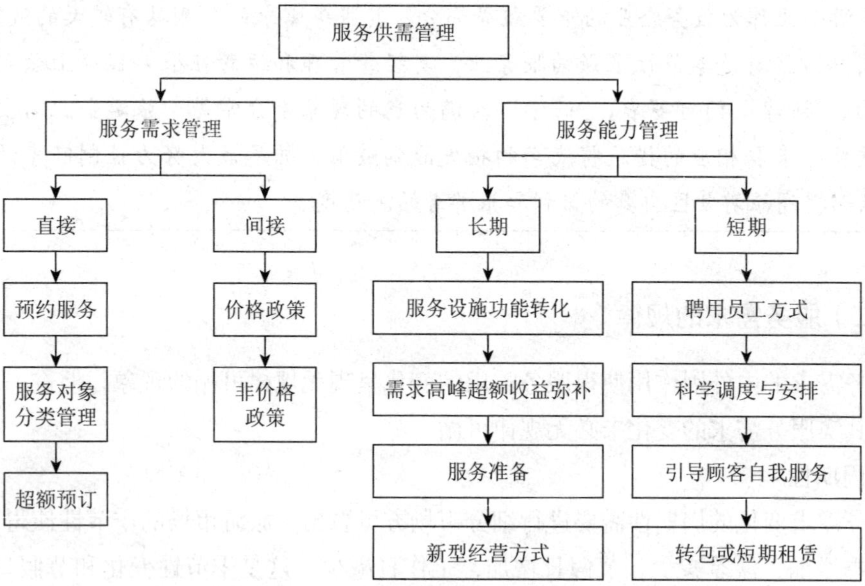

图 7-1　服务供需管理的基本思路

【同步案例】

湖北省图书馆管理多样化的顾客需求

位于武汉市武昌沙湖南畔的湖北省图书馆新馆，是我国中西部地区第一座移动

4G图书馆。来这里的读者除了借阅图书，还能用电脑、手机登录“极速”4G网络。

据测算，这里的4G网络平均下载速率能达到50M/秒，是传统3G网络的10倍以上。在这里，读者不仅可以通过移动4G网络，高速畅享移动互联网，更可随时下载湖北省图书馆的电子期刊。借助湖北移动的信息化手段，湖北省图书馆新馆还实现了“一站式”自助阅读服务，读者通过自动办卡机就可快捷办理读者证，在书架上挑选好书籍后，通过自助借书机仅需6秒即可完成借书服务。

4G时代的到来使得信息环境发生了巨大变化，读者对图书馆提出了越来越高的要求。移动图书馆是移动通信网络与图书馆亲密接触的产物，具有实时性、移动性、主动性和个性化的特点，由以前简单的网络搜索、文字浏览发展为提供3D图书、有声图书、互动阅读、自助服务等形式丰富的数字化信息消费，在功能和服务方面将发生很多新的变化。

移动图书馆即利用了高科技的需求管理形式。首先，它同样拥有传统图书馆的预约服务功能，并且把预约和自助服务结合，市民可以通过网络在任何地点时间完成对书籍的预约。其次，移动图书馆相比传统图书馆在价格上相对低廉，大部分数字资源都能够免费获取，仅由网络运营商收取移动设备流量通信费。最后，移动图书馆最大的优势就是“移动”，使图书馆这一传统服务突破了时间和空间的限制，市民只要在网络覆盖到的地方都能够享受到书籍借阅服务。

案例分析：湖北省图书馆从大型实体建筑物发展到信息化的移动图书馆，体现了随着市民服务需求的进一步发展和图书馆服务市场的细分，能够更好地满足市民需求，通过信息化手段来加强对服务的需求管理。

二、服务需求市场细分

市场细分是进行需求管理的首要步骤。美国市场学家温得尔·史密斯（Wendell R.Smith）于1956年最先提出市场细分的概念，其目的在于认清顾客的需求，以便能具体实施营销观念，针对顾客的需求来调整产品与营销方式。市场细分是进行需求管理的首要步骤。

所谓服务需求市场细分，是指企业根据消费者需求的差异，按照细分变数将某一整体服务市场划分为若干个消费群体，每一个消费群体都是一个具有相同需求或欲望的细分市场，从而找出适合本企业为之服务的一个或几个细分子服务市场的过程。

有人说：“除非你只有一个顾客，只卖一种产品，否则就有市场细分问题。”同样，不同的顾客有不同的服务需求，就必然要对服务需求市场进行划分，以正确定位企业服务范围和战略目标，有效利用企业服务资源，更好地满足顾客服务需求。

进行服务市场细分的7个步骤如下：

（1）选定产品市场范围。当企业确定市场细分的基础之后，必须确定进入什么行业，生产什么产品，为哪些人服务。产品市场范围应以顾客的需求，而不是产品的本身特性来确定。

（2）列出企业所选定的产品市场范围内，所有潜在顾客的所有需求，这些需求多半有心理性、行为性或地理性变数特征。

（3）企业将所列出的各种需求，交由各种不同类型的顾客挑选他们最迫切的需求，最后集中起来，选出两三个作为市场细分的标准。

（4）检验每一细分市场的需求，抽掉各细分市场中的共同需求，尽管它们是西方市场的重要的共同标准，但可省略，而寻求具有特性的需求作为细分标准。

（5）根据不同消费者的特征，划分为相应的市场群，并赋予一定名称，从名称上可联想该市场消费者的特点。

（6）进一步分析每一细分市场的不同需求和购买行为及原因，并了解要进入细分市场的新变量。这样可能引起重新划分和重新命名细分市场，使企业不断地适应市场变化，在竞争中才能不败。

（7）决定市场细分的大小及市场群的潜力，从中选择使企业获得有利机会的目标市场。

【同步案例】

英国车险市场细分

英国车险事业发展至今已相当成熟，车险市场已经完全细分。分食车险市场蛋糕的众多车险公司各有专长，各有侧重。有的公司对65岁以上的车主给予保费优惠，有的则把服务对象定位在大学生和其他25岁以下的年轻人，还有专门从事古董级“老爷车”的保险业务，而诸如“零点汽车保险”公司则专门面对那些老出事故以至被大多数保险公司拒之门外的车主。

案例分析：市场细分有助于对不同需求的客户群提供差异化的服务，从车险市场来看，年轻人的服务需求和老年人的服务需求不同，白领阶层和工人阶层的服务需求不同。可以说，服务需求受到性别、年龄、职业、收入水平和受教育程度等许多因素的影响，在对市场进行细分时需要充分考虑这些影响因素，从而满足顾客多样化、个性化的服务需求。

三、服务需求管理策略

进行需求管理的基本思想是：将高峰期的需求转移到低谷期，从而使服务能力在某种程度上得以均衡。这样的需求管理有时可以用直接的方法来实现，有时则需要采用间接的方法。

（一）直接需求管理

1. 预约系统

很多服务业可以通过引入预约系统来管理需求。例如，航空运输或火车运输等供给能力有较强约束的服务行业都可以采用预约系统。

引入预约系统要花费很多钱，但它们是有效的，而且顾客会认为公正合理，特别是在采用“先到先服务”或“谁付得多谁优先”的服务规则的情况下。当然，预约系统可以和“先到先服务”的非预约系统（如旅馆业、运输业及餐厅）并存，很多拥有足够的服务能力但又不想使运作过于死板的企业都采用这样的并存系统。但是，必须让顾客知道，如果他们进行了预约，一旦能力变得紧张时，他们会优先于未预约的顾客而得到服务。

2. 分类管理

和预约系统密切相关的是分类管理。航空公司运用这一方法是相当成功的。分类管理的基本思想是以不同价格提供多种条件的服务，以最大限度地利用服务能力，获得尽可能多的收入。随着预约情况的变化，服务企业可以灵活地调整每一种价格的服务的规模，以达到最佳使用率和最大获利的目标。

例如，航空公司提供带有不同约束条件同时价格也不同的机票：最低价的机票在数量上有限，且要求乘客必须至少提前多少天订票，在目的地停留时间不得超过多少小时，以及如果要更改机票时间的话必须支付较高的违约费用等。而其他费用较高的机票却没有这些限制，有很大的灵活性。

（二）间接需求管理

间接需求管理主要是指促使在高峰期需要服务的顾客将他们的需求转移到非高峰时段。间接需求管理的任务集中于可以刺激顾客的价格和服务政策上。

1. 价格政策

顾客关心价格，如果需求下降，降低价格将是推动顾客更多购买服务的一个很强的激发因素，而提高价格肯定会使事情变得更糟。如果企业希望削平需求高峰，在高峰期提高价格、非高峰期降低价格会奇妙地实现这一点。例如，电力系统在用电低峰期间会提供较便宜的电费、电话公司在晚上时段提供减价服务、电影院提供早场特价票、旅馆的低价仅限于周一至周四等都是这样的例子。

2. 非价格服务政策

非价格服务政策经常和价格政策同时使用。例如，旅馆不仅提供周末的减价房间，而且在周一至周四提供免费早点、室内香槟和高尔夫球场。

（1）调整服务时间和地点。通过改变提供服务的时间或地点来应对市场需求。主要有四种模式：通过改变提供服务的时间来应对需求对不同时段、不同季节等的偏好；在一个新地点提供服务，如提供移动服务，而不是要求顾客到一个固定的地点；资产是可移动性质的企业可以跟随移动的市场变动；利用新技术，企业还可以同时改变提供服务的时间和地点。

（2）提供互补性服务。通过提供其他关联服务，来分散等待中的顾客的焦急心理，减少他们的抱怨，吸引并留住他们，使他们愿意等待，并觉得心情愉快。

（3）淡季需求管理。有些服务的需求具有确定且不易改变的季节特性，对价格也不敏感。例如，人们通常只会在夏季蜂拥而至海滨浴场，冬天去滑雪场。这类服务在非季节时的需求非常少或者根本没有。在类似的情况下，价格策略、预约或宣传通常都对平滑这类需求的高峰没有作用。这时一种更合适的管理策略就是以相同的设施、相同人员提供与原有服务变化特性相反的其他服务。例如，许多风景区在没什么风景的冬天提供滑雪服务项目，海滨饭店则在冬季提供接待团体会议服务。

第三节　旅游企业服务能力管理策略

服务能力是指一个服务系统提供服务的能力程度，通常被定义为系统的最大产出率。

由于服务的生产和消费是同时进行的，如果服务需求相对于服务能力不足，结果将导致服务人员和设备闲置。因此，就有必要更好地协调服务供给与需求来提高服务能力使用率。这里涉及两个方面：一方面是改变和调节顾客需求，利用的是营销导向策略，如使用价格诱因和促销来刺激低谷期的需求；另一方面是控制和调节服务供给水平，如通过计划工作班次、使用兼职雇员、对与顾客接触的员工进行交叉培训等，对顾客需求的变化做出更灵活的反应。

为了更好地适应顾客的需求，缩小顾客满意度与服务水平之间的差距，必须在服务过程中进行控制，最主要的就是服务质量控制，这也是保持和提高服务能力的一种手段。

一、服务能力的要素

服务能力的要素包括人力资源、服务设施、设备和工具、时间和顾客参与。

（一）人力资源

人力资源是服务能力的关键要素，它主要包括五个方面：

第一，技能水平。专业服务以及基于信息和知识的产出尤其依赖于高技术水平的专业人员。

第二，组合安排。对于饭店服务员、护士、电话接线员等大量重复性的服务工作来说，各岗位员工的安排、劳动生产率也是决定产出的关键。

第三，团队与领导激励。高效团队并配备最好的设备将对企业的服务能力产生不可估量的影响，领导和激励的双重作用将进一步提高服务能力。

第四，流动性。人力资源具有高度灵活性。

第五，能力调整。人员通过全时工作、兼职工作或加班加点，以及交叉培训而胜任多项工作，实现对服务能力的灵活调整。

（二）服务设施

服务设施包括三个方面：

第一，用于容纳顾客和提供服务的物质设施。例如，医院床位、宾馆、飞机、巴士、游泳池、剧院和大学教室。此时的能力限制主要指空间容量，如床位、房间、座位、桌椅的数量。在有些情况下，出于人身安全和防火要求，对容纳顾客的数量上限还制定了法规。

第二，用于存储或处理货物的设施。这里的货物可能是属于顾客的资产或是要卖给顾客的商品。例如，超市的货架、运输管道、仓库、停车位或货车车厢。

第三，基础设施。基础设施是对客服务的载体。例如，通过电话、网络、电子邮件或广播提供的服务。在设施设计中需要考虑顾客市场规模与瞬时最大流量，基础设施的能力决定了服务能力。

（三）设备和工具

是指服务过程中所需的用于处理人、物或信息的物质设备。虽然在服务供给系统的设计和资金的宏观预算阶段已经决定了大部分设备的购置计划，服务企业的总体产能基本固定。但是通过一些简单的、花费较少的设备的添置，以及不同产品的调整还是能够帮助企业改变不同产品的服务规模的。

（四）时间

时间包括两个方面的内容：

第一，通过改变两个时间段的组合，有可能改变生产能力。这尤其适合于具有需求高峰期的服务业。

第二，延长营业时间能够提高整体能力。

（五）顾客参与

许多服务的完成要依赖顾客在服务中的参与。例如，顾客从自动取款机取钱，从头到尾都在自己工作。而在另外一些服务中，顾客可能仅仅做一部分，如自我服务的餐厅。在这些情况下，顾客的参与都对服务能力产生了影响。

二、服务能力的利用

（一）服务能力的限制因素

服务企业的有形设施、知识和技能、资源使用等方面的配置形成一定水平组合的服务能力，也构成影响或限制企业总体服务能力的因素。

有形设施服务能力在特定的时间段中为一个定量。对于飞机、车船、场地建筑等服务设施，可通过提高设施利用率来缓解服务需求大于服务能力的矛盾。对于那些主要以人的技能劳动来提供服务的企业，在服务员工数量一定时，服务能力的最大限制因素为有效服务时间。如律师、咨询师、理发师、心理咨询顾问等行业的工作时间决定着他们提供服务的能力，有效利用时间意味着增加收入和利润。

（二）服务能力利用率的影响与作用

基本排队模型论证了等候队伍的长度依赖于服务能力水平，等候时间是顾客到达率与平均服务率之间的函数，服务能力的利用率在 70% 左右时，平均有一个顾客等候服务。随着利用率的进一步提高，等候服务的顾客人数逐渐增多。当利用率达到 90% 以上时，顾客等候人数将急剧增加。

1. 服务能力利用率不能过高

根据基本排队模型，服务能力利用率达到 100% 时，每个潜在的顾客都将等候，即等候顾客无限增加。当需求超过服务能力时，顾客等候队伍更长，增速更快。因此，服务企业需要理性选择能力利用率，综合考虑质量、收益与成本，留有适当程度的富余服务能力。对那些花费较多时间但体现企业服务特色的优势服务项目需有计划地保持一定水平的服务能力。

2. 服务能力利用率调整水平差异较大

在不同的服务能力利用率的情况下，服务利用率等比例调整所产生的影响差异很大。服务能力利用率从 80% 增加到 90%，等候的顾客将从 3 个增加到 8 个；但服务能力利用率从 10% 增加到 20% 时，等候的顾客仅从 1/500 个增加到 1/300 个。两种情况下的服务利用率变化所增加的成本大致相同，但服务水平的变化却差别很大。当服务能力利用率大于 70% 之后，3% 的调整就会造成排队队伍长度的明显变化。而在服务能力利用率很低时，30% 的能力波动也完全可能不会引起顾客的注意。因此，在服务能力利用率较低的情况下调整能力利用率的经济意义不大。

3. 服务能力利用率影响服务成本

劳动密集型服务企业的服务成本对能力利用率的敏感度很高，较高水平的服务能力利用率可以降低劳动成本，使企业具备明显的价格优势。资金密集型服务企业也有同样趋势，提高服务能力利用率有利于降低服务成本。

采取不同竞争战略的服务企业对此有不同选择，一些企业精心维持其服务能力利用率位于中等水平，其目的在于利用能力利用率的变化创造差别服务。它们提高能力利用率为愿意等待的顾客提供低价服务，降低能力利用率为愿意支付高价的顾客提供快速服务，分别满足不同的顾客需求。

4. 服务准备工作效率影响服务能力利用率

降低服务准备时间是提高服务能力利用率的有效途径。一般情况下，过多的服务准备时间制约了服务利用率的提高。如果服务准备工作占用了 20% 的工作时间，则不可能将服务能力利用率提高到 80% 以上。另外，在顾客较少的情况下提高服务能力利用率对降低成本并无太大意义，适当延长服务准备与服务时间反而能起到增强服务效果的作用。

三、服务能力的调节

（一）利用能力本身的弹性

1. 吸收额外需求

某些服务能力本身具有吸收额外需求的弹性。例如，地铁车厢的座位、扶手和吊环，平时使用的人数为 40 人，高峰期则可达到 120 人。

2. 改变设施布置

例如，有的航空公司通过稍微减少座舱座位之间的间隔而增加座位，并用单人椅、双人椅和三人椅的灵活布置来改变客舱座位的数量。波音公司在设计新的 777 型号的飞机时，必须面对航空公司提出的“令人不可容忍的要求”。

如何最大限度地增加服务弹性？对于航空公司而言，可自由组合航班空间。对于餐馆而言，可以通过增加桌椅来使服务能力具有一定弹性。对于酒店而言，可以设计连通房——酒店在房间之间开一道门，这道门锁上时，可以提供两个卧室；而这道门打开的话，其中一间可以改为起居室，这样就成了套间。

3. 延长服务时间

首先，可以延长服务时间。例如，餐馆可提供下午茶和夜宵，大学提供夜校和假期班，航空公司延长日程表。

其次，在有些情况下可缩短每位顾客的服务时间。例如，当一桌顾客酒足饭饱休憩时，服务员迅速递上结账单提醒顾客离开。

最后，也可通过削减服务种类来缩短服务时间，如高峰时仅提供简单的菜谱。

4. 优化日程安排

通过优化服务人员日程安排及其工作任务安排也可大幅提高服务能力。例如，医院护士的排班、航空公司飞行员的日程安排、紧急医疗服务的设施位置选择和排班。在需求低谷时间里完成不紧急的任务，如清洁和保养。

（二）增加服务能力弹性

1. 培训多面手员工

每一项任务的需求水平在不同时间可能不同。即使当系统看起来似乎已达到满负荷运营时，实际上仍然可能存在一定未得到充分利用的情况。将员工培训成多面手，使他们掌握执行多项工作技能并赋予他们相应的权力，就可以在出现瓶颈时做相应的人员调整，从而提高需求高峰时的服务能力。

2. 利用非全职员工

许多服务企业都在利用非全职员工来满足相当一部分的人力需求。据估计，服务业几乎 1/4 的员工是临时性的或非全职的。非全职员工的利用可以显著地增加服务能力的灵活性并使服务管理者更好地控制服务能力。

3. 增加顾客参与

在一些服务提供过程中，顾客有可能是有价值的人力资源，有的服务组织则聪明地利用了这个资源。

一般来说，增加顾客的参与程度既能够减少服务组织的人力输入，又能够提高服务速度，从而增加服务能力。但是，增加顾客的参与也存在一定风险：如果顾客操作不熟练，反而会减慢服务并导致能力的降低。

（三）扩大服务能力

如果企业面临的是一个不断增长的市场，仅利用服务能力本身的弹性和增加能力弹性的方法是不够的。

1. 改变人员数量

该策略仅适用于中长期计划，即 12 个月以上的计划期间。如果需求并非不断增长，而只是有季节性的高峰和低谷，则不再适用。

2. 购买和租用设备

在服务人员增加的基础上适当增加设备可以有效扩大服务能力。如果仅是临时性增加人员，购买设备就不经济了，此时，应租用必要的设备。

3. 提高自动化水平

自动化的主要优点是成本低、产出高、产品性能和质量稳定。但是自动化服务通常意味着没有人情味，例如，有些连锁宾馆引进了由顾客自主服务的计算机辅助入住登记和结账系统以加快服务速度，银行大量利用 ATM 以极大提高服务能力。

四、服务能力管理策略

（一）服务技能储备

服务产品一般是不可储备的，服务能力与服务需求矛盾主要来自服务产品的不可存储性。但就服务能力而言，则可以在一定程度上进行储存。服务能力可以划分为两种独立和截然不同的存在形式：一种是以各种设施、设备以及各种支持性产品形成的服务能力，另一种是以员工知识和技能为标志的服务技能。

服务技能一般可以分为技术技能和处理人际关系以及协调、沟通、解决问题的应变技能两部分。二者之间既有区别，又互相影响，密切相关。和顾客相处的开放心态、良好态度与技巧有助于正确理解顾客需求，使服务周到准确，促进技术技能的实施与落实；具有过硬的技术技能能让员工提供服务时更加游刃有余。

从西方服务企业的实践来看，服务技能的储备和有效管理已收到了积极的效果。美国西南航空公司之所以能够以低成本提供便捷、快速和安全的航运服务，主要依靠其员工多样化的技能储备，以及灵活的能力控制和管理措施，即便是飞行员也可以在需要时搬运行李。此外，许多超市在收银台前等候的队伍过长时，可及时开启备用通道让其他员工和备用员工参与服务；如果饭店、零售店的生意出奇清淡，可以让员工提前下班回家。对中国服务企业而言，低工资、低技能、冗员和排队并存是普遍存在的现象，在服务技能储备与管理方面还有大量的工作要做。

（二）服务能力管理基本策略

服务组织通过创造可调整的服务能力来解决其矛盾。

1. 调整服务能力

第一，对业务流程或服务产品组合进行调整。如航空公司为了适应乘客组合的变化，会常规性地调整一等舱和二等舱的配比。

第二，聘兼职雇员。当业务高峰持续且可以预测时，如餐馆的就餐时间或银行的发薪日，雇用临时工能补充正式员工的不足。如果要求的技能和培训很少，那么很容易就能找到合适的临时工。如航空公司和医院经常付给其雇员一些名义工资以限制他们的活动，并要求他们随时做好重返岗位的准备，为高峰期储备雇员。

第三，与其他公司分享生产能力。在服务能力不足时，可将非核心业务外包给其他组织来做。

第四，提高高峰期员工的服务生产能力。这可以通过有效使用空闲时间，使员工在高峰期专注于必要的工作来实现。如让服务员在客流量小时用餐巾包餐具或打扫房间，这样就不用在高峰期做这些工作了。

第五，交叉培训和员工共享。服务系统的各环节并不总是同时处于繁忙或清闲的状态，这时就可以通过共享员工来调节服务能力，让处于暂时清闲的员工转移到繁忙环节，从而提供服务能力又不增加过多的额外成本。当然，要实现这样的调节，需要对员工进行交叉培训，使之成为能够适应多个岗位的工作。

第六，调整经营管理方法。为员工提供如计算机、扫描仪等先进的设备，可以提高员工的服务能力，在不增加员工数量的前提下，还能够提高服务效率和服务质量。

第七，合理安排员工的上班时间，也可以调节服务能力以应对变化的服务需求。

2. 建立预订系统，处理超额预订问题

越来越多的服务组织开始使用预订系统，借此来应对过量顾客同时而至所引发的问题。如航空公司、汽车修理店、旅馆、医院和饭店等，都可使用预订系统来有效地控制需求。使用预订系统能在顾客需求正式发生之前对顾客需求予以识别并进行组织安排。这样可以通过减少等候时间和保证随时提供服务来使顾客受益。有的服务组织还能提供财务上的利益，如美国的西南航空通过使用网上预订系统，让顾客享受到更多的折扣。预订系统的好处还在于服务人员可通过数据库积累的有关顾客的信息数据来了解常客的习惯和爱好，为其提供个性化服务。

3. 使用顾客自助服务

随着IT技术的发展，服务组织更有能力通过设备或网络，让顾客参与到服务生产过程中，从而减少对服务能力方面的压力。如快餐店通过提高顾客的参与程度和自助服务能力，不仅可以减少工作人员数目、获得更高的服务能力，而且顾客也能在参与的过程中得到优惠的价格和动手的乐趣。

【延伸阅读】

打车软件，事半功倍

打车软件是一种基于LBS的服务，乘客通过打车软件发出需求，软件自动获得打车人的位置，向司机终端发出语音播报。目前，市场上应用较多的打车软件有：滴滴打车、优步打车等。相比传统的电话召车服务，手机打车省去了服务台的中转环节，且乘客地理信息和司机状态均可见、乘客需求变更可即时发送，显得更为便捷。现实生活中，我们在手机上安装了打车软件之后，可以预约用车，一般很快就会有司机接单提示，如果时间相隔较远，司机一般还会电话联系确认。这中间，乘客不用为之后的打车着急，的士司机也稳稳地等着下一单，不用到处转悠，被动等待客户。等于说，提前预约造就了乘客和的士司机的双赢。

【实践活动】

一家制造雪橇并提供山地滑雪服务的企业，在夏季如何调节相关的服务需求？

第八章

现代旅游服务的精准化管理

导言

近年来，随着国内外旅游消费日渐旺盛，传统服务水准已经滞后于消费者需要，旅游服务品质的提升已经成为当务之急。旅游企业要以发展现代旅游服务业为己任，将打造精益求精的旅游服务作为企业的服务准则，为客户提供稳定可靠的优质服务。精益服务是以客户为导向，通过产品研发、流程优化、技术创新、知识管理、精准营销、收益管理等服务创新手段，集标准化、精细化、群分化、系统化、收益管理化于一体而形成新的服务运作体系。精益服务是一种更高级的现代服务业形态，是服务企业提升自身竞争力并在激烈的市场竞争中取胜的法宝。

【学习目标】

1. 知识目标：通过本章的学习，了解旅游服务精细化、个性化概念以及收益管理的概念及其特征，掌握推动企业精细化管理的对策，提高企业个性化服务的措施，掌握收益管理的基本内容、功能及所面临的问题。

2. 能力目标：结合本章知识点，能够了解并掌握旅游服务精细化与个性化服务的内容及运用，能够深入理解收益管理的内容、功能及具体实际运用。

【导入案例】

令人感动的个性化服务

3 月初，我去澳大利亚墨尔本探亲。叔叔全家开车，带我去郊区旅游。

细节一：保安主动邀请品尝免费美食

旅途上，我们眼前出现了一栋栋别墅，看上去非常别致尊贵。车一靠近，几个穿着红色风衣的别墅保安立即向我们跑来，彬彬有礼地邀请我们去销售部看看房子，并表示，里面有免费的海鲜和饮料。一听说有吃有喝，而且还免费，我们自然十分愿意，特别是才 6 岁大的小堂妹，乐得直拍小手。在售楼部的餐厅里，服务员不停地为我们续饮料，送这送那。虽然叔叔没有买房的计划和打算，但是吃完一顿可口的免费午餐后，我们觉得无论如何也要去看看样板房，否则实在不好意思。于是便在销售人员的带领下，走进了样板间。

细节二：样板房事先摆好客户全家福

一进去，我们几个人都惊呆了：不仅房子布置和装修得极好，出人意料的是，在客厅和各个房间的桌子上、墙壁上，全是叔叔一家三口人的甜蜜温馨照片！还没等我们反应过来，厨房里走出一位保姆，毕恭毕敬地站在叔叔和婶婶的面前，说："先生、太太，欢迎你们回家！"经销售人员解释，我们才明白，原来，在我们吃饭的时候，售楼部的人已悄悄拍下了叔叔一家人的照片，并且快速打印出来，用早已准备好的精美相框将照片装上，摆进房间里，让客人参观时，达到"这就是自己家"的逼真效果。果然，堂妹兴奋地冲进儿童房，抱起放在床上的一只芭比娃娃，高声嚷着："爸爸，我要住在这里！"

细节三：眼看耳听，精准判断客户信息

让我不解的是，我们是四个人一起来的，为什么他们就能准确判断出，我跟他们不是一家人。叔叔替我问了这个问题，销售人员微笑着回答说："这很容易猜出来，首先，他不可能是你的儿子，因为你们的年龄看起来相差不会超过 20 岁（叔叔比我大 14 岁）。而且，他在吃饭时表现得相当有礼貌，是亲戚家的那种礼貌。当然，更主要的是，小朋友天真的话语透露了一切。"

细节四：免费帮所有来访客户保养车辆

参观完房子后，婶婶说要先回去商议，再作决定。销售人员依然是笑脸相迎，表示不买也没有关系。最后，他们还把所有的相片以及堂妹爱不释手的芭比娃娃送给了我们。叔叔想付钱，但被友好地拒绝了，而他们对我们的唯一请求是：如果你身边有朋友想买房，劳烦把他们介绍到这里来。这个请求，让人无法拒绝。据悉，这里卖出的许多栋别墅，正是通过这种朋友亲人之间的互相"转介"销售出去的，其效果比在电视上做广告更好。当我们出来时，又惊讶地发现，叔叔的车早已被他们清洗得干干净净，还简单保养了一番，这也是免费的。

案例分析：本案例讲述了澳大利亚一家房地产企业，在面对客人或者潜在客人时，方方面面的个性化细节服务。这些看似很小的"细节"，却赢得了客人心底的感动。正如服务企业管理者常说的一句话："服务无小事"。在管理中的每个环节，服务中的每个细节，看似不起眼的一件事，但能给客人创造出满意和惊喜，也能起到以小见大、出奇制胜的效果。

第一节 旅游服务精细化与个性化

现代管理学认为，科学管理有三个层次：第一个层次是规范化，第二个层次是精细化，第三个层次是个性化。第一个层次是执行操作标准，形式固定，适用于服务发展的初期。旅游服务的精细化与个性化，是新时代旅游服务发展的要求，是差异化服务发展的必然结果。

一、旅游服务精细化

（一）精细化管理的概念及特征

1. 精细化管理的概念

精细化管理是源于发达国家的一种企业管理理念，它是社会分工的精细化，以及服务质量的精细化对现代管理的必然要求，是建立在常规管理的基础上，并将常规管理引向深入的基本思想和管理模式，是一种以最大限度地减少管理所占用的资源和降低管理成本为主要目标的管理方式。

伴随着社会分工越来越细和专业化程度越来越高，实施精细化管理已经成为企业做强做大的根本途径。精细化管理就是落实管理责任，将管理责任具体化、明确化。它的精髓就在于：企业需要把握好产品质量精品的特性、处理好质量与零缺陷之间的关系，建立确保质量精品形成的体系，为企业形成核心竞争力，为创建品牌奠定基础。

精细管理的本质意义就在于它是一种对战略和目标分解细化和落实的过程，是让企业的战略规划能有效地贯彻到每个环节并发挥作用的过程，也是提升企业整体执行能力的一个重要途径。

2. 精细化管理的特征

精细化管理的特征，可以用精、准、细、严四个字来概括。

精：精益求精，追求最好，不仅把产品做精，也把服务和管理工作做到极致，挑战极限。

准：准确的信息与决策，准确的数据与计量，准确的时间衔接和正确的工作方法。

细：工作细化、管理细化，特别是执行细化。

严：严格控制偏差，严格执行标准和制度。

（二）旅游企业精细化管理的必要性

1. 降低企业经营风险

近年来，我国旅游行业中的各种问题不断见诸报端，这与旅游行业自身的特点有关，如人员密集、工作量大、顾客流动性高等，但更重要的原因在于企业自身的管理。企业通过精细化的管理，实现业务的流程化、规范化、标准化，可以降低经营风险。

2. 提升企业品牌形象

旅游行业品牌时代已经来临，品牌成为旅游企业的核心竞争力之一。纵观我国当今的旅游业，品牌建设的滞后已经严重地影响了其生存与发展。企业通过精细化的管理，为客户提供良好的服务，可以大大提高自身的品牌美誉度，提升企业的品牌形象。

3. 增强企业核心竞争力

随着国内外品牌酒店不断从大城市进入国内中小城市，酒店业之间的竞争日趋激烈，酒店行业的利润水平不断下降。酒店企业通过精细化管理，可以此寻找突破口，提高自身的竞争力。

（三）推动企业精细化管理的对策

1. 建立精细化的企业管理文化

精细化管理作为一种重要的理念，通过对“精细”的追求来实现管理的目标。要实现旅游及酒店企业管理的精细化，必须建立起精细化管理的企业文化。企业文化的建立，是一个不断灌输思想的过程，这就需要管理者向工作人员不断灌输精细化管理的思想，使其自觉地成为员工工作的一种标准，并能在日常的工作中自发地表现出来。精细化管理思想的灌输有多种方式。例如：每天上下班前抽出一定时间进行精细化标准的宣讲，每个员工都能将精细化管理思想牢记于心；员工定期进行精细化管理思想小结，每个人对自己进行更深层次的审视；树立精细化管理的典型员工，通过榜样的力量推动每个人不断进步。每个企业可以根据自己的实际情况来建立符合自身实际情况的精细化管理文化。

2. 实现企业工作流程的精细化

达到精细化管理的标准，就需要建立精细化管理的工作流程。若企业在日常工作中能够对流程进行良好的掌控，就可以大大减少企业运作过程中的失误。世界各大著名的酒店管理集团，都有自己一套精细化管理工作流程，实现从客户进入酒店，到客户离开全过程的管理的流程化，从而提高客户的满意度与忠诚度。在精细化的酒店管理流程建立过程中，需要结合自身酒店定位，并参考国内外先进的酒店管理集团的经验，建立一套既符合自身实际情况，又能与国际相接轨的酒店管理流程。

3. 实现企业组织机构职能与岗位的精细化

旅游企业及酒店行业属于服务行业，企业通过对组织机构职能与岗位的精细化管理，可以更好地健全企业的管理体系，做到责任明确到人，避免相关人员之间的相互推诿、扯皮等问题的发生，提高企业服务人员的素质，从而促进企业的健康发展。“岗位说明书”作为一种有效的管理手段，可以在很大程度上实现组织机构职能与岗位的精细化管理。“岗位说明书”包括岗位基本信息、岗位概述、岗位主要职责与任务、岗位在组织中的位置、与其他岗位工作协作关系以及责权描述等内容，从而明确每个岗位的职能，实现每个岗位精细化管理。

4. 建立完善的精细化管理绩效考核体系

企业精细化管理需要进行不断的反馈才能促进其不断完善。精细化管理绩效考核体系的建立，正是对精细化管理过程的一个有效的反馈。对此，首先需要制定科学合理的考核指标。考核指标一定要做到量化，尽量避免主观因素的影响，从而实现对每个员工工作的客观评价。其次，考核指标应当做到统一性与差异性相结合，即对于相同工种，考核标准应当统一，而对于不同的工种，则根据工作性质的不同体现出一定的差异性，从而保证考核体系的公平性。最后，必须建立完善的激励机制。只考核不处理不能称之为完善的考核体系。对考核指标汇总，进而对好的奖励、对差的处罚，可以极大地激励员工的积极性，进而推进精细化管理的实施。

二、旅游服务个性化

在旅游经济迅速发展的今天，人们对消费过程及其结果的体验都非常重视，打造出不一样的旅游个性化服务已经是大势所趋。现代旅游业要求在标准化、规范化的基础上，向顾客提供个性化与灵活化的服务，满足不同顾客的消费需求。

（一）个性化服务概念

个性化服务就是以客人需求为中心，在满足客人共性需求的基础上，针对客人个性特点和特殊需求，积极主动地为客人提供差异性的服务，是对客人采取“量体裁衣”定制式的服务，以便让接受服务的顾客有一种自豪感、满足感，从而留下深刻的印象。

个性化服务一般具有以下特点。

1. 服务的灵活性

指针对不同的时间、场合、顾客，灵活而有针对性地提供相应的服务。如客人走进房间，看到送来的鲜花是客人喜欢的君子兰；帮商务客人印名片、找旅行社等。

2. 服务的特殊性

指针对客人的消费偏好、生活习俗来提供特殊的服务。如美国人因为宗教信仰原因星期五不乘电梯，如有美国客人于星期五抵店，接待员就应将其安排在低楼层的房间，以便他步行从楼梯出入。

3. 服务的多样性

个性化的服务也意味着为顾客提供更多的选择，以让顾客可以挑选适合于自己的服务项目。如夏威夷的 Waikoloa 饭店就深谙此道：如果你是个赛车迷，你可以随时坐上一辆法拉利赛车在饭店的私人赛车场上飞驰；如果你喜欢游泳，可以选择与海豚一起畅游；等等。

4. 服务的全能性

为了提供优质的个性化服务，饭店应把顾客的需要在顾客向你提出之前为他想到并准备好。它的内容包罗万象，如托管婴儿、照看宠物、助客理财、提供无烟客房、客房用餐、商务秘书、网络服务、旅游信息等。

5. 服务的情感性

在个性化服务中，要重视顾客的心理感受，要尽最大的可能满足客人提出的要求，使顾客感到心灵的满足与放松。汉堡四季饭店的双人房间，设有两个单独的衣柜和互不干扰的两个大浴缸，充分尊重特别强调隐私的客人。

6. 服务的超满足性

传统的饭店力求为客人提供 100% 满意度的服务，但是现代饭店的营销理论认为：由于顾客求奇求新的心理，他还很有可能去选择转换饭店品牌。因此，还为顾客准备了额外的 n%，就是意外的惊喜、超值的享受、让顾客难以忘怀的经历，并使其能将自己的品牌区别、突出于其他众多的饭店品牌。如汉堡的四季饭店，客房送餐的服务员会带来一个小皮箱，里面装有两套适合饮用不同饮料的玻璃杯，每套两杯，男女各一套。

（二）旅游企业个性化服务的作用

1. 有利于增强企业竞争力

随着服务业的迅速发展，要在竞争激烈的众多旅游企业中脱颖而出就必须注重服务特色，突出鲜明的特色和个性不仅是适应目前市场竞争的必要手段，还是企业自身发展的长远大计。

2. 有利于培养顾客忠诚度

通过优质个性化服务与顾客建立特殊关系，提高顾客回头率，并利用良好的口碑不断为企业招徕新客人，以便取得竞争优势。

3. 有利于提高经济效益

如果企业的个性化服务满足了消费者的个性化需求，必定能够提高顾客的满意度和忠诚度，会吸引更多的忠诚顾客，保证他们能够长期消费，从而使酒店获取更多的利润。

4. 有利于树立良好形象

中国有句古话“于细微处见精神”，若能在服务工作中不放过细微之处，必将收到良好的效果。恰到好处的个性化服务能使顾客真切感受到酒店的关怀，体会到企业以顾客利益为重，为其形象大大加分。

5. 有利于寻找新机会

顾客的需求不断发展变化，经营者应不断按顾客的需求改进和调整服务项目，从而吸引更多的顾客。

【同步案例】

北京某高星级饭店入住了一位来自澳大利亚的客人，他外出时把一件掉了纽扣的衣服放在了房间里，当他晚上回来时，发现衣服整齐地摆在那里，纽扣已被缝好。原来是值班服务员整理房间时，发现客人的衬衣少了一枚纽扣，便在没有任何监督和要求下，主动取来了针和线，选了一个相同的纽扣钉上了。这位客人非常感动，他说："我这个纽扣丢失已久，没想到，住进贵店的第二天，服务小姐便主动钉上了，你们的服务真是无微不至啊！"

案例分析：服务人员细微、主动的个性服务或许比其他标准化服务更使客人感动并铭记在心。如果从眼前的经济利益来看，个性服务花费的劳务成本远比标准化服务来得高，但它可以换取饭店良好的社会效果，由此可以获得饭店的长远利益。

（三）个性化服务的原则

1. 以优质核心服务为前提

企业必须以优质的核心服务满足来店客人的最基本的需要，在此前提下，才谈得上提供个性化服务；丢弃了核心服务的质量而空谈个性化服务，是舍本逐末的做法，不可能满足顾客的要求。

2. 以顾客需求为出发点

市场经济下，轻视顾客需求无异于自掘坟墓。要不断研究目标市场公众的需求，以"满足顾客的一切正当需求"为准则，才能最终赢得市场。这就要求管理者与服务者真正了解顾客需求，想客人之所想，急客人之所急。

3. 体现企业文化与特色

企业要明确、挖掘、发展自身的文化，展现自身的经营特色，个性化服务体现企业的经营特色，可给顾客留下深刻、独特的印象，取得良好的营销效果。

4. 注重社会效益

提供个性化服务要兼顾经济和社会效益，符合道德规范，对于客人提出的不合理要求，企业必须坚决拒绝。

（四）如何做好个性化服务

1. 加强企业文化建设

文化是一个企业区别于其他企业的要素之一，而一个企业的文化决定着整个企业的发展方向和经营理念，只有在一个良好的企业文化下，个性化服务才能有效地展开。比如酒店对个性化服务所带来的利润的追求，对个性化服务的重视力度，还有在文化方面应注重细节文化等，都对酒店开展个性化服务有重要影响。

2. 设立专门的个性化服务项目

设立专门的个性化服务项目能使个性化服务有一个核心，且在提供个性化服务时要有一个标准。例如酒店设立金钥匙等，这些服务项目都有利于提高个性化服务，酒店只有不断更新其个性化服务项目，才能使其在行业中有竞争优势。

3. 运用情感战略

消费者现在不仅仅满足于自己被当作上帝，出门在外更希望得到亲情般的关怀，情感战略可以使消费者有一个好的消费环境、工作者有好的工作环境，这些都是提供个性化服务的基础。

4. 强化服务质量，提高个性化服务

服务质量是服务型企业赖以生存的法宝，只有在保证服务质量的前提下，才能处理好每一个环节，并在此基础上使每个从业人员充分发挥主观能动性，充分体现个性化服务的重要作用。高品质的服务是服务行业的出发点也是归属点，只有在高品质的设施和服务的技术上才能使个性化服务得到开展及应用。

5. 各部门相互配合，建立顾客资料库

以酒店业为例，酒店在接待客人时实行个人跟踪服务，相关人员将客人的爱好、饮食习惯、消费特点，甚至生活习俗、癖好都留心记录下来，并作为客人的个人材料保存下来，当客人再次入住时就可以给予其特别关照，为客人提供个性化服务。

6. 适当授权，扩大职权民主

是否能为客人提供好的个性化服务与授权有一定的关系，一般情况下，员工的工作主要是按照企业规范制度来进行，这样在一定程度上束缚了服务人员主观能动性的发挥，影响个性化服务的质量。如果员工有了适当的授权，他们就可以快速迎合、满足客人的合理的个性需求，这样让员工有了参与决策的权利，同时也增加了员工的责任感和成就感。

第二节　现代旅游业的收益管理

收益管理是一项重要的现代企业管理策略和管理技术。实施收益管理可以帮助企业在维持生产经营成本不变、不增加投入的前提下，将企业的销售收入提高 5%~7%，并有效提高企业利润率和市场占有率。

服务业收益管理是伴随着西方管理学界对服务特征和服务管理的认识、理解而逐步形成和发展起来的，现在已广泛应用于航空、酒店、货运、租车和旅游等服务业领域。

一、收益管理概述

收益管理最早起源于 20 世纪 80 年代初的美国航空业。20 世纪 80 年代后，美国允许航空公司自行定价及安排航班，许多专家学者也对此进行了研究，由此产生了收益管理的概念和理论。20 世纪 90 年代初，美国饭店业借鉴航空业经验，研究收益管理在饭店管理中的应用。

关于收益管理的定义很难做到全面而又准确，因为收益管理是涉及众多领域的一种商业哲学，也是包含了众多方法的方法论。简单概括，收益管理是指企业制定合理的策略，把适当的产品和服务，在适当的时间，以适当的价格，出售给适当的客人。

收益管理具有以下几个特征：价格以市场为基准，根据顾客不同需求进行市场划分；通过精确分析和科学定价平衡供应与需求；设法将产品销售给出价最高的客户。

【同步案例】

某君打算乘飞机出游，上网搜查最便宜的机票，看到某航空公司有 6 折机票，感觉有点贵。左思右想一炷香的时间，他决定买了，不料 6 折已升至 7 折，贵了 100 多元。他再做思想斗争，一盏茶过后，机票居然飙升到 9 折。

案例分析：航空公司里有一个部门，叫作控制室或者航线管理部，里面的员工叫作座位控制员，简称座控。座控人员通过长期的观察和研究某条航线某个航班，对其中存在的规律进行分析，根据航班的客座率情况，结合外部条件，对航班的舱位开放进行调整，试图使每个航班的收益最大化，这种行为我们业内称为航班收益管理。

二、收益管理的适用范围

（一）最大限度地减少生产或服务能力闲置

产品或服务具有很强的时效性，它们不能通过存储来满足顾客在未来的需要，如果在一定时间内销售不出去，企业将永久性地损失这笔潜在的收入。例如，航班起飞后，航空公司就不能再出售该航班的机票，该航班空闲的座位就失去了其潜在的价值。因此，收益管理要研究如何采用动态定价的方法，合理刺激需求，最大限度地减少生产或服务能力闲置。由于时效性而不能实现的产品或服务的价值损失，在理论上可以通过计算出售它们可能获得的期望收入而得到。这需要借助于管理科学的方法和数学模型进行测算。

（二）提高服务能力利用率

企业提供产品或服务的能力有限，且追加新能力需要长时间或大量投资，这就需要采取收益管理。能力有限，就会遇到需求小于能力时能力利用率低，需求大于能力时能力不足的矛盾，这就引出如何提高能力利用率的问题。如果企业在提供产品或服务的量上有很大的灵活性，就不会存在高收益和高能力利用率之间的矛盾了。

（三）存在分段化的市场

客户可按职业、收入水平、消费特点、对价格的敏感程度等因素划分为不同类型，即进行市场的细分。不同类型的客户可以不同的价格接受无差异或差异很小的产品或服务。当然，这种市场的划分和价格差异应该是客户所能理解和接受的。通常情况下可以利用客户购买产品和服务时间的不同来划分市场，根据距离产品出售的最后期限以及具体的需求状况，通过提供不同的折扣来吸引不同市场中的客户。

（四）产品和服务可以提前销售（预订）

企业管理人员可通过预订系统在一定程度上获知未来服务产品的需求量和预订的进度以及预订的来源，从而控制预订的进度，使价格、预订总量、销售渠道和细分市场组合达到最佳。企业根据需求变化在提高销售数量和提高平均销售价格之间进行权衡。例如，在航空市场，机票价格可随时间和需求的变化不断调整。在每个订票请求到达时，系统必须权衡是提前将机票以低价售出，还是将机票留给后到的愿意出高价的乘客。

（五）产品或服务的变动成本较低

可变成本低意味着销售产品的边际收入远远大于边际成本，产品销售量的增加并不会在很大程度上增加支付的成本，因此产品定价的变动范围可以较大。例如，酒店业就是这样一个典型的行业，酒店客房的固定成本十分高昂，而可变成本却较低。因此一旦酒店客房的销售收入超过了由固定成本决定的盈亏平衡点，每间客房的销售，其售价与可变成本之间的差额就是酒店的利润。

（六）产品或服务的需求随时间变化

许多服务型企业的市场都有淡旺季之分，即有需求的高峰期和低谷期。收益管理可以起到平衡需求的作用，在需求高峰期，企业可以通过提高产品或服务的售价来增加总收入，而在需求低迷的时候，通过适当降低产品价格又可以刺激需求以提高能力的利用率。管理者可以根据历史数据准确地预测需求高峰和低谷的出现，因为通常需求呈周期性连续变化。

三、收益管理的基本内容

（一）定价方法

是指根据收入最大化原则实现价格优化和动态定价。麦肯锡公司的一项调查显示，正确定价是企业实现利润最大化的最快、最有效的方式。尤其在酒店业进入了动态定价时代，先进的数据分析技术将让这一过程有巨大的改观。通过对影响定价的三大因素——需求、供应量及价格敏感度进行分析，酒店管理者可以更容易地确定价格策略，从而最大限度地增加需求、优化收益。

事实上，有了正确的定价模式，酒店管理者可以实现可观的净利润回报。分析能够使酒店管理者更清晰地了解自己的历史数据，为预测最佳房价带来更多的准确性和一致性。

（二）折扣分配

是指将产品进行市场划分，设法将产品销售给出价更高的客户。以航空公司的机票折扣分配为例，折扣分配就是确定某一航班折扣票数量的过程。其目的是想通过票价折扣刺激需求，填满原本将虚耗的座位。

（三）销售升级

是指引导消费者消费，设法以更高的价格销售产品，即向客户销售某一特定产品或服务的升级品、附加品或其他用以加强其原有功能、用途的产品或服务。这里的特定产品或者服务必须具有可延展性，追加的销售目标与原产品或者服务相关甚至相同，有补充或者加强、升级的作用。销售升级需要理解和挖掘客户需求，而这种理解和挖掘的工具，除了长期的经验积累所产生的洞察力，还包括一些分析工具。企业的数据库为企业保留了海量的客户信息，而精确营销数据挖掘技术强大的分析功能，可以将这些数据和信息变成对客户需求的洞察。

（四）超售

是一种更灵活的能力管理，能够尽量减少能力浪费。以航空公司售票为例，客人订票后并未购买或购票后在不通知航空公司的情况下放弃旅行，从而造成座位虚耗。为了满足更多旅客的出行需要和避免航空公司座位的浪费，航空公司会在部分容易出现座位虚耗的航班上，进行适当的超售。这种做法对旅客和航空公司都有益，也是国际航空界的通行做法。

超售并不一定意味着已购客票的旅客无法乘机，对于超售的航班，持有有效客票的旅客，在绝大多数情况下都能成行。但在特殊情况下，可能会有个别旅客不能按时成行。对未成行的旅客，航空公司将酌情采取弥补措施。

（五）重新计划

顾名思义，是指企业根据新情况得到更新的执行计划。

四、收益管理的基本功能

（一）预测与预订功能

预测与预订功能指的是反映客户需求变化的模式。不同的顾客对酒店的要求往往不同。尽管每个酒店都有其市场定位，但顾客的性质、来源渠道以及消费特点仍有许多不同之处。收益管理的一个重要功能就是通过科学的方法对不同的顾客进行分类，并得出各种行为模式的统计特征，然后再对每一类顾客的预订入住进行精确的预测，包括预订的迟早、入住的长短、实际入住和预订的差异、提前离店和推迟离店的概率等。有了这些精确的预测，再根据各种客人对价格的敏感程度等，酒店就能很好地控制资源，提高收益。

（二）定价功能

定价功能的目的是最大限度地提高服务收入。酒店的定价管理是调节一家酒店盈利能力的最直接的杠杆。常见的以成本为基础的定价方法虽简单易行，但往往缺乏竞争的灵活性，且不能反映市场需求的动态变化。而建立在收益管理基础上的一些定价方法，如实时竞标定价、浮动定价和竞争定价等则通过对市场的细分和有效的控制使得价格杠杆的功能发挥到极致。

（三）统计分析功能

统计分析功能是指为企业决策提供数据支持。由于酒店要处理来自各个环节的数据，迅速做出决策并及时将决策付诸实施，这样的集成将会变得非常重要。收益管理工具不断升级以获取更多的收益来源、分析更多数据并在需要做决策时给予更多支持，这使得酒店经营者开始意识到自动化的重要性。

（四）优化功能

优化功能即实现资源优化配置。有了精确的需求预测，还必须有一套相应的价格和收益控制体系才能灵活有效地利用酒店资源，使得收益或利润最大化。根据不同的预售和价格控制系统，酒店业普遍采用的优化方法主要包括线性规划、动态规划、边际收益控制、风险最小化等。这些方法最终转换成可操作的控制机制，如最短最长控制，完全长度控制。

五、收益管理面临的难题

（一）如何有效利用有限且易过时的产品——服务能力

易逝品的需求具有高度的不确定性。随机需求是个随机变量，由于产品更新换代很快以及消费者品位的变化，我们很难得到随机需求的分布信息，因此服务业收益管理面临着需求不确定因素。

预测是收益管理的核心思想，是影响企业盈利的关键因素。准确的预测结果为后面的定价、存量控制和超售策略提供可靠的数据。但预测存在许多人为因素和外界因素，所以要进行准确预测是不容易的。

（二）如何获得最大收入

空置能力带来收入损失，接近能力失效期需调整价格；在什么时间、在多大程度上降低或提高价格，企业利用一定数量的资源用来满足对价格敏感的需求。在收益管理问题中资源的数量是固定的，并且资源具有易逝性，销售期结束后残值为零或很低。企业能力的这些性质决定了企业在短时间内很难通过调整能力来平衡供给与需求。

（三）收益管理问题的复杂因素

1. 价格的多种差异性

由于服务产品的易逝性，价值在一定时间内会产生变化，如北京到上海等热点航线，各航空公司对每天的各个时段、航班的各个舱位等级的决策都要充分考虑竞争对手的策略，稍有不慎就会被击败。

2. 行业政策的影响和竞争上的非理性

竞争环境下的收入管理集中于从公司自身收入的角度考虑存量控制或定价策略，这在完全垄断或联盟的市场上是可行的。然而，当市场处于寡头垄断或完全竞争状况时，公司做出的价格调整均要充分考虑竞争对手对市场变化所作出的决策的影响。

3. 决策者在动态定价问题中起着重要作用

根据期望效用理论，决策者对风险有三种不同的态度：风险中性、风险偏好和风险规避。显然，决策者风险偏好类型的不同会影响到最终的收益管理。

六、我国服务业收益管理现状

目前，收益管理在西方发达国家的服务业中逐渐得到广泛的运用，并且发展逐渐成熟，而在我国服务行业中的运用较少。收益管理系统目前只在国内服务业中的航空运输业、集装箱海运及少数国际型酒店宾馆使用。

（一）收益管理相关软件在我国的开发及应用情况

收益管理系统的设计是基于一定的软件才能开发的，不同的软件开发出的收益管理系统效用也不一样。国际和国内的相关软件开发也大不一样。国内的软件开发相对时间较短，成熟度及完善程度落后于国际的高端水平。而且，我国的软件开发大部分还是针对航空业及运输业、饭店业等极少数的服务业，没有为广大服务业的收益管理系统提供一个良好的发展平台及环境。而国际上的软件开发已经覆盖了服务业的各行各业以及其他产业，形成一个良好的发展趋势。以下是一些著名的系统软件。

服务及顾问领先供应商 IDeaS Revenue Solutions 发布了其收益管理系统（以下简称 RMS）软件解决方案的最新版本。这个升级版本增添了多项加强或新增功能，包括崭新的市场营销计划功能，这可以协助酒店改进其预测及优化收益的流程。国内一些酒店相继与其签订开发系统的协议或已经开始使用由此软件开发的收益管理系统，如西安瑞思丽大酒店、金陵酒店等。

在集装箱海运上，已有 J2EE 的软件开发系统，基于这个软件，可以开发出提高收益的收益管理系统。

瑞马航空收益管理软件综合运用统计学、运筹学、微观经济学、管理学等科学，以分析历史数据为基础，以预测市场需求为核心，通过科学地实施超售、升舱、价格动态管理、团队管理、季节性（节假日）管理、网络化全航程收益管理等，实现资源分配的最优化，使每个座位的收益总和达到最大化。该软件是中国首例自主开发并完全拥有自主知识产权的收益管理软件，运用先进的 .NET 平台，在对中国国情的适应性和性价比等方面拥有绝对的优势。现已在深圳航空公司得到了良好的运用。

国际上，PROS 公司开发的 PROS 软件较为广泛运用。该公司总部位于美国休斯敦，是世界航空业收益管理软件的主要供应商。

（二）收益管理在我国酒店业的应用

1. 收益管理与酒店房价

“旺季提价，淡季打折”的做法在当前中国酒店行业并不是什么新鲜想法。国内大部分酒店对不同的客人收取不同的房价，其划分的标准往往是客人与酒店的关系（如是否为酒店的会员、是否为常客等）或者一次预订客房是否达到一定数量，而收益管理则是以客人所在的客户群对客房的需求价格弹性为标准，在理论上为我们提供了一个全新可行的定价标准。国内大大小小的饭店也会根据需求的变化调整价格和营销策略，但往往是根据过去的经验，或者是淡季、旺季已经来临时才进行相应的调整，存在一定的盲目性及滞后性。收益管理为我们提供了科学的方法和手段，预测需求的变化，提前制定策略，实现酒店收益最大化。

【同步案例】

广州花园酒店收益管理

广州花园酒店 2008 年引进收益管理系统，通过科学方法确定酒店客房价格，使得酒店收益达到最大化。下面就以广州花园酒店在 2011 年广交会期间酒店房价为例进行说明（见表 8-1、表 8-2）。

表 8–1 广州花园酒店平时房价

	客房类型	门市价 / 元	预订优惠价 / 元	备注
平时房价列表	高级房	1530	750	会展时段 820 元 / 晚
	精英房	1714	950	会展时段 1000 元 / 晚
	豪华小套房	2888	1380	会展时段 1400 元 / 晚
	行政小套房	2967	1800	1975 元 / 晚含双早和水疗
	豪华行政套房	5888	2190	2075 元 / 晚含早和水疗票

表 8–2 广州花园酒店广交会房价

	客房类型	广交会期间预订价格 / 元			备注
		前期	中期	后期	
广交会房价列表	高级房	2080	2450	1850	休会价：1000 元 / 晚
	精英房	2280	2680	2080	休会价：1250 元 / 晚
	豪华小套房	2880	3180	2500	休会价：1600 元 / 晚
	行政小套房	3080	3380	2780	休会价：1950 元 / 晚
	豪华行政套房	3580	3880	3280	休会价：2350 元 / 晚

由此可以看出，平时房价中，提前预订的房价明显比门市价优惠很多，而会展时段也有特定的价格策略。在广交会期间，正式广交会期间的价格和休会期间的价格不同，而且正式广交会期间不同时期的价格也不同。科学的定价使房价和酒店入住率得到协调，最终实现酒店收益的最大化。

案例分析：通过收益管理，广州花园酒店的收益得到最大化，其适时的价格优惠也能够让入住的顾客满意，尤其是在酒店客房预订上，能在收益管理系统的作用下进行调控，满足不同层次顾客及团体的需要，大大提高顾客满意度，服务质量直线上升。

2. 收益管理与酒店的服务质量

高质量的产品和服务是实施收益管理的重要保证。收益最大化永远是酒店的目标。质量永远是酒店的生命。没有高质量的服务作保障，任何经营策略都是画饼充饥。能否吸引商务客户群，获得较高且稳定的收入是关系到收益管理成败的关键，失去了这部分市场，提高收益也就无从谈起。商务顾客对价格的关注度较低，对于服务质量却十分敏感，酒店的声誉和服务的质量是吸引这部分顾客的主要因素。休闲客户在对价格敏感的同时，也会关注服务质量，向其提供超出其预期的高质量服务，可以增加其满意度，对酒店的长期发展有利。因此无论在任何时候，酒店都要把提高服务质量放在第一位，这样才能保证达到收益最大的目标。

提高收益与提高服务质量二者之间并不矛盾，而是一种相辅相成、互相促进的关系。虽然收益管理中的超量预订是在求大于供时发挥作用，但这种市场环境并非常有。在预见到低需求时可以提前采取相应的策略，如设计适应更广泛的目标市场需要的产品，以刺激新的需求；降低房价，以使那些本来要选择低价饭店的客人选择本饭店，使隐蔽的需求得以显露，开拓新的客户群。很多饭店往往在淡季已经来临时，才推出相应的促销活动，由于时间上的滞后性，促销的效果当然也会打折扣。

3. 收益管理在国内酒店应用的机遇与挑战

随着 2001 年我国加入 WTO，国际酒店相继进军中国市场，其先进的管理理念和管理手段对国内酒店形成巨大的冲击。面临严峻的竞争环境，国内酒店在管理方面的改革创新愈显紧迫。收益管理在国内酒店应用前景广阔，市场巨大。

收益管理系统开发是一个漫长过程且需要消耗大量人力、物力，也需要酒店管理层的大力支持和酒店相应管理理念和管理制度的调整，其开发应用过程涉及酒店各个方面，是一项复杂而长期的系统工程。因此，当前我国酒店主要还是向国外公司购买收益管理系统，在实际运用中逐步消化吸收，为将来自主开发收益管理系统做准备。

酒店收益管理的技术与航空收益管理基本相同，主要有预测、超定、定价、容量控制四个方面，同时考虑到消费者行为、市场细分以及团体客户。但是酒店业与民航业又有许多的不同，这也让酒店收益管理研究、系统开发应用面临着新的挑战。

（1）可居住日。航空座位的消费一趟航班只会有一次，但是酒店客人可在费用较低的那天入住，在后面价格较高的几天仍然居住，这就导致酒店定价策略在很大程度上不同于民航业。

（2）乘数效应。如果只关心住宿带来的收益，经营者就会忽略其他可能产生收益的领域，如餐厅、酒吧、宴会厅、会议室和娱乐设施。

（3）价格机制不明确。航空业建立了健全的壁垒和限制条件，如商务旅客不能享有闲暇旅客的优惠。酒店很少有这样的限制条件。

（4）信息分散。通常酒店的资产管理系统没有集成中心预订系统，这就可能导致低价出售客房的情况发生。

七、收益管理的未来发展趋势及应用

（一）酒店客房收益管理中的新趋势

1. 市场细分组合定位

如今，酒店对市场细分组合定位时，会衡量外部面临的威胁与自身内部优势而做 SWOT 分析，这种细分会比以前更复杂。收益管理已经从一种技术型的工作转变为与未来战略决策相结合的工作。

2. 客户的点评对未来价格的影响

酒店把所有的反馈渠道归总，对比一下酒店自身价值与竞争对手价值的差异，把量化数据作为一种参数加入未来的价格决策中。

3. 酒店根据不同的需求量和预测水平来确定价格体系

在确定价格体系时，必须对价格敏感度进行分析。酒店不同的出租率引起了不同的市场价格，这归因于不同客户的价格敏感度。酒店要把价格敏感度进行量化，如一定比例的价格提价会不会引起客户流失，流失的量有多少，最后来衡量整体的利润变化。

4. 不仅要分析市场细分，也要分析不同的房型

不同的房型意味着不同的市场细分和客户。

（二）宴会中的收益管理

在对宴会会议进行收益管理时，应该在数据收集和分析的基础上预测宴会和会议场地需求量的变化，特别是无约束预测需求量的变化。通过预测可以进行价格预测和场地管理，在宴会会议的收益管理中，应该遵循场地管理和价格两手抓的方式，最终评估场所的利润率和人均消费。

可以通过以下三项指标对宴会会议的表现做出衡量：可用场地每时间段每平方米利润、会议对于宴会场地的利用率、已用场地每时间段每平方米平均利润。

宴会会议收益管理有四大关键点：第一，必须要有动态价格体系；第二，需求预测必须以数据为依据；第三，务必要计算置换成本；第四，做收益管理模型时，应该重点考虑利润而非收入。

（三）餐饮收益管理

餐饮收益管理应从四个方面入手：第一，餐饮场所要设计最优的台型组合；第二，需求量：如何预计需求量变化；第三，综合每一道菜品的利润率和数量，确定哪些菜品涨价和降价，设计最有利的菜单；第四，就餐时长要根据不同的餐饮类型去控制。

（四）门票收益管理

门票正在成为 OTA 争夺的新战场，门票做收益管理具有 4 个特点：细分市场的划分不一样，具有不同标准；对未来需求量的预测模型比较定制化；价格体系与管理丰富且协调（丰富是为了满足不同客户的需要，协调则为了避免价格体系的自我冲突）；门票销售具有安全性考虑，因此渠道管理具有多元化。每一个景区的细分市场和客户定位都不同，定价和销售不应照抄别人的模式。对于门票收益管理而言，细分市场划分是一个关键点，应该根据景区自身实际情况来划分。

【延伸阅读】

美洲航空公司的收益管理系统

收益管理产生于美洲航空公司（AA，American Airline）。在1987年的年度财务报告中，美洲航空公司将收益管理概括为“以恰当的价格将恰当的座位销售给恰当的顾客”。即在航班和票价结构既定的情况下，航空公司通过座位控制的优化使利润最大化。据估计，在1989~1991年，美洲航空公司从收益管理中获益14亿美元。从1992年至今，收益管理给美洲航空公司平均贡献是每年5亿美元。美洲航空公司开发收益管理系统DINAMO（Dynamic Inventory and Maintenance Optimizer）的过程可分为三个阶段：

第一阶段，1966年世博计算机订座系统完成，为座位控制的优化打下了基础。

第二阶段，1977年美洲航空公司向市场推出超级节省折扣票，拉开了收益管理的序幕。

第三阶段，1978年美国航空运输委员会放松了对航班和价格的管制，为航空公司全面推行收益管理创造了条件。美洲航空公司的计算机系统进一步得到优化。

1. 座位超售

座位超售是指有意使销售的票数多于航班实际拥有的座位数。目的是减轻旅客取消订座和No-Show给航空公司带来的不利影响。美洲航空公司估计，在没有超售的情况下，如果航班在离港时销售一空，平均有15%的座位将被虚耗。

美洲航空公司的决策部门开发了一个旨在使净收益最大化的超售优化模型。其原理是权衡多销售一个座位的收益和所冒的风险。当多销售一个座位的边际收益等于实超一个座位的边际成本时，超售的座位数达到最优。

实践中，此优化模型的座位实超数有时会比预想的大得多。旅客的服务水平可能会由此降低到难以接受的水平。后来，美洲航空公司进一步完善了这一模型。

2. 折扣分配

折扣分配是指确定某一航班折扣票数量的过程。其目的是通过票价折扣刺激需求，填满原本将虚耗的座位。

20世纪70年代中期开始，美洲航空公司开始向市场提供折扣票。当时只有两种价格：全票和折扣票。在收到折扣票的订座要求时，决定是否接受。一个折扣申请被拒绝后座位以全价售出的概率取决于三个因素：将来的期望需求、需求预测的准确性和买折扣票旅客转买全价票的可能性。

当航空公司采用多级票价时，问题变得复杂。美洲航空公司在1980年研究出了解决多个舱位折扣分配的方法，即子舱技术。模型的基础是小伍德（Little Wood）1972年的研究成果。模型中涉及的问题包括多级票价结构、购低舱位顾客转购高舱位的可能性、预期需求的时间性问题、客票取消问题。

3. 流量管理

流量管理是指从起点到终点的多航班衔接市场与单一航班市场的正确组合，确保收益最大化的收益管理过程。

放松管制后，为了向多个市场提供服务，航空公司发展了中枢辐射航线结构。这样造成的后果是：一个航班上分属不同市场的旅客迅速增加，座位的存储控制不能仅限于用舱位代码控制座位的收益管理。同时，在同一舱位里的收益变化也可能很大。

1983 年，美洲航空公司开始研究依据航线市场和票价等级控制订座可获性的新方法“虚拟子舱”，基本思路是将许多不同的航线市场、舱位等级聚合成几组，以便于控制。“虚拟子舱”意为不需要对每一航班上成百上千的市场与舱位等级的诸多组合方式进行分别控制，其中的“虚拟”意味着无数个航线市场、舱位等级并不实际存在于订座系统中。“虚拟子舱”技术是一种非常复杂的方法，运用了诸如混合整数线性规划模型和动态规划聚合模型等。

应用自己开发出的收益管理系统之后，美洲航空公司不仅很快赢回了其原有的市场占有率，而且还扭亏为赢。

【实践活动】

以某酒店为研究对象，分析其是如何提供个性化服务的。

第九章

旅游企业服务营销与关系营销

导言

随着大众旅游时代的到来，各大旅游企业百花齐放，竞争趋势愈演愈烈。在这场激烈的角逐中，谁将成为最后的王者？谁将赢得最多的顾客？谁将获得最长远的发展？本章从营销的角度出发，突破传统营销的瓶颈，以顾客需求为导向，对旅游企业如何发展服务营销和关系营销进行研究，助力旅游企业提高市场竞争力。

【学习目标】

1. 知识目标：熟悉传统营销与旅游服务营销的区别；了解服务营销策略；掌握服务营销组合 7Ps 和 4C；熟悉传统营销与旅游服务营销的区别；了解关系营销的重要性；熟悉交易营销观念与关系营销观念的区别。

2. 能力目标：认识关系营销的价值和特点；熟悉关系营销在服务企业中的运用；掌握关系营销的策略。

【导入案例】

迪士尼乐园为顾客创造独特体验

作为世界最大的传媒和娱乐巨头之一，迪士尼是一个魅力无穷的商业品牌。在乐园大门口有旅客接待站，对带孩子的旅客可以免费提供童车和婴儿车；门口还有狗舍，狗不得入园，但可以寄养；进入大门后还有轮椅供残疾人使用；在园内许多景区也都有许多的童车、婴儿车及轮椅供人使用。引导游客参与是营造欢乐氛围的另一重要方式。游客能同艺术家同台舞蹈，参与电影配音、制作小型电视片，通过计算机影像合成成为动画片中的主角，亲身参与升空、跳楼、攀登绝壁等各种绝技的拍摄制作等。员工身着的不是制服，而是演出服装。他们仿佛不是为顾客表演，而是在热情招待自己家庭的客人，他们根据特定角色的要求，扮演真诚友善的家庭主人或主妇。

迪士尼致力于研究“游客学”，了解谁是游客、他们的起初需求是什么。在这一理念指导下，迪士尼站在游客的角度，审视自身每一项经营决策。其每年要开展200余项市场调查和咨询项目，营销部重点研究游客对未来娱乐项目的期望、游玩热点和兴趣转移，信息中心存贮了大量关于游客需求和偏好的信息，其中，最重要的信息是游客离园时进行的“价格 / 价值”随机调查。正如华特·迪士尼先生所强调的，游园时光决不能虚度，游园必须物有所值，因为游客只愿为高质量的服务而付钱。

案例分析：迪士尼乐园为顾客提供周到的服务，创造的独特体验，研究顾客，了解顾客，游客购买了入园门票后，销售工作才刚刚开始而不是结束，迪士尼关心的不仅是产品的成功售出，更注重的是游客在享受乐园所提供的服务的全过程的感受。

第一节　传统营销与旅游服务营销

旅游营销分为传统营销和服务营销两种。传统营销一般注重实物营销，重点在于产品的购买。服务营销是传统营销的发展和进步，它从消费者的角度出发，通过各种营销手段来满足消费者的多样化需求。

一、服务营销与实物营销

服务营销是企业在充分了解顾客需求的前提下，为充分满足顾客的服务需求而在营销过程中所采取的一系列活动。它起因于企业对顾客需求的深刻认识，是企业市场营销观的质的飞跃。随着社会分工的发展、科学技术的进步以及人们生活水平和质量的提高，服务营销在企业营销管理中的地位和作用也变得日益重要。

同实物营销相比较，服务营销是一种营销理念，企业营销的是服务；而实物营销方式只是一种销售手段，企业营销的是具体的产品。服务营销与实物营销的区别如表9–1所示。

表9–1　服务营销与实物营销的区别

	实物营销	服务营销
营销产品	有形产品	无形服务
用户购买和消费行为	产品与消费可分——产品与消费同步	实地体验与比较——基于信任而消费

续表

	实物营销	服务营销
营销组合要素	4Ps： 产品（Product）、价格（Price）、 促销（Promotion）、渠道（Place）	7Ps： 4P、人（People）、 有形实据（Physical Evidence）、 过程（Process）
评价产品质量难易程度	容易评价	难以评价

在实物营销方式下，消费者购买了产品意味着一桩买卖的完成，虽然它也有产品的售后服务，但那只是一种解决产品售后维修的职能。而从服务营销观念理解，消费者购买了产品仅仅意味着销售工作的开始，企业关心的不仅是产品的成功售出，更注重的是消费者在享受企业通过产品所提供的服务的全过程的感受。这一点也可以从马斯洛的需求层次理论上理解：人最高的需求是尊重需求和自我实现需求，服务营销正是为消费者提供了这种需求，而实物营销方式只是提供了简单的满足消费者在生理或安全方面的需求。

二、服务营销的特征

（一）扩大的服务产品外延

旅游服务是一种综合产品，从消费者的角度出发，顾客不像购买彩电、冰箱那样购得具体的物质产品，而是一组综合产品。例如宾客入住酒店，其产品包括物质产品部分（客人实际消耗的物质产品，如食品、饮料），宾客感官享受到的部分（通过视、听、触、嗅觉对设备家具、环境气氛、服务技术、服务质量的体验），宾客心理感受到的部分（客人对产品在心理上的感觉，从而引起的舒适程度和满意程度）。客人对酒店产品质量的评价，实质上就是对上述三部分的综合评价。

（二）顾客同服务者的互动过程

服务的特有特征之一是客人主动参与服务生产过程。每一个关键时刻都涉及客人和服务提供者之间的交互作用。顾客对服务过程的加入使服务效果不仅取决于服务者的素质、专业知识以及服务者是否被赋予了足够的自主权，还与顾客的个人行为特点密切相关。所以，服务者和顾客成为服务营销管理的两个主要目标。

（三）服务质量的全面控制

服务质量是一个复杂的话题，由于服务的个人主观性、使得难以用统一的客观标准来衡量，因此服务质量需从两方面来描述：技术质量，由服务操作规程来控制；职能质量，由顾客的感受和满意度来描述。当感知超出期望时，顾客感到高兴和惊讶；当没有达到期望时，服务注定是不可接受的；当期望与感知一致时，顾客达到满意。服务的期望受到口碑、个人需要和过去经历的影响。所以服务质量控制是一个全面的过程。提高服务质量既要从培训、激励服务人员开始，还要注意改善服务设施和服务设备，注重服务人员的仪态仪表。

（四）服务产品的时间价值高

对于制造业来说，产品可以储存，但是服务是易逝性产品，如不使用将会永远失去。服务设备、劳动力等实体形态的存在，只能代表服务供应能力而非服务本身。顾客对服务的需求表现出周期性，高峰期和低谷期差别很大。因此，服务能力的充分利用成为一大管理挑战，使波动的市场需求同供应相匹配并在时间上一致成为服务管理的一项重要课题。

三、服务营销的策略

（一）服务差异化策略

差别化战略的实质是创造出一种能被感觉到的独特服务。由于在同一时间、地点，不同的顾客有不同的需求，而在不同时间、地点，同一顾客的需求侧重点不同，所以服务产品与顾客需求之间的关系不是一成不变的。因此，仅靠严格管理和规范操作并不能使顾客满意，唯有针对性的个性服务才能打动顾客的心。

（二）服务实体化策略

服务具有无形性的特征，顾客只有通过对服务环境中有形事物的感知来建立对企业形象和服务质量的认识。利用服务过程中可传达服务特色及内涵的有形展示手段来辅助服务产品推广的方法，在服务营销管理中被称作“服务实体化策略”。通常，在确保能满足顾客基本需求的基础上，要通过创造良好的服务环境和气氛来给顾客惊喜感，从而提高顾客对服务的满意度。

（三）服务延伸策略

顾客同服务者的互动是服务营销的本质特征之一，而且这种互动不是一时的，而是长期的。有研究报告表明：老顾客人数每增加 5%，企业的利润则相应增加 25%~85%。为了培育企业固定的消费群体、建设良好经营的社会环境，许多企业对传统的服务内涵加以延伸，为顾客提供周到的售后服务和追踪联系，使良好的顾客关系得到强化。例如，建立顾客联系和跟踪制度；建立顾客组织，如推行 VIP 卡和俱乐部等；这些措施使分散的顾客与企业始终保持紧密的联系，形成一个广泛的社会网络，并且不断强化其品牌的忠诚度。

（四）内、外部营销整合策略

宾客对服务的最终评价不是由实际提供服务的质量决定的，而是取决于许诺的服务和实际的服务之间的差距，只有前后两者协调一致或后者超过前者水平时，顾客才会满意，如一些酒店的服务员为短期提高个人销售业绩，以超过酒店实际服务能力的承诺迎合宾客，使宾客对服务的期望值过高，最终只会引发宾客的不满。因此，服务产品的对外营销行动在推向市场之前必须先在员工中间开展营销，即所谓的内部营销。由全体员工构成的内部市场，首先应该受到重视，否则外部运作将会受挫。世界上最成功的酒店公司之一——美国马里奥特公司成功的原因就是其内部营销的成功应用。马里奥特的管理者认为如果员工热爱他们的工作，以在马里奥特酒店工作为骄傲，他们就会很好地为顾客服务，于是，对其服务满意的顾客会经常光顾马里奥特酒店。由此，会产生更好的服务和更多的回头客。内部营销是外部营销成功的先决条件。只有通过内、外营销策略整合，酒店的服务才能协调一致，产生积极的效益。

【延伸阅读】

英国的马狮公司被誉为英国盈利能力最强的跨国零售集团，它的实力和口碑赢得了合作商和竞争对手的高度评价。它的全面关系营销策略是马狮集团能够在英国零售市场独占鳌头的重要原因。

与顾客建立长期、稳定的关系。马狮集团为了建立与顾客的友好关系，首先从满足顾客需求入手，如果能够长期地满足顾客的要求，那么这些顾客将成为马狮集团的忠实“粉丝”。在日用品市场，大部分消费者都青睐于物美价廉的产品，马狮集团充分了解了顾客的这一心理，所以根据顾客能接受的价格来确定成本，并将大量的资金投入到产品的研发和设计中，生产出质量高、价格合理的日用品。在这一过程中，为了节省成本，马狮公司采用规模经济，并免去广告宣传的大宗费用。此外，在售后服务上，马狮采用无理由退款的政策，这对于很多顾客来说，确实很体贴。长此以往，顾客能够一直在马狮买到称心如意的商品，自然而然地会成为马狮的长期顾客。

与供应商结成短期的伙伴关系。马狮与供应商的合作关系以自身、供应商和消费者的利益为出发点，寻求共赢。比如马狮从供应商那里采购到的商品如果更便宜，那么马狮将把商品节约的资金转让给供应商，以进一步获得长期的、高质量的商品供应。

建立企业与员工的友好信赖关系。为了达到这一目的，马狮集团会为不同层级的员工安排培训，为每个员工提供丰厚的福利待遇，做到真心对待每一位员工，从物质和精神上关怀员工，从而激发他们的工作热情和潜力。

从以上的一些表现和举措来看，马狮集团对于关系营销的理解是非常全面和细致的，这也很典型地反映了关系营销的一些基本特点。

四、服务营销组合

（一）从 4Ps 到 7Ps

营销组合是营销管理中的核心概念，它是企业可以控制的、能影响消费者认知的若干因素的组合。1964 年，营销学家 McCarthy 提出 4Ps 营销组合——产品、价格、促销与渠道。4Ps 成为市场营销理论研究和实践的基础。但随着市场环境的变化和服务经济的来临，4Ps 受到了越来越多的批评。近年来，不断有专家学者提出新的营销组合，其中被广为接受和认可的是 Booms 和 Bitner 于 20 世纪 80 年代初提出的 7Ps 营销组合。他们认为，服务营销除了要对传统的 4Ps 加以修改补充之外，还应再加入人员或参与者（People）、有形实据（Physical Evidence）及过程（Process）三项元素。7Ps 也构成了旅游服务营销的基本框架，如表 9–2 所示。

表 9–2　7Ps 基本框架

产品	服务范围、服务质量、服务水平、品牌名称、服务项目保证、售后服务
价格	价格灵活性、折扣 / 折让、佣金、付款条件、认知价值、质量 / 定价、差别定价
促销	广告、人员推销、销售促进、宣传、公共关系
渠道	所在地、可达性、分销渠道、覆盖范围
人	人力配置：员工招聘、培训、选用、激励 / 投入 人际行为：团队、授权、态度 顾客：顾客教育、顾客行为参与程度、顾客兼容
有形实据	服务场所：招牌、装潢、色彩、陈设、噪声水平、设施 / 设备 有形物品：员工服装、对账单、报告、名片、声明、保证书
过程	活动流程、政策步骤、机械化、员工授权、顾客参与、顾客控制、标准 / 定制、简单 / 复杂

1. 产品（Product）

旅游服务产品是一个综合性的概念体系，既包括实体产品，又包括无形服务，它是在旅游活动中为顾客提供某种利益的客体或过程。顾客在旅游过程中购买的旅游服务产品是一种产品和服务的混合体。顾客所关注的并不是旅游服务产品的属性和特点，而是旅游服务产品所提供的利益，即旅游服务产品是否能满足顾客的需要、愿望和梦想。

其一，从旅游服务产品的内容来看，它主要分为核心内容、有形内容和附加内容，如图 9–1 所示，这三种内容共同构成旅游服务产品体系，不仅能够为消费者提供必需的、核心的服务，而且能够增加顾客感知价值，提高顾客满意度。

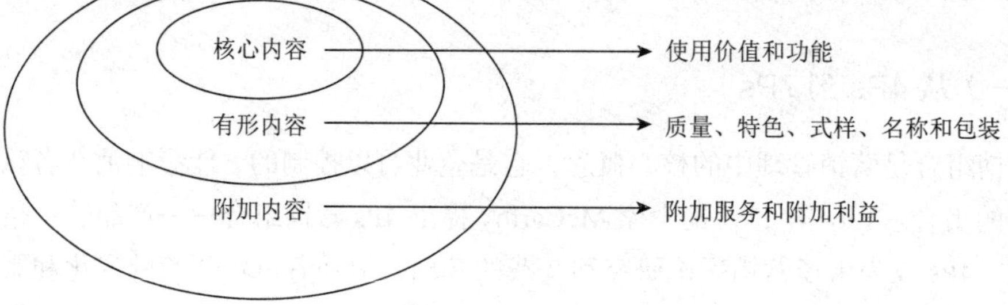

图 9-1　旅游服务产品的内容

其二，从旅游服务产品组合来看，旅游消费涉及食、住、行、游、购、娱六大类的服务产品。其中，每一类的服务产品又包括许多子项的内容，每一类服务产品的长度和深度将决定最终组合的数量，组合的数量越多，则旅游企业选择的余地越大。从旅游者的角度来看，他们会根据自身的需求选择一部分的旅游产品。因此，旅游企业需要在坚持经济效益的原则下，充分考虑顾客需求，进行旅游服务产品组合，提高顾客满意度。

【同步案例】

走近非洲——伦敦尼日尔餐厅（一）

玛丽看到各类快餐店在伦敦迅速兴起，但非洲加勒比民族的餐馆却很少，特别是伦敦的西非人数目剧增，玛丽决定建立一家非洲餐馆。开业时她制定了营销策略，其中产品策略如下：

一开始，玛丽就把餐饭定位于“非洲餐馆”，特别是供应尼日尔食品。名字的选择以及几种上佳鱼制品供应，也体现这个特色。为了保持地道的非洲风味，玛丽决定直接从尼日尔购买大部分鱼类及其他食品，还要严格遵循原来的烹调配方和手艺。玛丽把餐馆装饰成典型的非洲式样：用竹质弓箭、棕榈树叶及非洲食品来装饰房屋。即使一些餐具也是非洲原产，如盛汤用的小加拉巴木餐具。为了增强餐馆的非洲风味，玛丽为两个兼职的女招待设计了典型的非洲裙子。玛丽自己负责烹饪。为了确保高质量和新鲜，每位顾客在进门时都被告知所有的东西都是现做，因此，可能要多等一会儿。为了保持非洲传统，他们还推荐顾客用“辣椒汤”开胃。

案例分析：伦敦尼日尔餐厅的成功之处在于充分考虑消费者需求，在快餐店占领餐饮业的市场环境下脱颖而出，找到属于自身的产品——非洲餐厅，并通过打造差异化的产品和个性化的产品来吸引消费者，重点突出自身与众不同的地方，不仅具有创造性，也具有趣味性。

2. 价格（Price）

旅游服务产品的价格是服务支架的外在反映，它为顾客传递了服务质量的信息或提供了服务差异化的说明，在服务营销组合中起到了中枢的作用。价格的实现可以为旅游企业带来收入和利润，同时价格也为顾客确定了购买价值，可以起到树立服务形象的作用。价格可从旅游企业的定价目标和价格决定因素两个方面来分析。旅游服务的特殊性使企业在旅游市场上与顾客的关系变得非常复杂，价格不再仅仅是一个标签，而是旅游企业实现营销战略的有效途径。

（1）定价目标。包括以下内容：

①销售最大化。追求市场份额，提高竞争力，如以较低价格销售。

②利润最大化。利润最大化难以真正实现，价格有助于协调短期与长期目标。

③树立企业形象。提高服务产品信誉及企业形象，助力差异化战略实施。

④提高投资回报。充分考虑竞争对手价格、顾客需求，追求合理的投资回报率。

⑤促进企业发展。不同发展阶段实施差异化定价，追求企业更长远发展。

（2）价格决定因素。包括以下内容：

①供求关系。价格是市场条件的信号，反映了供求关系，短期内服务需求的波动决定旅游服务的价格。

②旅游服务质量。价格是质量的外在表现形式，旅游服务要注重有形质量和无形质量，提高顾客感知服务价值。

③旅游服务内容。旅游产品组合中的幅度、深度以及连贯性，旅游服务自身的吸引力和优势都会影响价格。

④旅游服务特色。特色具有稀缺性，是价格的附加物、服务的附加值；特色具有垄断性，差异化大；特色是无形的，对价格的弹性较大。

【同步案例】

走近非洲——伦敦尼日尔餐厅（二）

伦敦尼日尔餐厅的价格策略如下：

对于价格，玛丽认为应当让潜在顾客群有能力承担。用她自己和好友的收入作为基础计算一番，她决定要让食品物有所值。对于其他餐馆的定价政策，玛丽并未作研究。她根据从尼日尔批进原料的成本，粗略地制定了价格。她只是计算了总体成本，再加上预期收益，并没有一项一项地单独计算成本，然后再定出单价。这种方法最初很管用，因为她可以很方便地从尼日尔得到大部分原料。后来，由于有些原料很难得到，玛丽不得不找其他供应商，只得支付“浮动价格”。玛丽只是微调了价格。

在生意蒸蒸日上的时候，有人建议玛丽提高定价。玛丽不愿意改变定价，因为从 1990 年起她就注意到竞争在加剧。即便在伦敦北部，就有四五家非洲餐馆开业。她调查了一两家，相信她的价格非常有竞争力，而且食品质量没得说。因此她不愿大幅变动价格。

案例分析：伦敦尼日尔餐厅在初期所采取的定价策略是十分简单的，仅仅考虑到从成本和收入中赚取差异收益；而在长期发展过程中，她并没有采取提高价格以占领市场的策略，而是在充分了解市场行情的基础上，对价格进行微调，以保证自身的竞争力。

3. 促销（Promotion）

促销是通过一定的手段与目标市场顾客沟通的一种形式，目的是向顾客群宣传自己的营销计划，以便让顾客更好地了解旅游企业。由于旅游服务市场竞争激烈，顾客更加分散，仅有良好的服务和销售是不够的，旅游企业还必须与顾客进行经常的交流，保持一种互动关系，一方面可以发现顾客需求和偏好改变的趋势，另一方面可以向顾客介绍旅游企业服务的特点，并通过口碑宣传把有利于旅游企业的信息进一步扩散。

（1）促销的目标。包括顾客目标、中间商目标和竞争目标。

针对顾客，旅游企业可以这样促销：第一，增进顾客对新服务和现有服务的认知；第二，鼓励顾客试用新服务；第三，鼓励潜在顾客试用现有服务；第四，说服顾客继续购买服务而不是终止或转向竞争者，还可说服顾客增加购买服务的频率；第五，改变顾客需求服务的时间；第六，与顾客沟通，使他们发现与竞争对手的服务利益区别；第七，加强服务的广告效果，吸引顾客群的注意；第八，获得关于服务如何、何时以及在何处购买和使用的市场研究信息；第九，鼓励顾客改变与服务传递系统的互动关系。

促销也可以对中间商产生影响，使他们改变现有的行为，从而实现旅游企业的营销目标。第一，说服中间商为旅游企业推销新的服务；第二，说服现有中间商努力销售更多的服务；第三，防止中间商在销售场所与顾客谈判价格。

旅游企业的促销在很多情况下，是为了对竞争对手的营销策略做出回应，如对一个或几个竞争对手发起短期的攻势，或对他们的进攻进行防御。当然，旅游企业的促销也应该考虑竞争对手可能做出的反应，以便提前应对。

（2）促销要素。促销要素包括广告、个人销售、销售促进、公共关系、口头传播以及直销营销等。广告可以建立服务意识、增加顾客对旅游服务的了解，并且可以说服顾客购买旅游服务。个人销售有利于旅游企业与顾客之间建立稳定的关系，有助于企业更好地掌握顾客的期望。销售促进主要针对三个群体：一是目标市场的顾客，二是中间商，三是销售力量。公共关系运用传播手段达到组织与公众之间的相互了解、相互合作的目的。口头传播是旅游企业必须加以控制的，防止其负面作用的扩散，注意引导好的口碑的宣传。直销营销可以利用的方式包括邮购、电视导购、电话购买、互联网订购、邀请潜在购买者参观服务演示、销售人员的走访等。

4. 渠道（Place）

在旅游服务由供给者向顾客传递的过程中，所经历的线路和线路上一切活动的总和构成了旅游服务的营销渠道。将这一过程加以有效控制，可以为旅游企业营销的效果增加机会。

（1）营销渠道的功能。包括方便顾客购买服务、提供服务信息、提供可供顾客选择的服务品种、传递服务信任、分散风险、资金融通和售后服务。

（2）营销渠道的分类。包括直接营销渠道和间接营销渠道。

（3）选择营销渠道的原则。包括效果原则、控制原则、适应性原则。

5. 人（People）

服务生产人员和顾客都参与到服务营销中，他们的素质和行为以及他们二者之间的协调和配合程度，都会直接影响服务营销的效果。

服务人员分为以下几类：

（1）接触者（Contactor）。一线的服务生产和销售人员。他们直接参与营销活动，直接面对顾客。他们需要很好地领会企业的营销战略和承担日常的服务责任。

（2）改善者（Modifier）。一线的辅助服务人员，如接待或登记人员、信贷人员和电话总机话务员等。他们直接参与营销活动的程度较低，但直接接触顾客的程度较高。他们需要具备适应顾客需要和发展顾客关系的能力。

（3）影响者（Influencer）。二线的营销策划人员，如服务产品开发人员、市场研究人员等。他们直接参与营销活动的程度比较高，但直接接触顾客的程度比较低。

（4）隔离者（Isolated）。二线的非营销策划人员，如采购部门、人事部门和数据处理部门的人员等。他们直接参与营销活动的程度和接触顾客的程度都比较低。他们主要对一线服务人员起到支持作用（支援者），为“内部顾客”服务。他们的工作质量和行为对企业的营销业绩有较大影响。

6. 有形实据（Physical Evidence）

服务的有形实据是指服务过程中能被顾客直接感知和提示服务信息的有形物。典型场景如街头行医者、大药房的工作人员尽管不是医护工作者，但他们大多身着医护工作服，给顾客一种很专业的职业感。顾客看不到服务，但能看到服务环境、服务工具、服务设施、服务人员、服务信息资料、服务价目表、服务中的其他顾客等有形物，这些有形物就是顾客了解无形服务的有形线索。

有形实据在服务营销中的作用主要包括以下几个方面：

（1）提高消费者主动性。旅游企业有针对性地提供有形实据，可以使服务现场充满新颖的、令人激动的、娱乐性的因素，这极大地改变了顾客的感受，使他们的虚荣心、自尊心得到满足。顾客在得到多方面的感觉刺激后，能感受到无形服务所带来的好处和利益，这直接调动了他们消费服务的主动性。

（2）形成良好印象。对顾客而言，在购买旅游服务之前，他们往往会根据服务现场的建筑物外形、内部的装修布局以及服务人员的外表和精神面貌形成对服务质量的第一印象。由于旅游服务是抽象的、不可感知的，有形实据作为服务质量的载体，无疑是顾客获得第一印象的基础，有形实据的效果将决定顾客的第一印象。

（3）便于把握服务功能。顾客对旅游服务是否满意，取决于旅游产品所带来的利益是否符合顾客的预期。但是，服务的无形性使顾客在消费服务之前，很难对服务做出正确的理解和描述，这导致他们对服务的预期过高或者过低，他们会错误地评价服务质量，甚至做出负面的口碑宣传。而有形实据可以让顾客在消费服务之前，就较为准确地把握服务的特征和功能，以形成对服务质量的合理预期。

（4）增强服务信任感。旅游服务质量的高低是由多种因素决定的，其中可感知是一个重要的方面，而有形实据则是可感知服务内容的组成部分。有形实据如同服务产品的外包装，包装水平高有助于顾客产生对服务的信任感。因此，旅游企业应意识到顾客对有形实据的感觉，增加有形实据的透明度，使顾客对旅游服务产生优质的感觉。

（5）树立旅游企业形象。有形实据是旅游服务产品的一部分，也是具体、有形地传递旅游企业形象的工具，旅游企业形象或服务产品形象也属于旅游服务产品的构成成分。形象的改变不仅需要新内容的输入，而且要打破现有观念，具有很强的挑战性，服务的无形性增加了这一挑战的难度。没有有形内容作为新设计形象的载体，旅游服务营销必须寻找其他的有形证据，这将进一步增加形象转变的困难。

（6）有助于员工培训。旅游服务营销强调员工是旅游企业的内部顾客，同外部顾客一样，他们也需要理解服务产品的特征和特点，否则在与顾客接触时，他们的表现将难以让顾客满意。所以有形展示也有助于员工更好地理解服务的特点和性质，这相当于对员工进行培训，以帮助他们在服务中提供更加标准化和灵活性的服务。

【同步案例】

屈臣氏用专业服务提升销售

屈臣氏拥有一支强大的健康顾问队伍，包括全职药剂师和“健康活力大使”，他们均受过专业的培训，为顾客免费提供保持健康生活的咨询和建议。

屈臣氏所提供的专业化服务是它的亮点所在，它不仅能够充分满足消费者的多样化需求，还可以建立其顾客关系，提高顾客的满意度和忠诚度，从而提高产品销售量，提高产品收益，提高市场竞争力和扩大市场份额。

案例分析：屈臣氏除了其性价比较高的产品以外，其人员的专业化程度和可靠性也是吸引消费者的原因之一。经过专业培训的他们，能够为顾客提供优质的护肤建议和健康生活的咨询，这无疑满足了顾客购买产品之外的其他需求，有助于建立顾客忠诚度。

7. 过程（Process）

过程就是服务的生产工艺、交易手续和消费规程的总和。以复杂程度和变异程度两个因素来衡量过程，可得到四种不同的情况：

（1）复杂性程度比较低而变异性程度比较高的服务过程，如理发、美容、照相等服务过程。

（2）复杂性程度和变异性程度都比较高的服务过程，如外科医生的手术过程。

（3）复杂程度和差异程度都比较低的服务过程，如超市的服务过程。

（4）复杂性程度比较高而变异性程度比较低的服务过程，如酒店的服务过程，比较复杂，但比较标准化。

（二）从 4P 到 4C

随着时代的进步和营销方法的日新月异，4P 策略已经不再适用，而是逐渐向 4C 转化，如图 9–2 所示。其中：

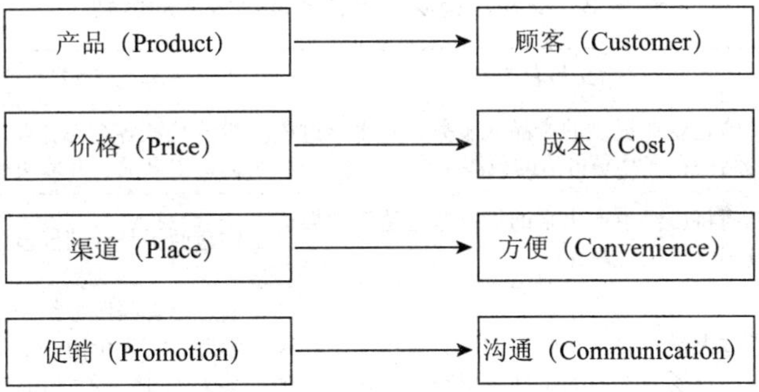

图 9–2　从 4P 到 4C 的转化

产品转化为顾客，即忘掉产品，多从顾客角度考虑；

价格转化为成本，即忘掉价格，考虑顾客愿意支付的成本；

渠道转化为方便，即忘掉渠道，多从顾客角度考虑；

促销转化为沟通，即忘掉促销，尽量多与顾客沟通。

4C 策略更多考虑到顾客的需求，从顾客的角度出发来实施营销，适用性更强。

第二节　旅游服务中的关系营销

一、关系营销概述

关系营销是指以建立、维护、经营、改善、调整各种关系为核心，对传统的交易营销概念进行改革的新理论，它的核心是关系管理（而不是传统的交易管理），基础是客户关系管理，其前提是有效的内部营销或内部控制。其重点是与顾客建立和保持长期关系，只要服务机构与顾客的关系能维持下去，顾客便会回头购买服务。

关系营销是各种营销重点的整合，它来源于服务营销的思想，对其他领域的营销也有较大的应用意义。

（一）交易营销观念与关系营销观念

交易营销观念认为价值是企业提供的产品或服务，是生产过程的结果。关系营销观念产生于 20 世纪 70 年代，此观念认为价值是顾客在与企业保持互动关系的过程中创造出来的。两种观念的区别如表 9-3 所示。

表 9-3　交易营销观念与关系营销观念的区别

	交易营销观念	关系营销观念
对价值的认识	价值是企业提供的产品或服务，是生产过程的结果；产品是价值的载体	价值是顾客在与企业保持互动关系的过程中创造出来的，并取决于顾客的感知
对营销活动重心的认识	如何将已经生产出来的价值通过适当的渠道分销或传送给顾客	创造而不是分销价值
营销的方法和内容	通过大量营销促使顾客购买企业产品。在这样的市场上顾客的个性被忽略了。顾客和企业彼此独立，并且存在竞争和冲突，顾客并不想买，但又被说服去购买	通过顾客与服务组织的互动关系来实现价值创造，实现价值的前提是双方的合作。在营销关系中，互动和合作存在于各个层次，无法将服务供应商和顾客截然分开，顾客是否购买取决于互动关系中双方相互的影响程度，双方不可分离，并且相互依赖

（二）交易营销与关系营销

交易营销是指以交易活动为中心的传统营销。交易包含在关系内。关系营销与交易营销相比，主要优势体现在长期性、互动性、过程性和价格非敏感性等方面。

交易营销与关系营销在营销获利的期限、顾客关系时间性、营销手段和营销的重点等方面均存在区别，如表 9-4 所示。

表 9–4 交易营销与关系营销的区别

	交易营销	关系营销
营销获利的期限	短期	长期
顾客关系时间性	短暂，间断	长期，持续
营销手段	卖方主动	买卖双方互动
营销的重点	产出	过程

二、关系营销的特点及原则

（一）关系营销的特点

1. 专注保留顾客

竞争所导致的争取新顾客的难度和成本的上升，使越来越多的企业转向保持现有的顾客。企业开始关注建立顾客的长期关系，并把这种关系视为企业最宝贵的资产。据美国哈佛大学商业杂志的一项研究报告指出，多次光临的顾客可以为企业带来 24%~80% 的利润，吸引他们再来的因素中，首先是服务质量的好坏，其次是产品的本身，最后才是价格。因此，旅游企业应把更多的注意力和服务资源配置在如何留住老顾客身上。

2. 产品效益取向

传统的交易营销通过突出产品的特征来实现产品的价值，更注重以销售数量来获得更大的利润。而关系营销通过提高服务产品的附加值或者优质的服务质量，使顾客获得极大的满足，从而激发他们持续购买的动力。据研究，固定顾客数目增长 5%，企业利润能增长 25%。这是因为企业不但节省了开发新顾客所需要的广告和促销费用，而且随着顾客对企业产品和服务的信任度加强，还可以诱发顾客提高相关产品和服务的购买率。

3. 强调顾客服务

旅游企业想要留住顾客，就必须提供与承诺一致的服务，甚至是提供超出顾客期望的服务，因为顾客不仅看重自己所购买的服务，还看重在服务过程中所获得的体验和感受，良好的服务可以使顾客对产品产生偏爱，从而建立顾客忠诚度。

4. 高度接触顾客

关系营销的核心是建立发展与公众的良好关系，这从本质上要求旅游企业致力于人际传播，即人与人之间直接的信息沟通、思想理解和情感交流。因此，要使顾客满意，留住顾客，旅游企业必须掌握顾客需求的信息。信息技术革命为关系营销接触顾客创造了条件，旅游企业可以通过数据库保存大量顾客的信息，更好地为顾客提供服务，在此基础上，与顾客建立感情纽带。

同时，网络技术可以把旅游企业与供应商、代理商以及其他相关客户紧密联系起来，提高整体运作效率，降低沟通成本。另外，旅游企业还可以利用其他渠道主动接触顾客，与他们沟通，不仅要关注自己的利益，更要注意顾客的利益，二者之间的相对平衡，可以使双方都得益，从而有效实现旅游企业关系营销的目标。

5. 注重高质量服务

旅游企业的服务质量是一个综合的服务体系，对客的服务质量是其中的核心，其他方面的服务质量也会影响对客服务质量的输出。旅游企业应当把服务质量看作一个系统，正确处理好各方面的关系，这样方能树立稳定、高效服务质量的形象，为旅游企业带来持久的竞争力。

（二）关系营销的原则

1. 主动沟通原则

在关系营销中，各关系方都应主动与其他关系方接触和联系，相互沟通信息，了解情况，形成制度或以合同形式定期或不定期碰头，相互交流各关系方需求变化情况，主动为关系方服务或为关系方解决困难和问题，增强伙伴合作关系。

2. 承诺信任原则

在关系营销中各关系方相互之间都应做出一系列书面或口头承诺，并以自己的行为履行诺言，才能赢得关系方的信任。承诺的实质是一种自信的表现，履行承诺就是将誓言变成行动，是维护和尊重关系方利益的体现，也是获得关系方信任的关键，是公司（企业）与关系方保持融洽伙伴关系的基础。

3. 互惠原则

在与关系方交往过程中必须做到满足关系方的经济利益，并通过在公平、公正、公开的条件下进行成熟、高质量的产品或价值交换使关系方都能得到实惠。

三、关系营销的策略

关系营销理念的建立，使企业营销策略涉及企业的所有利益相关者，并以企业与利益相关者的关系为核心展开。关系营销可分解为顾客关系营销策略、员工关系营销策略、影响者关系营销策略、竞争者关系营销策略四大营销策略。

（一）顾客关系营销策略的实施

1. 满足顾客的需要

顾客是企业生存和发展的基础，市场竞争的实质就是争夺顾客。在买方市场条件下，顾客选择的自由度越来越大，企业要实现自己的利润目标，所生产的产品和提供的服务必须得到市场的认可。

2. 培养顾客忠诚度

企业必须以“顾客为中心”来管理他们的价值链以及整个价值让渡系统。在关系营销模式下，企业的目标不仅是要赢得顾客，更重要的是维系顾客，维系顾客比吸引顾客对扩大企业利益更见成效。

3. 进行关系管理

增加顾客的转移成本是维系顾客的间接手段。对于影响企业未来的主要顾客，必须制定直接、有效的关系管理计划，具体措施有选择关系营销客户、优质的产品、完善的服务和及时的双向信息交流。

（二）员工关系营销策略的实施

1. 提高员工对企业的满意度

对企业而言，其生存目的是满足其股东的利益，但企业正逐渐认识到要为股东服务，首先必须充分满足其利益相关者的需求。它的经营宗旨应当是使员工、顾客、合作伙伴、股东均满意，而首要的是让员工满意。只有员工满意，他们才会心情舒畅、工作积极，服务才会周到，才能令顾客满意，而满意的顾客一般会再次光顾。

2. 造就员工积极向上的价值观念

每一个企业都必须有其价值信念和行为宗旨，以充分调动他们的积极性、主动性和创造性。良好的企业价值观能够使员工在潜意识的状态下对企业产生一种强烈的向心力，培养良好的团队意识，而有强烈团队意识的企业员工对企业的目标及社会责任都会有极为深刻的理解，从而自觉约束个人的行为，使个人言行与企业整体相联系。

3. 承认和尊重员工的个体价值

员工作为一个公众群体，有它特定的利益需要，这就是希望企业能成为自己的家，能在企业中享受到“家”的关怀和温暖。达到这一最佳人事环境目标的一个根本原则，就是承认和尊重企业员工的个体价值。

（三）影响者关系营销策略的实施

影响者关系营销策略通常可借助公共关系活动方式来实施：

1. 宣传型公共关系活动方式

即企业运用大众媒介和内部沟通方法，开展宣传工作，树立良好的企业形象。其基本形式包括举办展览会、经验或技术交流会、座谈会、新闻报道、专题通讯、经验介绍、记者专访、记者招待会等。必要时可以“制造新闻”、利用名人发挥“名人效应”。

2. 服务型公共关系活动方式

即企业通过向公众提供各种形式的实惠服务，强化企业信誉和形象，设身处地地为顾客着想，为顾客当参谋，通过热情、周到的售前、售中、售后服务，为消费者提供全方位的服务，使消费者得到最大限度的满足。

3. 社会型公共关系活动方式

即企业利用举办各种社会性、公益性、赞助性活动，塑造企业形象，扩大企业的社会影响，提高企业社会声誉，赢得公众的支持。

4. 交际型公共关系活动方式

即企业在人际交往中开展公共关系工作。目的是通过人与人的直接接触，进行感情上的联络，为企业广结良缘，建立广泛的社会关系网络，形成有利于企业发展的人际环境。

5. 征询型公共关系活动方式

即以采集信息为主，目的是了解民情、民意，了解社会舆论，为企业的决策者提供咨询，保持企业与社会环境之间的动态平衡。

（四）竞争者市场关系营销的实施

1. 企业间加强沟通了解，及时通报信息，增强彼此感情

（1）行业会议。行业会议旨在协调同行业内部各企业的关系，争取有利于行业发展的外部环境，指引本行业健康发展。

（2）联谊会。目的是增强各企业成员的友谊，建立良好的人际关系。

（3）邀请竞争对手参观本企业。在保证核心机密不被泄露的情况下，邀请对手参观本企业，向竞争者表明开放坦诚的态度，有利于进一步消除双方隔膜，增进彼此关系。

（4）期刊交流。利用内部报纸、杂志、小册子、简报、通信等方式交流思想，共同进步。

（5）企业成员间个人联系。比如共同举办联欢晚会、体育比赛和旅游活动等。

（6）联合活动。有时企业之间需要采取一些短暂的联合行动，如联合打假、联合技术攻关、联合推出新产品等。

2. 加强合作企业间文化的交流与沟通

合作企业之间若存在文化冲突，联盟则很难建立。联盟双方应努力打造一种弥漫于组织之间的共同文化氛围，形成共同的价值观、工作作风和文化观念，只有双方在思想上有了共同的认识，联盟体才能真正坚固起来。因此，联盟双方应共同讨论双方的价值体系、行为方式，求同存异，共同发展。

3. 企业间联盟需保持必要的弹性

由于市场的剧烈变化，企业间联盟关系也在与时俱进。一方面，联盟的发展目标需要有弹性，要时刻寻求新的合作切入点；另一方面，联盟的关系需要有弹性，可以加深联盟的层次，而当联盟失去意义时，也可灵活撤资。

四、关系营销的价值

（一）对顾客的价值

1. 信任利益

它包含了信任感和对服务供应商的信心，是一种减少焦虑和对服务结果较有把握的舒适感觉。服务的无形性和极大的感知风险使顾客不愿轻易更换服务供应商。

如果现有的服务供应者了解顾客的需要和偏好，并长期为满足顾客需求而提供定制化服务，那么顾客就愿意保持这种关系，不会将宝贵时间耗费于不断更替和选择新的服务供应商上。

2. 社会利益

经过长期往来，顾客可能会同其他服务者（如私人医生、私人律师、经纪人）形成一种家庭式的感觉，同时建立起牢固的社会关系。这种感情使他们很少更换供应商，即使他们听说一个竞争者可能提供更好的服务或更低的价格。

在一些长期的顾客与服务组织关系中，一位服务提供者实际上可能成为消费者的社会支持系统的一部分。理发师、个人法律顾问、私人心理咨询师、演艺经纪人等服务者常常可以成为顾客的知心朋友，认识其家庭成员，了解其个别化服务需要。通过这些关系形成的社会支持利益对于提高顾客的生活质量非常重要，甚至达到或超过服务所提供的技术利益本身。

3. 特殊对待利益

特殊对待包括获得特殊的交易价格或得到优先对待等。例如，航空公司给经常飞行的旅客提供常客奖励，并允许这些顾客使用其贵宾候机室。研究者发现，相对于信任利益或社会利益，特殊对待利益对顾客而言并不是最重要的。例如，顾客长期光顾某一度假会所，主要是因为他对该会所的服务品质深具信心，并且和服务人员私交很好，而优惠的价格和优先的结账则属于相对次要的原因。

（二）对服务组织的价值

一位高度满意的顾客会与服务组织保持长久的关系，并给服务组织带来以下利益。

1. 增长的收益

（1）顾客重购。当顾客逐渐相信现有的服务供应商比竞争者更让自己满意时，他们将会增加购买的频率，把更多的业务转给现有的供应商。

（2）购买升级。随着顾客的不断成熟（如在年龄、生活经历、业务增长等方面），他们会不断要求更多的特别服务。长期顾客不像新顾客一样对价格敏感，他们甚至会提高购买的等级。

（3）交叉销售。某些超市将一些相关的产品（如速冻水饺、辣椒酱和醋）在陈列时搭配在一起，这事实上就是交叉销售。在与顾客交往过程中，服务供应商可以利用顾客信息，不断发掘顾客的各种需求，开展交叉销售。

2. 更低的成本

开发新客户需要许多的启动成本，包括广告和其他促销费用、设置账目和系统的运作费用、了解和熟悉顾客的时间和人力成本。有时从短期来看，这些初始基本费都会超过从新客户那里期望获得的销量收入。因此，应保持对长期顾客的维系。

3. 正面口碑和推荐

满意的顾客一般会为服务组织做正面的口头传播，这种形式的传递比任何形式的付费广告更有影响力，并且是免费的。例如，星巴克咖啡店最重要的信息传播渠道是分店本身，而不是广告。如果产品与服务不够好，打再多的广告吸引客人，也只是让他们看到负面形象。星巴克不愿花费庞大的资金做广告与促销，而将本来用于广告的支出用于员工的福利和培训，使得每一位员工都有最专业的知识与服务热忱。

相对于通过价格促销和新广告攻势获得的顾客，那些被介绍来的顾客往往会成为更优质的顾客。正面态度还反映在顾客主动向服务组织提出改进产品或服务建议，或者在出现失误和感到不满时坦诚相告，这些建议或抱怨对服务组织都是非常宝贵的信息。

4. 保留员工

保留顾客的间接利益是保留了员工。当一家公司拥有满意的顾客基础，保留员工就显得容易多了。人们更愿意为一家让顾客忠诚并感到愉快的组织工作，他们的服务会令自己产生成就感，他们能够花费更多的时间来培养顾客关系而不是争夺新顾客，顾客也会更满意从而成为更忠诚的顾客，这就形成一个良性循环。雇员的工作年限延长，员工的变动成本减少，公司的服务质量得到稳定的提高，顾客和熟悉自己的服务人员交往，产生了更高的满意度和更频繁的消费，从而带来了更多的利润。

五、关系营销的策略

（一）关系营销策略的层次

根据旅游企业用以培养顾客忠诚方式的不同，可以将关系营销策略分为三个级别：经济利益型、经济利益加社交型和结构型。

1. 经济利益型关系策略

经济利益型关系策略是指服务机构用经济利益建立和保持顾客关系，这种关系被视为财务纽带（Financial Bond）。例如，批量价格优惠和老顾客价格优惠等。

2. 经济利益加社交型关系策略

经济利益加社交型关系策略是指将金钱利益和社交手段结合起来用于建立和保持顾客关系，这种关系可被视为一种社交联系（Social Contact Bond）。在层次较高和专业性较强的服务业中用得较为普遍，如医疗、律师、教育、美容等行业。这类服务业的顾客因不懂专业容易产生怀疑心理，而人际交流可以消除或减轻顾客的怀疑心理。

社交型关系的竞争优势持续的时间比经济利益型关系要长，既可以获得短期的营销效果，又可以获得中长期的营销效果。

【同步案例】

常旅客计划

常旅客计划（Frequent Flyer Program）是指航空公司向经常乘坐其航班的旅客推出的以里程累积奖励为主的促销手段，是吸引公务商务旅客、提高航空公司竞争力的一种市场手段。

1994年，中国国际航空公司在国内最早推出了常旅客计划和相应的知音卡。中国东方航空公司于1998年7月正式推出了常旅客计划。随后，上航、厦航、南航等也相继推出了自己的常旅客计划。

航空公司为实施常旅客计划均成立了俱乐部，如国航知音俱乐部、上航金鹤俱乐部等。符合各航空公司常旅客计划要求的旅客均可申请加入该航空公司的常旅客俱乐部，并得到一张会员卡。会员通过乘坐该航空公司的航班而得到奖励积分，也可通过在该航空公司的合作伙伴，如酒店处消费而得到奖励积分。当积分累积到一定数量时，会员可用积分换取免费机票、免费升舱或其他指定的奖励品或活动。

上海航空公司的常旅客计划中规定，只要飞行里程数达到一定标准，便可得到免费机票、免费升舱位等级、免费住宿宾馆等待遇。旅客只需乘坐10次上航上海至北京的航班，便可得到一张上海至北京的免费机票，而且这些累积数不会过期作废，还可转让给他人享用。上海航空公司还“请”一位旅客免费打了一次高尔夫球。在某高尔夫球场练习场地，这位旅客痛痛快快地挥杆打了90个球，其交通费、打球费均由上航买单。

案例分析：常旅客计划是一种关系营销的方法，得到免费机票、免费住宿等奖励均属于关系营销中的经济利益型营销，它主要是以经济手段来刺激和吸引消费者；而“请”打高尔夫，为其交通费、打球费买单则属于经济利益加社交型关系营销。不同的关系营销方法有不同的优缺点，旅游企业需要在充分考虑消费者需求和意愿的前提下，实施相应的关系营销方法。

3. 结构型关系策略

结构型关系策略是指在经济利益加社交型关系策略的基础上，加上结构型关系，也就是将经济手段、社交手段和结构手段结合起来用以建立和保持顾客关系。

结构型关系是指将顾客整合到服务过程中，使服务机构与顾客两者之间产生结构性的相依关系。结构手段通常是技术性手段，而且往往是某家服务机构特有的手段，因此，结构型关系营销策略是竞争对手最难以模仿的关系营销策略。与其他两种关系营销策略相比，结构型关系营销策略所建立竞争优势的可持续时间最长。

【同步案例】

银行的VIP服务

沈阳建设银行、招商银行率先推出囊括各种特殊服务的银行VIP俱乐部，银行VIP俱乐部内，成员可以享受到银行为之提供的衣、食、住、行各种优待服务。

建设银行VIP俱乐部的成员共分两种：第一种是总行级的，要求客户在银行资产达到50万元以上；第二种是省行级的，要求30万元以上。

招商银行则将VIP俱乐部成员的准入门槛设在50万元以上，而这家俱乐部的主题就是让客户“感受财富带来的快乐”。尽管“VIP俱乐部”的准入门槛在30万~50万元，但实际成员往往都是身家百万元、千万元的富翁。

银行搜索这些VIP客户主要是通过客户信息库，这也是目前银行获取VIP客户的普遍方式。通过分析，银行对重点客户进行动态跟踪和实时监测，寻找计算银行客户价值，锁定特定客户群，银行需要提供全方位的服务来留住顾客。“VIP俱乐部”于是成了一个行之有效的方法，从而与创造利润的优良客户建立长期关系。

案例分析：“20%的客户创造80%的利润”，这充分说明了大客户对一个企业、一个公司发展的至关重要性。大客户才是企业为自己的未来正确地投入时间、金钱及资源的客户，也是企业创造利润的关键，这就是银行为何如此绞尽脑汁，甚至自掏腰包为大客户打造如此细致服务的真正原因。

银行VIP俱乐部体现的是结构型关系策略，有助于银行和VIP客户维持长期相依的关系；同时，银行VIP俱乐部内更是一种平台，在那里，可参与银行组织的各种主题活动，交流投资心得、发现投资机会等。对俱乐部成员而言，俱乐部既是财富的象征，同时也是极好的资源平台，这体现的是社交型关系策略，有助于保持银行VIP俱乐部成员的稳定性。

（二）维系关系的策略

1. 建立财务联系

建立财务联系是指服务组织制定价格优惠政策与顾客建立财务联系，它主要包括频繁营销计划、捆绑和交叉销售、俱乐部成员计划。

（1）频繁营销计划。频繁营销计划就是向经常购买和（或）大量购买的顾客提供奖励。频繁营销计划体现出20%的公司顾客占据了80%的公司业务这一事实。

在某行业率先推出频繁营销计划的公司一般获得利润最多，尤其当竞争者反应较为迟钝时。竞争者做出反应后，频繁营销计划就变成所有实施此类政策的公司的一个财务负担。例如，许多旅行者同时参加几家航空公司的频繁飞行者计划，并毫不犹豫地在它们之间根据优惠的幅度不断转换。

（2）捆绑和交叉销售。服务的捆绑和交叉销售也是建立财务联系的途径。例如，在中国移动实施的频繁用户计划中，电信公司的奖励与饭店连锁、汽车租赁 、美容健身等服务的消费联系在一起。由于累计的电话通话时间可以换取其他公司的服务或产品，顾客能够享受以其忠诚交换来的更大的财务利益。

（3）俱乐部成员计划。为了与顾客保持更紧密的联系，许多服务组织建立了俱乐部成员计划。俱乐部可能是开放的，顾客可以因其购买而自动成为该公司的会员，如一些超市、饭店或书店。开放式的俱乐部在建立数据库或者从竞争者那里迅速争夺顾客方面具有优势。俱乐部也可能是限制式的，顾客必须购买一定次数的产品或服务、支付一定的会费或具备一定的资格才能成为会员，如一些高档次高尔夫会所、健身俱乐部、美容连锁店等。限制会员资格的俱乐部在长期的忠诚度方面更加有力，费用和会员资格条件阻止了那些对公司的产品或服务只是暂时感兴趣的人加入，并吸引和保留了那些带来最大一部分生意的顾客。

2. 建立社会联系

社会联系是指服务组织的员工了解顾客个人偏好，将服务定制化以满足个体的需求，从而增加顾客的社会利益。

3. 建立结构化联系

结构化联系是指通过为顾客提供特别设计和量身定制的服务传递系统，或使服务组织和顾客之间产生结构性的相依关系而形成的。

【延伸阅读】

金牌推销员乔·吉拉德的关系之道

乔·吉拉德，是吉尼斯世界纪录大全认可的世界上最成功的推销员，他所保持的世界汽车销售纪录——连续 12 年平均每天销售 6 辆车，至今无人能破。他为什么能创造这个奇迹呢？那是因为他善于关系营销。

1. 注重长期的营销，建立与顾客的关系

许多人把推销当作一次性的活动，赶紧把产品推销给顾客，之后最好就不要再联系，免得给自己添麻烦，而乔·吉拉德却认为推销是一个连续的过程。“真正的推销开始于签单之后”，这是乔·吉拉德的信条。在和自己的顾客成交之后，乔·吉拉德并不是把他们置于脑后，而是继续关心他们，并恰当地表示出来。他每月要给上万名顾客寄去贺卡，而且节假日的时候也不忘为客人送去问候。他追求长期的关系维持和利益。通过这些小行为，他获得了许多忠实顾客。关系随着推销活动的结束而开始，这正是关系营销的一大特点。

2. 有偿推荐顾客

在生意成交之后，乔·吉拉德总是把一叠名片和猎犬计划的说明书交给顾客。说明书告诉顾客，如果介绍别人来买车，成交之后，每辆车介绍人会得到25美元的酬劳。几天之后，乔·吉拉德会寄给顾客感谢卡和一叠名片，以后至少每年顾客会收到乔·吉拉德的一封附有猎犬计划的信件，提醒承诺仍然有效。乔·吉拉德通过猎犬计划，与顾客建立财务关系，不仅保持了与老顾客的联系，建立良好口碑的同时还获得了新客户。而他的顾客也很乐意获得这笔额外财富。1976年，该计划为乔·吉拉德带来了150笔生意，约占总交易额的1/3。乔·吉拉德付出了3750美元的费用，收获了75000美元的佣金。

3. 关注每一个细节，更多地了解顾客

刚开始工作时，乔·吉拉德把搜集到的顾客资料写在纸上，塞进抽屉里。后来，有几次因为缺乏整理而忘记追踪某一位准顾客，他开始意识到自己动手建立顾客档案的重要性。他去文具店买了日记本和一个小小的卡片档案夹，把原来写在纸片上的资料全部做成记录，建立起顾客档案。所有这些资料都可以帮助他接近顾客，他能够有效地跟顾客讨论问题，使顾客心情舒畅。同时，他真心对待客户，用倾听、微笑赢得了顾客的好感。

【实践活动】

随着日本游客，尤其是商务游客大量涌入美国，美国四季度假饭店为在竞争中获得优势，重新制定了一系列的服务营销措施：

安排日语流利、有丰富经验的专职对日服务人员；在客人入住后，总经理立即派人送上由其亲笔签名的欢迎卡；提供当地的观光旅游指南和地图；为商务游客设置了商务设施；根据日本客人的习惯，提供舒适的家居便服；让员工熟悉日本文化。

请讨论：四季度假饭店的哪些措施体现了服务营销组合中人员这一要素，对人员进行管理的意义何在？四季度假饭店的哪些措施体现了服务营销组合中有形实据这一要素？

第十章

旅游企业的顾客忠诚管理

导言

“粉丝经济”是曾经盛行的一种经济形势。苹果手机能够成就曾经的辉煌，很大原因是苹果“果粉”。在卖方市场日益向买方市场转变的今天，企业越来越重视顾客的情感体验。你可以发现，“顾客黏性”成了企业管理的热词，不断见诸媒体。你也许会问，为什么越来越多的消费者喜欢钟情于一个品牌，你又是否能够敏锐地察觉到，“粉丝经济”势不可当。而在这背后，作为关系营销的重要方面，顾客忠诚管理起到了至关重要的作用。本章将围绕顾客的忠诚效应及其价值以及策略，着重分析顾客忠诚管理在旅游业的应用。

【学习目标】

1. 知识目标：了解顾客忠诚与顾客满意的区别，掌握顾客忠诚的形成过程，了解顾客忠诚的价值与衡量。

2. 能力目标：掌握顾客价值衡量的方法，清晰地认识和控制影响顾客忠诚的因素，掌握顾客忠诚管理的策略与技巧。

【导入案例】

一“剪”钟情

某网站进行的一项调查发现，女人跟发型师的关系平均要比她们的婚姻维持得更久。以英国女人为代表，她们认定同一位发型师的年限达 12 年 5 个月，而婚姻的平均年限为 11 年 6 个月。

约有 53% 的妇女把她们的发型师视为生命中十位最重要的人之一。对 360 位女人进行的这项调查发现，约 9% 的人会把是否邻近她们的美发店作为搬家的首要考量因素。

网站的发言人评论说："女人跟发型师的关系最为接近，这是她们无法轻易放手的人。就像我们研究发现的，女人们要花费 1 年的时间才能找到她们中意的发型师，因此关系维持这么久就不难理解了。然而我们还是非常吃惊，因为几乎 1/10 的女人在搬家时会把自己的发型师在哪儿当作重要考虑因素，像承诺一样不可轻易抛弃。"

案例分析： 英国女人对发型师忠诚，是因为对理发师提供的服务产品依恋。这种客户忠诚度很难有特别量化的指标，主要通过顾客的情感忠诚、行为忠诚和意识忠诚表现出来。其中，情感忠诚表现为顾客对服务提供者的理念、行为和视觉形象的高度认同和满意，行为忠诚表现为顾客再次消费时对该产品和服务的重复购买行为，意识忠诚则表现为顾客做出的对该产品和服务的未来消费意向。

第一节　顾客的忠诚效应及其价值

一、顾客忠诚与顾客满意

（一）顾客忠诚

顾客忠诚表现为顾客购买行为的连续性。其是指客户对企业产品或服务的依赖和认可、坚持长期购买和使用该企业产品或服务，同时表现出在思想和情感上的一种高度信任，是客户对企业产品在长期竞争中所表现出的优势的综合评价。衡量顾客忠诚的量化指标被称为顾客忠诚度，其是指受质量、价格、服务等诸多因素的影响，使顾客对某一企业的产品或服务产生感情，形成偏爱并长期重复购买该企业产品或服务的程度。

（二）顾客满意

顾客忠诚不同于顾客满意。菲利普·科特勒对"顾客满意"的定义是，一个人通过对一个产品的可感知效果与他的期望值相比较后，所形成的愉悦或失望的感觉状态。如果产品的实际状况不如顾客的预期，则购买者感到不满意；如果实际状况恰如预期，则购买者感到满意；如果实际状况超过预期，则购买者感到非常满意。顾客的预期是由过去的购买经验、朋友的意见以及营销人员和竞争者的信息和承诺来决定。不可否认，顾客满意度是导致重复购买最重要的因素，当满意度达到某一高度，会引起忠诚度的提高；顾客忠诚度的获得必须有一个最低的顾客满意水平，在这个满意度水平线下，忠诚度将明显降低。但是，顾客满意度绝对不是顾客忠诚的重要条件。满意度衡量的是客户的期望和感受，而忠诚度反映了客户未来的购买行动和购买承诺。客户的满意度和他们的实际购买行为之间不一定有直接的联系，感到满意的客户不一定始终对企业忠诚和产生重复购买的行为。

仅仅有顾客满意是不够的，顾客忠诚才是目标。只有忠诚的客户才会持续购买本企业的产品和服务，才能给企业带来长久收益。顾客忠诚度与满意度的关系如图 10–1 所示。

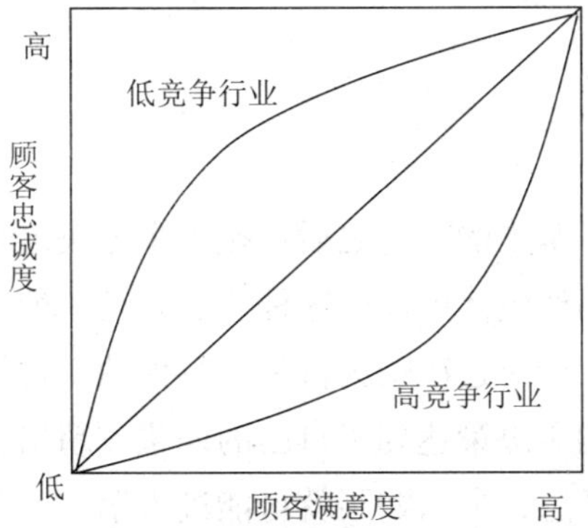

图 10–1　顾客忠诚度与满意度的关系

在高度竞争的行业中，完全满意的顾客远比满意的顾客忠诚。在图 10–1 曲线右端（顾客满意程度评分 5），只要顾客满意程度稍稍下降一点，顾客忠诚的可能性就会急剧下降。这表明，要培育顾客忠诚，企业必须尽力使顾客完全满意。

在低度竞争的行业中，曲线描述的情况似乎表明顾客满意程度对顾客忠诚度的影响较小。但这是一种假象，限制竞争的障碍消除之后，低度竞争曲线很快就会变得和高度竞争曲线一样。因为在低度竞争情况下，顾客的选择空间有限，即使不满意，他们往往也会出于无奈继续使用本企业的产品和服务，表现为一种虚假忠诚。随着专有知识的扩散、规模效应的缩小、分销渠道的分享、常客奖励的普及等，顾客的不忠诚就会通过顾客大量流失表现出来。因此，处于低度竞争情况下的企业应居安思危，努力提高顾客满意程度，否则一旦竞争加剧，顾客大量跳槽，企业就会陷入困境。

顾客满意和顾客的行为忠诚之间并不总是高度正相关关系，但有一点毋庸置疑，那就是无论在高度竞争的行业还是低度竞争的行业，顾客的高度满意都是形成顾客忠诚感的必要条件，而顾客忠诚感对顾客的行为无疑会起到巨大的影响作用。

二、顾客忠诚的形成

一般而言，顾客忠诚的形成要经历认知、认可、偏好与形成四个主要阶段。

（一）认知阶段

顾客对企业或品牌的认知是顾客忠诚的基础。在此阶段，人们倾向于选择已知的品牌，而不愿意选择从未听说过的品牌以减少购买风险，尤其是在可供选择范围很广的情况下。

顾客对产品或服务认知的途径有广告、商业新闻、经济信息、口碑等。顾客获得的产品或服务的信息，只表明产品或服务进入了客户购买的备选名单，还不能保证客户就会购买。

在认知阶段，顾客与企业之间的关联很弱，企业只要有优质的产品和优良的服务就有可能把顾客争取过来。

（二）认可阶段

顾客对企业的情况有了基本的了解之后，接下来才决定是否购买。顾客有了第一次的购买体验，很可能对产品产生认可。但这种认可只是一种表面的、脆弱的忠诚。

顾客购买了产品之后，会对这次购买行为进行评估，自问是否做出了正确的购买决策。如果顾客认为做出的购买决策达到了自己的期望或超出了自己的期望，就会产生满意感，从而对企业产生信任感，那么购买就可能进入第三个阶段——对产品或服务产生偏好。

（三）偏好阶段

客户有了愉快的购买体验之后，会逐渐对产品或服务产生偏好，并进一步产生重复购买的念头。

在这一阶段，首次出现了客户承诺再次购买的情感成分，客户已经对特定企业或品牌产生了一定程度的好感，不再那么轻易“背叛”该企业或品牌了。

但是，客户此时还没有对企业的竞争对手产生足够的免疫力，可能还在寻找能够为其带来更高价值的产品或服务。

（四）形成阶段

如果企业加强对产生偏好的顾客的管理，巩固第三阶段的成果，让这种重复的购买行为继续下去，那么有些客户就会逐渐形成消费行为的惯性，重复购买某一企业或品牌的产品或服务，并对企业产生情感上的依赖，与企业之间有了强有力的情感纽带。

其中，这种联结包括客户的较高的重复购买行为、情感的高度依附和对企业的竞争对手的“免疫力”。

顾客忠诚建立的过程如图 10-2 所示。

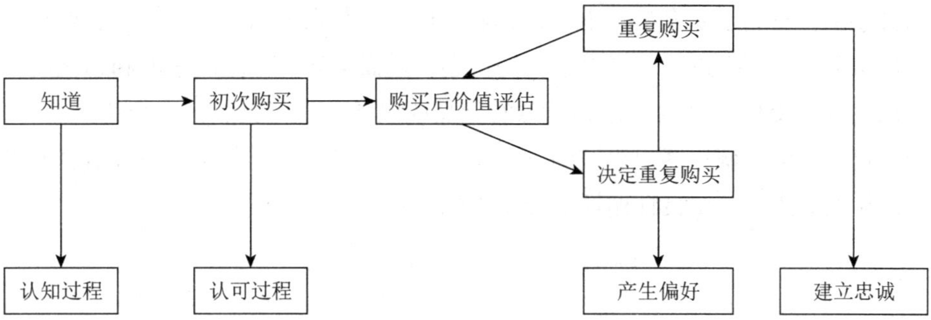

图 10-2 顾客忠诚建立的过程

三、顾客忠诚的意义

（一）降低运营成本

争取一个新顾客的费用是保持一个老顾客费用的5~10倍；获得新顾客需要付出成本，特别在供过于求的市场态势下，这种成本将会越来越昂贵。但新顾客对于企业的贡献却是非常微薄的，有些行业，新顾客在短期内甚至无法向企业提供利润。相比之下，企业为老顾客提供服务的成本是逐年下降的。企业只需经常关心老顾客的利益与需求，在售后服务等环节上做得更加出色就可留住忠诚顾客，既无须投入巨大的初始成本，又可节约大量的交易成本和沟通成本。企业与顾客的关系越持久，这种关系对企业就越有利。

（二）重复消费

顾客对某品牌的产品或服务有一定的依赖性，在感情上产生一定的偏爱后，就会自觉重复购买同一品牌的产品或服务，积极为企业做宣传和推荐，并且不易受外界尤其是竞争品牌的信息诱惑。

（三）口碑效应

忠诚客户是企业及其产品或服务的有力倡导者和宣传者。忠诚客户满意自己的购买经历，会将自己对产品或服务的良好感觉介绍给周围的人，主动地向亲朋好友和周围的人推荐所忠诚品牌的产品或服务，甚至积极鼓动其关系范围内的人购买，从而帮助企业增加新客户。据酒店行业统计分析，一位忠诚的客户会向 10~12 位朋友推荐，一位不满的客户会向 5~10 位朋友诉说他的遭遇；一个忠诚的客户会给酒店带来 87500 元的价值，一个不满意的客户会给酒店带来 43000~87000 元的经济损失。忠诚顾客的口碑效应可见一斑。

（四）为企业发展带来良性循环

客户忠诚的企业，增长速度快，发展前景广阔、潜力巨大，可以使企业员工树立荣誉感和自豪感，有利于激发员工士气；企业获得的高收入可以用于再投资、再建设、再生产、再服务，也可以进一步提高员工的待遇，进而提升员工的满意度和忠诚度；忠诚员工可以为客户提供更好的、令其满意的产品或服务，这将更加稳固企业的客户资源，进一步强化客户的忠诚；客户忠诚的进一步提高，又将增加企业的收益，给企业带来更大发展，从而进入下一个良性循环，如图 10-3 所示。

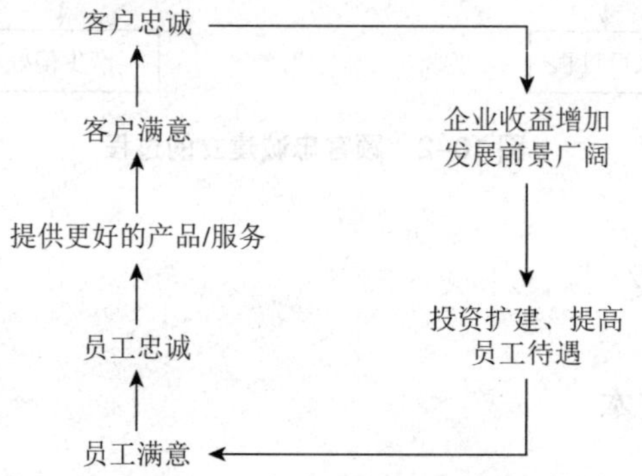

图 10-3　顾客忠诚度循环

总之，忠诚客户可使企业获得丰厚利润，保证企业的可持续发展。可以这样说，忠诚客户的数量决定了企业的生存与发展；忠诚的质量，即忠诚度的高低，决定着企业竞争能力的强弱。

【同步案例】

印度最大的电商公司 Flipkart 于 2018 年 8 月 15 日推出了新的客户忠诚计划——Flipkart Plus，来挑战亚马逊 Prime 会员计划。Flipkart Plus 是一项免费的会员计划，Plus 会员每次在 Flipkart 购买商品，都会获得相应的积分或 Flipkart 硬币。

“客户在我们的平台上每完成一次购买，会获得相应的积分，”Flipkart 广告营销主管和 Flipkart Plus 负责人 Shoumyan Biswas 表示，“你买得东西越多，得到的积分也就越多”。

Flipkart Plus 会员除了在 Flipkart 上购物会获得好处，在 Hotstar（印度在线视频平台）、Zomato（食品订购发现平台）、Makemytrip（旅行网站）和 Café Coffee Day（咖啡馆）等平台消费也将获得折扣、免费送货等优惠。例如，某一客户攒到了足够的 Flipkart 硬币可以兑换免费订阅一年的 Hotstar 会员。Flipkart 还表示，将继续增加更多的互联网和消费者品牌合作伙伴，为会员提供更多福利。

此前，Flipkart 曾试图推出客户忠诚度计划，但以失败告终，这是该公司的第 2 此尝试。Biswas 在一次采访中表示：“这次的客户忠诚度计划与此前不同，我们吸取了之前的教训，并做出了改变。我们不仅在平台内为买家提供好处，平台之外也有，而且去掉了会员费这一环节。”

Flipkart Plus 旨在提高客户忠诚度，增加现有客户在其平台的支出，同时也是 Flipkart 对抗亚马逊 Prime 会员计划的最新举措。亚马逊 Prime 会员在印度富人中尤其受欢迎，而他们正是印度电商市场的主力消费群体。数据显示，印度站 Prime 会员为该站贡献了 30% 的订单量，而 Flipkart 的客户忠诚度计划就是为了减弱 Prime 会员在印度城市地区日益增长的主导地位。如果 Flipkart Plus 能够流行起来，它将帮助 Flipkart 在印度电商市场赶超亚马逊。

案例分析：Prime 会员计划是亚马逊与 Flipkart 竞争的一大优势，大批忠实的亚马逊顾客为其带来稳定的收益，然而在其竞争者 Flipkart 推出新的顾客忠实度计划，提供给会员的福利增加后，亚马逊会员是否仍然能够坚定不移地支持亚马逊，这就与亚马逊会员的忠诚度有关了。

四、顾客忠诚的衡量

（一）客户重复购买的次数

客户重复购买的次数指在一定时期内，客户重复购买某种品牌产品的次数。客户对某品牌产品重复购买的次数越多，说明对这一品牌的忠诚度越高，反之则越低。

（二）客户挑选时间的长短

通常，客户挑选的时间越短，说明他对该品牌的忠诚度越高，反之则说明他对该品牌的忠诚度越低。

（三）客户对价格的敏感程度

客户对价格都非常重视，但并不意味着客户对价格变动的敏感程度都相同。事实表明，对于喜爱和信赖的产品或服务，客户对其价格变动的承受能力较强，即敏感度低。而对于不喜爱和不信赖的产品或服务，客户对其价格变动的承受能力较弱，即敏感度高。对价格的敏感程度高，说明客户对该品牌的忠诚度低；对价格的敏感程度低，说明客户对该品牌的忠诚度高。

（四）客户对竞争品牌的态度

一般来说，对某种品牌忠诚度高的客户会自觉地排斥其他品牌的产品或服务，如果客户对竞争品牌的产品或服务有兴趣并有好感，则表明他对本品牌的忠诚度较低。

（五）客户对产品质量问题的承受能力

偶然的、轻微的质量问题是任何产品都在所难免的。如果客户对品牌的忠诚度较高，当出现这种问题时，他们会采取宽容、谅解和协商解决的态度，不会由此而失去对它的偏好。反之，如果客户对品牌的忠诚度较低，当出现问题时，他们会深感自己的正当权益受到侵犯，会产生强烈不满，甚至会通过法律方式进行索赔。

（六）客户购买费用多少

客户对某一品牌支付的费用与购买同类产品支付的费用总额的比值如果最高，即客户购买该品牌的比重最大，说明客户对该品牌的忠诚度较高，反之则较低。

五、顾客价值的评估

21 世纪是知识经济时代、信息时代，更是价值顾客经济时代。市场领先者的战略重心在于对顾客价值的关注，一个企业要想获得成功，在打破简单的顾客与销售、服务关系的同时，必须形成以价值顾客为中心的企业行为系统。因此，建立与顾客之间新的关系，将顾客价值放在企业发展的首位显得尤为重要。

那么，什么是顾客价值？很多人认为提升企业竞争力，提高服务、产品质量，为顾客创造价值，提升顾客满意度就是顾客价值。其实，顾客本身就有价值，让企业发展的最好办法就是让顾客的真正价值通过价格形式表现出来。

有些企业认为自己的产品质量在不断提高，服务水准也越来越高，但顾客却似乎越来越难伺候，最糟糕的是，顾客拥有量在减少，满意度与忠诚度在降低，这到底是怎么了？

要留住顾客，就应当使顾客感到其所获得的效用（顾客价值）高于其所支付的代价（顾客成本）。

【同步案例】

知顾客者得天下

雷沃公司（RēVO）是一家专门生产优质太阳眼镜的公司，创建初期，雷沃开发了一种全新的优质高价的太阳镜系列，每副眼镜标价在 150~300 美元。

雷沃公司本可以运用生动的广告来强调产品的高科技含量——既能百分之百地防紫外线和红外线，又不会使镜片失真。而事实上，雷沃却另辟蹊径，从滑雪场、垂钓场和划船运动场着手，观察并和那些戴太阳镜的人进行交流，想方设法地了解这些潜在顾客在滑雪、钓鱼和划船时的感受。例如：当滑雪者从“猫跳道”上往下滑时，太阳镜是否会妨碍视线，影响滑雪者选择能够获得最大乐趣的路线？如果看得更清楚，垂钓者能不能钓到更多的鱼呢？雷沃尤其关注那些在各自领域内富有创新意识的顾客——他们热衷于自己的兴趣爱好，非得给自己配上最新、最好的装备不可。

为了实现顾客价值最大化，雷沃公司逐渐意识到，顾客需要的不仅仅是优质的雷沃太阳镜片——可以让他们在滑雪时滑得更顺畅，或者在钓鱼时能够看到更多的鱼，他们还需要匹配的镜架，既舒适又时尚。雷沃还发现，其目标顾客对自己的爱好一般都抱有长期的兴趣。因而如果镜架不合适，让顾客觉得不舒服的话，镜片的技术含量再高也是枉然。

案例分析：许多公司对于顾客需求、公司的运营成本、产品或服务所能带来的效益以及投资者的预期等都会有一定的了解。然而，大多数的公司却并不真正了解在提高绩效方面，哪些是因，哪些是果。作为一个公司，你存在的目的不应该是打败竞争对手，而应该是针对你所选定的目标顾客群，创造并不断提高顾客价值，使顾客能为公司带来更高的利润率，从而使公司获利。

（一）顾客价值评估的内容

1. 顾客资质评估

所谓顾客资质评估，是指对顾客在特定时间周期内依据消费量大小确定顾客的等级（通常可划分为一般顾客、忠实顾客、VIP 顾客、银卡顾客、金卡顾客等），顾客等级不同决定着顾客价值不同。等级越高，价值越高，顾客资质也就越高。而企业的效益大多数来自于高资质的顾客群体。运用特定的消费积分累积方式确定顾客资质，锁定高资质顾客群体将对企业的效益产生重大影响。

2. 顾客资源评估

所谓顾客资源评估，是指对会员顾客周边群体价值顾客的评估。通过会员顾客周边群体价值顾客扩大顾客资源，并运用定额配额等有效的方法评估顾客资源，在企业追求利润最大化的过程中扮演着重要角色。顾客资质越高，其周边群体价值顾客资源也会越多。因此，科学确定会员顾客周边群体价值顾客资源的标准，同时，给予不同资质顾客配以不同的定额配额是企业扩大顾客资源，进而扩大利润的有效方法。充分运用顾客资源、扩大顾客资源对扩大企业利润有着巨大的优势和潜在的空间，也是现代“微利时代”获取营业利润的重要渠道。

（二）顾客价值评估的方法

1. 实地观察法

一方面，要充分关注顾客的购买行为。如果条件允许，可以对大客户的购买频率、购买偏好进行记录、跟踪观察。当客户的购买行为出现不稳定或是偏好变化时，要及时对顾客价值做出分析，认定该客户的忠诚是否有转移倾向，从而做出决策。

另一方面，要考察竞争者，也就是要了解竞争对手的顾客与特点。当掌握了竞争者的顾客价值后，就可以有针对性地采取策略以吸引对竞争者忠诚度较低的顾客，还可以对照自身，逆向思考“什么会引起顾客在最短时间内流失”，从而及时发现自己存在的不足。

2. 意见反馈法

与顾客忠诚一样，顾客价值也不是一成不变的。因此，有效的顾客价值评估不可能是静止的、一蹴而就的，而是依赖于与客户的交流，并形成制度。企业可以通过电话或者互联网对顾客进行定期或不定期的回访，还可以通过寄送意见反馈表及时掌握顾客作息。该方法的关键在于时机的选择，因为任何顾客都不希望有人干扰自己的生活。另外，有条件的企业还应当建立顾客信息档案，并利用数据库对反馈的顾客信息进行处理，以保证企业对顾客价值评估所依据的数据具有时效性、准确性和全面性。在运用意见反馈法时要注意保护顾客的隐私。

【知识链接】

大客户不赢利该怎么办

许多研究认为提升客户满意度可以增加企业利润，即提高满意度能够增加客户花费的份额，并将由此带来更高的客户消费额和利润。真的是这样吗?

在一些不同行业中的研究结果同时支持这样的结论：客户保持率和利润之间存在关系。《哈佛商业评论》中有一篇研究报告被经常引用：客户保持率提高 5%，会使公司利润增加 25%~85%。

由于客户满意度和客户保持率紧密相关，客户保持率又和利润密不可分，因此，很多研究人员已经试图在客户满意度与企业业绩、客户满意度与客户保持率、客户保持率与企业利润之间的联系上建立模型。与此不谋而合的是，越来越多的研究者和企业管理人员明确地将客户保持率作为客户忠诚度的最终测量指标，或作为推算提高服务质量所能带来的利润增加的最佳指标。所以，企业加强管理客户消费结构（增加单个客户的消费份额）会比仅仅提高客户保持率制造更多的商机。麦肯锡公司同样指出，如果公司既注重客户花费份额，又提高客户保持率，所产生的利润比仅仅注重客户保持率要高出 10 倍都不止。也因此，目前在满意度研究领域十分盛行“花费份额”这个概念。

根据这些基本的逻辑，我们做出以下几种假设：

假设 1：花费份额与客户消费额正相关。

假设 2：客户消费额与客户可赢利性正相关。

假设 3：客户满意度和客户消费额之间的关系可以被客户的花费份额所调节。

假设 4：客户花费份额和客户可赢利性之间的关系可被客户消费额调节。

分析结果证明了这些链效应中每个环节都和其之前的环节确有关联，同时调查结果还有令人意想不到的研究发现。花费份额与客户消费额存在正相关，花费份额对于客户满意度和客户消费额有调节关系。然而，虽然客户满意度和消费额存在统计学上的显著性关系，但是实际上这种关系非常微弱，相关系数为 0.05。

尤其是对于管理层最为关注的结果——客户赢利性这一方面，原来所提出的假设并没有得到验证。分析指出，客户的消费额和客户的赢利性的确相关，然而是负相关！换句话说，客户消费额越多，客户所带来的亏损也越厉害。另外，花费份额和客户赢利性之间也不存在相关关系。因此，假设 2 和假设 4 不成立！

研究发现，大型客户往往在所有客户中要么是最具营利性的，要么是最不具营利性的。我们在上述的研究中加入营利性变量，把客户分为赢利的和不赢利的两种。针对具有营利性的客户，上述假设均成立。对于无营利性客户，客户满意度和花费份额的关系很微弱。对于有营利性的客户而言，相关系数为 0.38，而对于无营利性的客户而言，仅为 0.07。满意度和营利性之间的关系并没有人们想象的那么直接。对营利性客户来说，消费额的增加的确提高了营利性，而对于非营利性客户来说，情况恰恰相反。对于非营利性客户而言，其他因素对于花费份额所起的作用比服务水准提高更为重要。因此，如果公司希望通过提升满意度增加非营利性客户的消费额，不仅会使这些客户更不具备营利性，而且也不能有效地提高这部分客户的花费份额。

以上研究说明了顾客价值评估的意义。通过这些调查结果我们不难发现，了解客户的营利性水平非常重要。如果企业对不具备营利性的客户投入资源来提高满意度和花费份额，以期增加客户消费额，这样做的实际结果反而可能减少公司的利润。

第二节 旅游业中的顾客忠诚管理

【导入案例】

东方酒店的成功秘诀

泰国的东方酒店堪称亚洲饭店之最，几乎天天客满，不提前 1 个月预订是很难有入住机会的，而且客人大都来自西方发达国家。泰国在亚洲算不上特别发达，但为什么会有如此诱人的酒店呢？我们不妨通过一个实例来看一下。

于先生因公务经常出差泰国，并下榻在东方酒店，第一次入住时良好的酒店环境和服务就给他留下了深刻的印象，当他第二次入住时几个细节更使他对酒店的好感迅速升级。那天早上，在他走出房门准备去餐厅的时候，楼层服务生恭敬地问道："于先生是要用早餐吗？"于先生很奇怪，反问："你怎么知道我姓于？"服务生说："我们酒店规定，晚上要背熟所有客人的姓名。"于先生大吃一惊，因为他频繁往返于世界各地，入住过无数高级酒店，但这种情况还是第一次碰到。于先生高兴地乘电梯下到餐厅所在的楼层，刚刚走出电梯门，餐厅的服务生就说："于先生，里面请！"于先生更加疑惑，因为服务生并没有看到他的房卡，就问："你知道我姓于？"服务生答："上面的电话刚刚下来，说您已经下楼了。"如此高的效率让于先生再次大吃一惊。于先生刚走进餐厅，服务小姐微笑着问："于先生还要老位子吗？"于先生的惊讶再次升级，心想"尽管我不是第一次在这里吃饭，但最近的一次也有1年多了，难道这里的服务小姐记忆力那么好？"看到于先生惊讶的目光，服务小姐主动解释说："我刚刚查过电脑记录，您在去年的6月8日在靠近第二个窗口的位子上用过早餐。"于先生听后兴奋地说："老位子！老位子！"小姐接着问："老菜单？一个三明治，一杯咖啡，一个鸡蛋？"现在于先生已经不再惊讶了，"老菜单，就要老菜单！"于先生已经兴奋到了极点。上餐时餐厅赠送了于先生一碟小菜，由于这种小菜于先生是第一次看到，就问："这是什么？"服务生后退两步说："这是我们特有的某某小菜。"服务生为什么要先后退两步呢，他是怕自己说话时口水不小心落在客人的食品上，这种细致的服务不要说在一般的酒店，就是美国最好的酒店里于先生都没有见过。这一次早餐给于先生留下了终生难忘的印象。

后来，由于业务调整，于先生有3年的时间没有再到泰国去，在于先生生日的时候突然收到了一封东方酒店发来的生日贺卡，里面还附了一封短信，内容是：亲爱的于先生，您已经有3年没有来过我们这里了，我们全体人员都非常想念您，希望能再次见到您。今天是您的生日，祝您生日愉快！于先生当时激动得热泪盈眶，发誓如果再去泰国，绝对不会到任何其他的酒店，一定要住在东方酒店，而且要说服所有的朋友也像他一样选择东方酒店。

案例分析：东方酒店非常重视培养忠实的客户，并且建立了一套完善的客户关系管理体系，客户入住后可以得到无微不至的人性化服务，迄今为止，世界各国约20万人曾经入住过那里。用酒店的话说，只要每年有1/10的老顾客光顾酒店就会永远客满。这就是东方酒店成功的秘诀。

一、影响旅游业顾客忠诚度的因素

服务产品在形式、生产、销售等方面有别于有形产品，具有不可感知性、不可分离性、差异性和不可存储性。由于服务产品的特殊性，服务业顾客忠诚度会受到多种因素的影响，其中服务质量、顾客满意、转移成本以及顾客感知价值是影响顾客忠诚的重要因素，并且各个因素之间互相影响。

（一）服务质量

服务质量同顾客忠诚存在正相关关系，而服务质量同顾客的感受有很大关系，是一个主观范畴，它取决于顾客对服务的期望质量同其实际感受的服务水平或体验质量的对比。在顾客体验质量等于或超过预期质量时，顾客就比较满意，从而认为服务质量较高；反之，则会认为企业的服务质量较低而不满意。顾客感知的服务质量又包括技术质量和职能质量两个方面，技术质量是指服务过程的产出，即顾客从服务过程中所得到的东西，对此，顾客容易感知和评价。职能质量是指服务的生产过程，即顾客同服务人员接触的过程，服务人员的行为、态度、衣着等都直接影响顾客的感知。

（二）顾客满意

满意的顾客并不一定忠诚于企业，是否忠诚于企业取决于顾客满意的程度，若顾客通过自身感知价值和预期价值的比较，对产品产生高度满意，超出预期产生的愉悦，并多次重复购买，就会出现忠诚，而一般的满意程度并不会产生忠诚。一般来讲，预期价值高的顾客不容易产生惊喜而达到忠诚，而预期价值较低的顾客就相对容易达到满意出现忠诚。美国贝恩公司的调查显示：在声称对产品和企业满意甚至十分满意的顾客中，有 65%~85% 的顾客会转向其他产品，只有 30%~40% 的顾客会再次购买相同的产品或相同产品的同一型号。哈佛大学商学院的研究成果也证实，“满意等级和忠诚之间不是线性的相关关系”。

然而，顾客满意和顾客忠诚又是紧密联系的，顾客满意是顾客忠诚的前提，如果顾客对某一产品和服务满意，他们会将消费感受通过口碑传播给其他的顾客并有可能产生重复购买行为，没有顾客满意就不可能有顾客忠诚，顾客满意是对企业最低层次的要求，顾客忠诚是顾客满意的深层次反映。

（三）顾客感知价值

顾客感知价值是指顾客感知利得与感知利失之间的权衡。美国学者特雷西（Treacy）和威尔斯玛（Wiersema）进一步将顾客价值描述为：顾客所得到的收益之和（包括产品价值、服务价值、人员价值和形象价值）减去其在获取产品和服务时所付出的成本（包括货币成本、时间减本、体力成本和精神成本）之和，其差额越多，顾客价值就越大。对于旅游企业而言，顾客感知利得包括功能价值（服务质量）、品牌价值、社会价值、情感价值等；而感知利失包括货币成本和时间、精力、心理、机会等非货币成本。顾客感知价值实质是顾客对于企业提供的服务进行价值判断和效用评价的感知过程。顾客根据消费过程中的感知来修正自己的期望价值，从而决定此次消费的满意度和将来的重复购买行为，即将来对企业忠诚与否。因此，服务企业让渡给顾客的价值的大小将对顾客忠诚的产生和形成起着极其重要的决定作用，企业只有提供超过竞争对手的优异价值，才能培养顾客的忠诚度。

（四）转移成本

转移成本是指因转换购买而要面临的障碍或增加的成本，是客户为更换产品或服务的供应商所需付出的各种代价的总和，它不仅包括货币成本，还包括由不确定性所引发的心理成本和时间成本。

转移成本的加大有利于客户忠诚的建立和维系。由于旅游产品的特性，顾客可能需要花费一定的时间、金钱、精力对某一酒店品牌产生信任感，这将成为客户的转移成本，一旦转移，不得不重新花费时间、精力寻找另外的可值得信赖的酒店品牌，这样客户在更换品牌时就会慎重考虑，不会轻易背叛，而会尽可能地忠诚。采取累计优惠等方法，也可以提高客户的转移成本，使客户从主观上尽量避免流失。例如机票的贵宾卡、酒店的积分卡、快餐店的组合玩具等，客户一旦发生转移，就将损失里程奖励、价格折扣、集齐玩具等利益，这样可以将客户“套牢”，使其尽可能的忠诚。

二、旅游业顾客忠诚的培养

针对服务业的特点和影响服务业顾客忠诚度的因素，企业在培养顾客忠诚时应着重从以下几方面努力：

（一）管理顾客期望，保证服务质量

顾客期望在顾客对服务的认知中起着关键性的作用。顾客正是将预期质量与体验质量进行比较，来对服务质量进行评估，期望与体验是否一致已成为服务质量和顾客满意度评估的定性因素。因此，企业必须对顾客期望进行有效的管理。

1. 保证实现承诺

由于服务是无形的，所以服务企业经常通过承诺使服务变得有形。服务承诺应包括两个层面：一是向顾客公开产品、技术及服务标准；二是向客户公开利益性承诺，包括产品质量、服务质量等问题导致客户利益受损而予以赔付的公开约定。承诺可以降低客户的购买风险，使客户放心。企业的承诺要能够反映企业真实服务水平和保证兑现。过分的承诺会使顾客形成高的预期，若承诺不能很好地兑现，会招致顾客的埋怨，超出顾客的容忍度时就会失去顾客。如一家酒店向顾客承诺：“若在 1 分钟之内不能结束一位顾客的入住办理，我们赔偿您损失”，在业务高峰时，顾客会因排队等候时间长而有被欺骗之感。承诺的实现性是衡量企业顾客服务水平的指标，它关系到企业的信誉和形象，企业必须不惜代价严格执行。

2. 提供可靠服务

可靠性要求避免服务过程中的失误，是顾客对服务质量进行评估的一项重要指标。

提高服务可靠性能带来较高的顾客保持率，提高顾客满意度的口碑，创建和维护企业声誉，还可以合理限制顾客期望。

3. 坚持与顾客沟通

经常与顾客进行沟通，了解顾客的期望，对所提供服务加以解释或努力满足顾客个性化的要求，是一种管理期望的有效方式，同时也向顾客传达企业合作、真诚的愿望。与顾客进行有效的沟通，有助于在服务发生问题时减少或避免顾客的挫折感，从而使顾客树立对企业的信任，提高顾客的忠诚度。

（二）超越顾客期望，提高顾客满意度

超越顾客期望，是企业通过提供超过顾客预期的、更完美的、更关心顾客的服务，使顾客得到意想不到的利益而感到惊喜，对企业产生一种情感上的满意，进而形成企业忠诚顾客群。

1. 提高服务的附加价值

让顾客获得的总价值远远超过所付出的总成本，是超越顾客期望、提高顾客满意度的最佳手段。许多企业已不仅仅把目光停留在基本服务项目上，而是从服务的附加值上寻求突破口。与制造业相比，旅游业提高产品附加值的方法更具特色，更容易形成差别化竞争优势，如在海底捞等位时可享受免费美甲服务；迪士尼乐园在园区内提供婴儿车供带小孩的游客使用。尤其要多向客户提供一些竞争对手所没有的特色服务、个性化服务，这些需求的持续满足将大大提高顾客的忠诚度。

2. 加强服务补救

追求完美服务是优质服务的特征，也是企业维持客户的重要手段，但服务过程中出现失误是难免的，处理不力，将会失信于客户。因此在第一次服务出现失误时，一流服务的补救尤为重要。服务补救是一个超出顾客期望的绝好机会，也为企业提供了重新赢得顾客信任的机会。对待失误，企业要在最短的时间内，及时补救，向顾客提供比平时更高水平的优质服务，顾客也会比往常更加注意服务的传递过程和结果。有效的进行服务补救，会使顾客顺心惬意，并为企业精心组织的服务超出期望而感到惊喜，从而留住该顾客，并且通过该顾客获得其他顾客的好感和信任。

（三）提升品牌形象，培养品牌忠诚度

服务品牌往往不是代表某项单一的服务产品，而是代表整个企业的形象，一个出色的服务品牌，能展示服务质量和价值、客户获得的利益，体现企业文化和个性，能深植于顾客的内心和思想中，得到顾客的认同，最终赢得顾客忠诚。提升品牌形象可以从企业和产品两个层面展开。

1. 通过塑造企业品牌来提升产品形象

消费者在购买服务产品前，对服务本身缺乏直观的感受，无法进行客观的评价。所以消费者在购买时，不仅关心服务的具体内容，而且十分看重提供服务的企业，企业

的实力、形象、口碑等往往成为直接影响消费者购买决策和购买后评价的重要依据，为此，企业必须通过塑造优秀的企业品牌来提升产品的品牌形象。

2. 注重消费者对企业品牌的体验

消费者体验对企业品牌的形成有着关键性的作用，企业以体验作为切入点，可以从多种途径提升品牌价值。“体验是企业和顾客交流的感官刺激、信息和情感的要点的集合”，这些交流发生在服务的消费过程中、售后服务跟进中、在用户的社会交往及以后的活动中，也就是说，体验存在于企业与顾客接触的所有时刻。企业可以通过规范每一次交流，创造出全面激发顾客兴趣的体验，引起顾客心理上的共鸣，从而提升企业在消费者心目中的形象。

（四）提高客户的转移成本

1. 加强与客户的结构性联系

企业要不断让客户有这样的感觉：只有购买我们的产品，才会获得额外的价值，而其他企业是办不到的。如果能够做到这一点，就可以增加客户对企业的依赖性，从而坚定客户对企业的忠诚。

2. 提高客户服务的独特性与不可替代性

个性化的服务是客户关系发展到一定程度时客户的必然要求，企业如果能够为客户提供独特的、个性化的、不可替代的产品或服务，就能够达到提高转移成本，增进客户忠诚的目的。为此，企业必须不断创新、不断提供竞争对手难以模仿的个性化产品或服务。

（五）建立客户组织，稳定客户队伍

企业运用某种形式将分散的客户组织起来，建立客户组织，如会员制或客户俱乐部制，并向客户提供价格或非价格的刺激，从而将一系列相对独立的与客户的交易转变为具有密切联系的交易，使企业与客户进入长期稳定的关系。

建立客户组织可使企业与客户的关系更加正式化、稳固化，使客户感到自己最有价值，感到自己最受欢迎和重视，从而使会员自觉产生参与感和归属感，有利于企业与客户建立超出交易关系之外的情感关系。

客户组织还使企业与客户之间由短期联系变成长期联系，由松散联系变成紧密联系，由偶然联系变成必然联系，从而保持现有客户和培养忠诚客户，确保企业有一个基本的忠诚客户群。因此，建立客户组织是巩固和扩大市场占有率、稳定客户队伍的一种行之有效的办法，有利于建立长期稳定的主顾关系。

【延伸阅读】

乐购超市公司赢得顾客忠诚度

乐购超市公司是英国最大的食品超市公司之一，其在赢得顾客忠诚方面有以下三个方面的举措：

1. 建立顾客数据库

乐购推出“俱乐部卡”，通过客户在付款时出示“俱乐部卡”，掌握了大量翔实的客户购买习惯数据，了解了每个客户每次采购的总量，主要偏爱哪类产品、产品使用的频率等。通过了解持卡人的爱好、消费习惯和购买行为，乐购会向他们馈赠喜爱商品的优惠券，这是一个双向互动的过程。

2. 成立利基俱乐部

乐购将客户划分成十多个不同的“利基俱乐部”，如单身男人的“足球俱乐部”、年轻母亲的“妈妈俱乐部”等。“俱乐部卡”的营销人员为这十几个分类俱乐部制作了不同版本的“俱乐部卡杂志”，刊登最吸引他们的促销信息和其他一些所关注的话题。一些本地的乐购连锁店甚至还在当地为不同俱乐部的成员组织了各种活动。

3. 提供个性化服务

例如，乐购为女性购物者和对健康很在意的消费者，特别推出了“瘦身购物车”。这种推车装有设定阻力的装置，使用者可自主决定推车时的吃力程度。推车购物过程中，客户的手臂、腿部和腹部肌肉都会得到锻炼，相当于进行一定时间的慢跑或游泳而得到的锻炼。手推车上还装有仪器，可测量使用者的脉搏、推车速度与时间，并显示出推车者消耗的热量。乐购发言人称，这种“瘦身购物车”造价是普通推车的 7 倍，但受到了目标群体的热烈欢迎。

【实践活动】

机智的化妆品公司老板

日本的一家化妆品公司设在人口百万的大都市里，而这座城市每年的高中毕业生相当多，该公司的老板灵机一动，想出了一个好点子。

这座城市每年都有大批女学生毕业，她们脱掉学生制服，开始学习修饰和装扮自己。这家公司的老板了解到这个情况后，每一年都为女学生们举办一次服装表演会，聘请知名度较高的明星或模特现身说法，教她们一些美容技巧。在招待她们欣赏、学习的同时，老板自己也利用这一机会宣传自己的产品，表演会结束后她还不失时机地向女学生们赠送一份精美的礼物。

这些应邀参加的少女，除了可以观赏到精彩的服装表演，还可以学到不少美容的知识，又能得到礼物，因此许多人都对这家化妆品公司颇有好感。

她们事先都收到公司寄来的请柬，这请柬也设计得相当精巧有趣，令人一看就目眩神迷，哪有不去的道理？因此大部分人都会寄回报名单，公司根据这些报名单准备一切事务。据说每年参加的人数，约占全市女性应届毕业生的 90% 以上。

在她们所得的纪念品中，附有一张申请表，上面写着：如果您愿意成为本公司产品的使用者，请填好申请表，亲自交回本公司的服务台，你就可以享受到公司的许多优待。其中包括各种表演会和联欢会，以及购买产品时的优惠价等。大部分女学生都会响应这个活动，纷纷填表交回，该公司就把这些申请表一一加以登记装订，以便事后联系或提供服务。事实上，她们在交回申请表时，或多或少都会买些化妆品回去。如此一来，对该公司而言，真是一举多得，不仅吸收了新顾客，也实现了把顾客忠诚化的目的。

结合以上案例谈谈如何培养顾客的忠诚度。

第十一章

旅游企业的竞争策略与服务创新

导言

市场经济条件下，服务行业竞争日趋激烈，竞争环境具有一定的特殊性，进入门槛相对较低：服务创新缺乏专利保护，在大多数情况下，服务业的资本进入门槛低，新的竞争对手比较容易进入。难以形成经济规模：许多服务都分散在不同地点，为某一特定区域提供服务，通过共享采购和广告很难形成规模经济。服务需求无规则性：很多服务需求在每天的不同时间都不同，而且几乎是随机的，规律性差。如何在这种竞争环境下保持优势，赢得客户，留住客户，最终取得高于行业平均水平的收益，是本章要讨论的主要内容。

【学习目标】

1. 知识目标：通过本章学习，理解并掌握服务竞争、服务创新等核心概念、内容及其特征，了解一般竞争策略、服务竞争策略的内容，学习认识服务创新在旅游业中的应用。

2. 能力目标：在理论基础和案例学习的基础上，自主分析现实旅游发展中的服务竞争与服务创新应用。

3. 技能目标：结合本章知识点，对本书案例进行分析与讨论。

【导入案例】

“只有你想不到，没有我做不到”

在火锅品牌百家争鸣的今天，海底捞一直保持着最高的知名度和最佳口碑。探究其成功的秘诀，超出顾客想象力的完美服务成为关键所在。

走进任何一家海底捞，在等候区，顾客都能免费使用棋牌和儿童乐园，享受擦鞋、美甲等服务；在就餐区，每桌一位的专职服务人员会及时为顾客递上手机套，为长发女士提供橡皮筋，为戴眼镜的顾客提供眼镜布；在洗手间，会有专职服务人员为顾客开水龙头、摁洗手液、递毛巾、提供美发美容护肤品等。也许你只是打了一个喷嚏，海底捞就会为你送上特制姜汤；也许你只是象征性地问问有没有冰激凌，海底捞就能为你去买可爱多；也许你只是想给宝宝找个座椅，海底捞就能为你送来婴儿摇床。

秉承"服务至上，顾客至上"的服务理念，海底捞始终"比别人多做一点点"。想顾客之所想，想顾客之未想，做顾客之所想，做顾客之未想。海底捞用它完美的服务态度诠释着什么是"只有你想不到，没有我做不到"的服务，并凭此异军突起，成为中国火锅界的领军人物。

【案例分析】在服务行业，"火"一时容易，想要当常胜将军却并不简单。只有不断完善服务内容，提高服务水平，善用服务竞争策略，坚持服务创新才能成为行业真正的佼佼者。

第一节　服务竞争的内涵

一、服务竞争的概念

当今社会，我国已经形成了买方市场特征，即市场产品供给过剩，供过于求，顾客掌握市场交易的主动权。

同时，经济全球一体化与服务经济时代的到来，使企业间的竞争重点逐渐转移到新的战场——服务顾客。新市场环境正鞭策着国内各企业从更高层次上研究顾客的消费心理和行为，满足顾客逐渐升级的消费需求，以提高市场占有率。这种全新的竞争形式就是服务竞争。

服务竞争是指各个竞争主体，通过为消费者提供各式各样的服务来争夺市场、提高企业的商品销售率和利润率，使企业持续发展并获取经济、社会效益的手段。其核心是满足顾客需求，提高顾客对产品的满意度而进行市场竞争。

二、服务竞争的内容

（一）服务内容竞争

服务内容是指为消费对象提供哪些服务以及级别和标准，是服务竞争的基础。服务内容包括生产性服务和消费性服务。

1. 生产性服务

生产性服务是市场化的非终端消费服务，是作为产品或服务生产的中间环节的服务，是面向生产的服务，具有专业化程度高、知识密集的特点。典型的生产性服务包括以法律、会计、管理咨询、工程、测量为代表的专业服务，以电信、电影、广告与市场研究、信息技术服务等为代表的信息和中介服务，以银行、保安、保险、风险投资、债务市场、基金管理为代表的金融保险服务，以会展、进出口贸易、航空运输、海上运输、快递等为代表的贸易相关服务。

2. 消费性服务

消费性服务是人类劳动提供的，用以满足人们物质和文化生活消费需要的有用活动。消费性服务包括为了人们有效地消费物质资料而提供的服务，或作为人们消费的直接对象的消费性服务。

（二）服务态度竞争

服务态度是指服务者为被服务者服务过程中，在言行举止方面所表现出来的一种神态。它是顾客获得精神需求满足、感知服务质量的关键内容。良好的服务态度主要表现在以下几个方面：

1. 认真负责

即急顾客之所需，想顾客之所求，认认真真地为顾客办好每一件事，事事给顾客一个圆满的结果或答复；即使顾客提出的服务要求不属于自己岗位的服务，也主动与有关部门联系，切实解决顾客的疑难问题，把解决顾客之需当作工作中最重要的事，按顾客要求认真办好。

2. 积极主动

即“自找麻烦”，自觉把服务工作做在顾客提出要求之前，做到处处主动，事事深思熟虑，方方面面为顾客提供方便。

3. 热情耐心

即待客人如亲人，面带笑容，态度和蔼，语言亲切，热情诚恳。不管服务工作多繁忙，压力多大，都保持不急躁、不厌烦，镇定自如地对待顾客。顾客有意见，虚心听取；顾客有情绪，尽量解释，绝不与顾客争吵，发生矛盾要严于律己，恭敬谦让。

4. 细致周到

即善于观察和分析顾客的心理特点，懂得从顾客的神情、举止发现顾客的需要，正确把握服务的时机，服务于顾客开口之前，效果超乎顾客的期望之上，力求服务工作完善妥当，体贴入微，面面俱到。

5. 文明礼貌

即衣冠整洁，要有较高的文化修养，语言健康，谈吐文雅，举止端庄，待人接物不卑不亢，尊重不同国家、不同民族的风俗习惯、宗教信仰和忌讳。“细节决定成败，态度决定一切”，良好的服务态度不仅可以赢得顾客的满意和信任，更能为企业创造良好的口碑效应，获得在竞争中的优势。

（三）服务方式竞争

服务方式是指为顾客提供服务的形式、劳务工具和手段等的统称。服务方式可分为若干类型：

1. 按服务时间划分

服务方式可分为长、中、短期服务。长期服务方式是指从消费者购买本企业商品开始，直到该商品使用价值消失为止的全过程都将为购买者提供服务，也叫终身服务。中期服务则是一个相当长的服务时间，如该商品平均寿命为六年，要为其服务三四年称为中期服务。短期服务则是指时间较中期服务更短的服务。

2. 按服务手段划分

服务方式可分为手工服务、普通服务和现代化服务。手工服务是一种劳动密集型的服务；普通服务是一种大众型服务或中间型服务方式；而现代化服务是以现代化的先进服务方式、现代化的服务设备、现代化的服务技术，如运用电脑、现代通信技术为消费者提供的服务。

3. 按服务周期划分

服务方式可分为定期服务和非定期服务。定期服务是指以条约方式固定下来的使用本企业商品的顾客，可在规定时间内享受多少次服务；不定期服务则是根据本企业的现有条件来为消费者服务，其服务内容、手段和时间由商品供求双方决定。

4. 按服务次数划分

服务方式可分为一次性服务和经常性服务。一次性服务是指消费者在使用本企业商品的全过程中，只提供一次性服务，其余的服务需另行商定，一般是另附服务条件。经常性服务则是指根据商品状况和用户要求，按条文规定的内容进行服务。

5. 按服务时间划分

服务方式可分为售前、售中、售后服务。

不同产品、不同目标群体具有不同的服务消费需求，只有根据市场的具体情况，选择合适的服务方式并不断修正不恰当的服务方式，才能更好地满足顾客需求，凸显优质服务，获得服务竞争优势。

（四）服务范围竞争

服务范围就是为消费者提供服务的空间广度和深度。服务范围主要取决于服务网络及服务网点多寡。网络布置合理，不但可以提高服务质量，增强竞争能力，而且可以节约成本。

（五）服务价格竞争

服务价格是指提供劳务或以提供劳务为主，所收取的费用，又称劳务收费。它不是单纯出售实物，而是以一定的场所、设备、工具和劳动提供某种服务的收费，是服务价值的体现。在当代社会，价格始终是竞争成败的主要因素之一。商品是“不值一钱”，还是“物美价廉”，抑或是“物超所值”，都直接影响着顾客的购买行为。因此，合理的服务价格也是服务竞争的关键所在。

（六）服务效益竞争

服务效益是指提供服务劳动的投入与产出之比。服务效益竞争是企业整个服务竞争的宗旨和目的，因为没有效益，企业就不可能生存和发展，效益越好的企业发展越快，该企业在激烈的竞争中就会取得服务竞争优势。

综上所述，服务内容竞争、服务态度竞争、服务方式竞争、服务范围及价格的竞争，归结到底就是为了提高服务效益。

三、服务竞争的特征

服务竞争具有顾客导向性、无形性、从属性、差异性、艺术性等特征。

（一）顾客导向性

服务竞争始终以满足消费者需求为先决条件，否则无法达到一种成本适当、准确、高效的服务标准。这要求服务竞争始终以满足顾客需求、增加顾客价值为出发点，注重顾客的消费能力、消费偏好和消费行为。

（二）无形性

服务竞争与商品竞争不同。商品竞争表现为商品的形态、款式、包装、数量、质量以及价格，这些都是有形的物质。而服务质量不是由服务人员的数量、组成结构、服务价格的高低而决定的，其重要影响因素包括服务态度、方式、服务项目等。它们与服务行为同时发生，又同时消亡，是一种无形的行为。各竞争主体只有把握生产力发展水平、市场行情及消费者的需求和心态等一系列无形因素，才能改进服务方式，提高服务技能，不断丰富拓宽服务内容和服务范围，从而在激烈的企业竞争中取胜。

（三）从属性

服务竞争处于从属地位，它必须依附在商品或服务劳动上，不能脱离有形产品独立存在。例如，服务竞争只能为扩大本企业商品销售范围，争夺更多的消费者创造条件，最后通过商品质量改善、款式创新、价格降低等获取竞争优势。一旦客户服务竞争脱离有形产品基础，将成为无的放矢，不能提高整体产品的竞争能力。

（四）差异性

在服务竞争中，竞争的方式、内容和价格，都因商品的品种、规模不同而变化，很难有固定的模式。例如，大型企业与小企业服务的方式、内容是完全不同的，前者可以实行大量广告宣传，可以实行“三包”服务，来吸引顾客，而一些小企业，则不宜如此，在服务方面只能增设服务网点，扩大销售服务人员。一些大型企业，可以采用一些现代化的销售方法，如广播销售法、电脑选购法等。中小型企业就应根据自身条件，采用适合自己条件的办法，如代销法、大小搭配销售法、摊点销售法、示范销售法等。

（五）艺术性

服务竞争本身就具有艺术性。例如，某企业借用实体宣传广告或电视广告来宣传自己的商品，那么广告就要在听觉、形象上具有吸引力，这种吸引力对不同的商品、不同的消费对象是有很大区别的，不能千篇一律、生搬硬套，要有立体感、动态感、时代感、新鲜感，才能吸引消费对象。

第二节　一般竞争策略与服务业竞争策略

一、服务企业一般竞争策略

（一）成本领先策略

成本领先策略要求企业积极地建立起达到有效规模的生产设施，在经验基础上全力以赴降低成本，抓紧成本与管理费用的控制，最大限度地减少研究开发、服务、推销、广告等方面的成本费用，从而使成本低于竞争对手，获得高于产业平均水平的收益。低成本也意味着提高进入壁垒，相对于替代产品增强了竞争优势。

市场上的成本领先者要求具备高效的、有规模的设施，有严格的成本控制和创新技术，从而使低成本优势能够成为竞争的有效手段。低效率、高成本的竞争者将首先在这种竞争中受到损害。实施低成本策略要求大量的资本投入、积极的定价手段、暂时的利润损失以取得市场份额。成本领先策略有时会导致行业的革命，例如麦当劳成功引发了美国快餐业的革命，长虹的降价带来了中国彩电行业的重组，等等。

【同步案例】

西南航空——低成本造就高收益

20世纪90年代，西方经济进入衰退期，美国航空业因此受到极大影响。1991~1992年，美国航空公司的赤字总额累计达80亿美元。曾经盛极一时的TWA、大陆、西北三家航空公司均因经营不善而宣告破产。但一家名叫西南航空公司的小企业却在一片萧条气氛中异军突起，并在1992年取得了营业收入增长25%的令人难以置信的佳绩。

西南航空的成功正是得益于其成本领先战略。为了维持运营的低成本，西南航空公司采取了多方面的措施，包括：在机型上，该公司全部采用节省燃油的737型；公司在人员培训、维修保养、零部件购买上均只执行一个标准，大大节省了培训费、维护费；航班上只为顾客提供花生和饮料而不提供餐饮服务；使用塑料、可反复使用的登机卡等。

为了降低成本，西南航空在服务和飞机舒适性上做了些牺牲。但是，只要质量、安全、服务不是太差，顾客是欢迎低价格的。短航线、低成本的西南航空迅速在民航企业中脱颖而出，抢占市场，成为真正的市场大赢家。

案例分析：低成本、短航线。保持成本水平的领先地位能使企业在价格相仿的条件下享有行业平均水平以上的利润，从而使企业在同行业竞争中处于有利地位。

（二）差异化策略

差异化策略是指企业提供的产品或服务在全产业范围中具有独特性。实现差异化战略有很多种方式，如在设计或品牌形象、技术特点、外观特点、客户服务、经销网络等方面具有独特性。但是采用差异化策略不能忽视成本，差异化是在可接受成本基础上的独特化，而且其关键是要创建顾客的忠诚度。

随着经济的高速发展，商品种类越来越多，同质化问题越来越严重，“进一店而知千店”的现象屡见不鲜。此时，差异化策略使企业所经营的产品或服务有与众不同的特色，在竞争中处于有利地位。同时，由于博得了一部分用户的信任，同行业的现有企业、新进入者和替代产品都很难在这个特定领域内与之相抗衡。

【同步案例】

独一无二的送货服务

李先生全家去某家具城采购家具，可能是他们穿着太随意了，显得没有实力，连续逛了两家店，都备受冷遇。他们很是郁闷，抱着试试看的心理进了第三家店。

这次李先生的问题是一模一样的，老板并没有直接带他们去看家具，而是请全家坐下来，泡了咖啡，详细询问了需求，并马上准备了资料，然后带他们去看了样品。虽然价格略高，李先生还是毫不犹豫地交了定金。双方约定第二天送货。

第二天一大早，老板就来电确认主人是否在家，送货车在约定的时间准时到达。确认家具全部在二层使用后，工人取出了一大捆厚地毯，并一直铺到二楼，同时在一楼客厅放了一块特制的厚布，然后把家具放在厚布上包裹好运到二层。他们还带了吸尘器和水桶，确认把家具怎么摆放后，用吸尘器和抹布把地面整理干净后把家具放好，再把所有杂物全部带走。屋里整洁一新，一尘不染，就好像工人从来没有出现过一样。小女儿放学回家后，高兴得又蹦又跳，突然大叫："妈妈，这有花！"他们进去一看，是一盆鲜花，藏着一张小卡片，上面写着：愿这张床的主人，每天都有好梦。

案例分析：商品与服务是企业取得竞争优势的法宝。只有既给客户创造价值，又给客户带来满意、专业、与众不同的服务感受，才能实现利益的最大化，这就是所谓的得人心者才能得天下。

（三）专一化策略

专一化策略是主攻某个特殊的顾客群、某产品线的一个细分区段或某一地区市场。其建立在这样一种假设之上：服务于一个较窄的目标市场的企业比致力于服务较宽市场的企业能更有效和有效率。采取专一化策略的公司，其业务的专一化能够以更高的效率、更好的效果为某一狭窄的战略对象服务，从而超过在较广阔范围内竞争的对手们。

实施专一化策略首先需要对市场进行细分，要确认具有共同特点、需求、购买行为和消费模式的一组顾客。有效的市场细分能够把顾客按照某种相关的准则加以划分，这些准则可以是地理性的、心理性的、人口学性的或其他任何性质的。在此基础上，再设计核心服务和绩效的目标值。不同于前两种竞争策略，专一化策略把力量集中于为某些特定的用户服务，或重点经营产品品种中的特定部分或市场中的特定层面，是寻求对特定对象的良好服务，它可以是低成本的，也可以是具有某种特色的，或两者兼有。

（四）三种策略之间的关系

以上讨论了三种一般性竞争策略，并且假定一家企业只采用一种策略。但在实际运用中，许多企业同时采用三种策略。需要注意的是，无论是出于竞争的需要，还是为了迅速增长，多种策略同时并用容易导致市场不集中或失控。

欧洲的一些大银行曾采用多种策略，在300多个分支机构提供285种不同的服务，在不同的层次上都存在一定的复杂度。但是，要理解所有的服务对工作人员来讲是很困难的，事实上许多工作人员都只能掌握这些服务中的一部分。对顾客而言，要了解所有这些服务也是困难的，因为银行提供从支票到复杂的财务咨询，从外汇买卖到遗嘱准备等多种服务，而且这些服务在每一个网点或分行都提供，每一种服务都有一个对顾客的顾客指南和对工作人员的操作说明，工作人员只是根据操作说明机械地提供服务，而不管对方是大企业、小企业还是个人。银行有一种成为官僚机构的倾向，银行提供的服务随着目标市场变宽而逐渐恶化，当银行不能把它的市场细分得很清楚时，问题就变得更为严重。

采用多种策略的另一个典型例子是宾馆。宾馆同时为多种顾客提供服务，这些顾客包括经常性的商务客人、旅游团客人、会议或研讨班客人、大型酒会客人、只吃饭的客人和只在酒吧消费的客人。他们往来的频度和寻求的收益不同，需要服务的复杂程度和市场组合也不同。因此，对宾馆而言，对不同顾客的服务变得复杂起来，价格也很复杂，要想对所有的顾客有吸引力而同时又不损害宾馆的整体形象是很困难的。同时，保证服务质量也很困难，每一类顾客都有不同的要求和期望，而宾馆提供服务的可变性非常有限。尽管经常性客人与会议团体客人的要求不一样，但他们得到的服务可能是一样的。

由此可见，企业有必要随着业务规模的扩大、随着市场环境的变化重新进行市场定位，以突出竞争特色。例如，欧洲的一些银行开始倾向于专业化，按支行网络分解。传统地按地理划分的运营单位，正在改为按市场细分运营。有些银行明确和简化了市场定位，如出现了富人银行、小企业银行、大企业银行、跨国企业银行等。同时，银行的服务内容也进行了重新调整，新建的现金商店（银行）提供现金、结算服务，抵押银行向顾客提供专家咨询，等等。为了保证质量，降低维持质量的复杂性，一些银行从地理区域上进行了收缩。这些措施便于吸引众多的特定顾客，减少大量的共用成本和支出。

二、影响服务竞争策略制定的因素

（一）竞争环境

竞争环境是指服务企业运营中提供市场机会或构成威胁的各种社会、经济力量的集合，它们对企业选择服务竞争策略产生重要影响。竞争环境一般分为宏观环境和行业环境。

1. 宏观环境

宏观环境由政治环境、经济环境、法律环境、科技环境、社会文化环境和自然环境构成，是企业开展经营活动赖以存在的基础。宏观环境对企业竞争的影响主要有：通过政治的或经济的手段调控企业的经营方向；通过法律手段规范企业的经营活动，促进企业间公平合理的竞争，保护企业和消费者的合法权益；制定科技政策，引导企业进行技术创新，开发新产品、新工艺，不断增强科技实力；社会结构、社会风俗习惯和社会文化传统决定了消费者的购买行为，进而形成不同的市场机会，企业必须与之相适应才能赢得市场竞争的主动权；企业所处地区的自然环境、气候条件、资源条件也对企业的市场活动产生重要影响。

2. 行业环境

行业环境是企业从事生产经营活动的最直接的环境，它由众多生产相同产品或相近替代产品的企业组成。虽然宏观环境对企业竞争具有一定的影响，但是对企业竞争最直接、最关键的影响是行业环境，因此一般将行业环境作为竞争环境分析的重点。迈克尔·波特认为一个行业内部的竞争环境由五种竞争作用力构成，如图 11–1 所示。

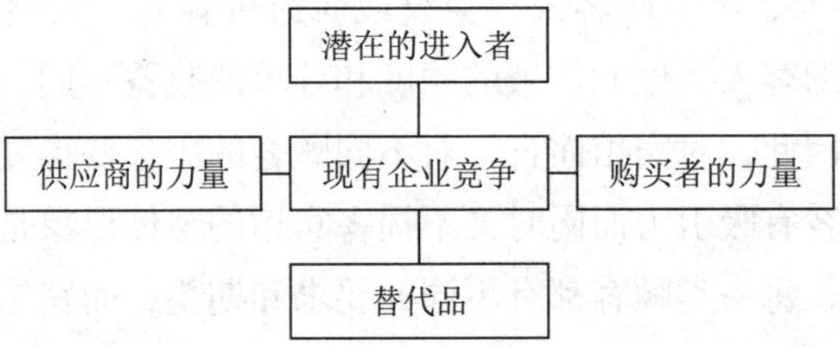

图 11–1　五种竞争作用力框架

企业受到来自行业内部其他企业（竞争对手）竞争的影响，反映同类企业之间的竞争态势。除行业内部企业间竞争外，企业还受到来自供应商和顾客的影响，同时潜在的进入者和替代产品等也都对企业的竞争力产生作用，构成了进入威胁、替代威胁、买方议价能力、供方议价能力、现实竞争对手的竞争等方面的竞争作用力。这五种作用力共同决定行业竞争的强度以及行业的利润率，决定一个企业所处的竞争地位。一个企业竞争策略的目标在于使公司在产业内部处在最佳的定位，保持自己的竞争优势，抵御五种竞争作用力。策略管理的重点就是在分析企业竞争力来源的基础上有针对性地作出战略选择。

（二）服务能力

服务能力大小在很大程度上决定着竞争策略选择的形式。例如，企业的竞争能力强，我们就应该选择现代化的服务竞争形式，服务人员数量要多、人员素质要高，服务工具和设施要先进，服务网点多、密度要大。

（三）商品竞争策略

服务竞争策略是为商品竞争策略服务的，因此有什么样的商品竞争策略就应该有什么样的服务竞争策略。例如，某公司的商品主要靠“价廉物美”策略取胜，该公司为消费者提供的服务价格一定是低廉的乃至于无偿的，否则就会葬送该公司的商品竞争策略。该公司的商品价格是低廉的，单位商品的利润率一定是很小的。生产单位服务竞争的直接目的是为购买或消费本企业的商品的单位或消费者服务，从扩大商品的使用范围，强化消费者对本公司商品的依赖程度，为提高本公司生产的商品的竞争力创造条件。

（四）消费者心态

商品除了满足消费者的生活需要，还要满足消费者心理上的需要。将适当的消费品，以适当的方式，在适当的时间、地点送到消费者手中，才能使消费者完全称心如意。作为一个生产企业，既要考虑到生产出来的商品竞争服务，又要考虑到消费者在使用过程中的各种服务，解决消费者购买该商品的后顾之忧。

顾客在选择一家企业提供的服务时，往往会考虑一些服务的竞争性条件，如图11–2所示。

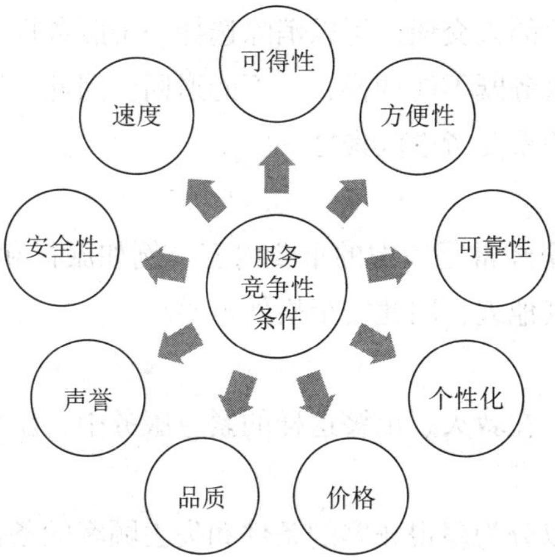

图 11–2　服务的竞争性条件

1. 可得性

服务的可得性包括顾客是否能够获得服务，如何得到这种服务等。例如，银行采用ATM以及语音、网络交易服务后，顾客可以在传统的银行营业时间之外得到银行服务，大大增强了服务的可得性。

2. 方便性

服务的方便性往往与服务的地点紧密相关，距离消费者更近的服务地点更具备方便性。例如，加油站、速食店、超市等往往选择繁华地段作为服务地点，以增强服务的方便性。

3. 可靠性

服务的可靠性是建立顾客信任感的基础。例如，支付宝钱包、滴滴打车等移动终端软件，其安全性是否能够得到很好的保障是消费者在选择其服务过程中考虑的最核心的因素。

4. 个性化

服务的个性化是指顾客是否被当作特殊个体来对待。例如，如果酒店工作人员能够准确地称呼熟客的姓名，就能使顾客感受到个性化的对待。提高个性化服务对培养顾客忠诚具有重要意义。

5. 价格

在服务行业，价格与成本往往与服务品质紧密相关。因此，价格是顾客选择服务时考虑的因素之一，但不是决定性因素。

6. 品质

服务品质是顾客预期与其感受到的服务之间差异的函数，不像产品的品质，服务品质受到服务过程和服务结果的双重影响。

7. 声誉

消费者通过与有经验的人交谈，可以消除选择一个服务提供商的不确定性。如果受到一次很差的服务，该服务既不能调换，也不能退回。因此，服务业者的声誉是消费者决定是否购买某项服务的重要考虑因素之一。

8. 安全性

在许多服务中，安全经常是考虑的重要内容。例如旅行和医疗，在这样的服务中，客户将自己的生命交给其他人，因此安全格外重要。

9. 速度

服务等待时间多长？在救火、出警这样的紧急服务中，反应时间往往是衡量服务绩效的主要标准。

上列的九个条件可以分为赢得顾客的条件和失去顾客的条件。只有准确把握消费者的心理，才能对症下药，选择最合适的服务竞争策略。

三、服务业竞争策略的选择

（一）廉价制胜策略

所谓廉价制胜策略就是在同质同量的情况下价格较其他的商品（服务）稍低一些。到目前为止，价格仍然是购物欲望的决定因素之一。服务价格低廉，对提高服务竞争能力具有决定性作用。因此，服务企业及其劳动者应该努力研究经营管理技巧，大力降低成本和节约开支，利用薄利多销的原理，实现消费者和服务者双赢。

1. 寻找低成本客户

有些客户的经营成本低，可以成为服务提供者的目标客户。例如，近年来，许多旅行社、社会团体将目标市场瞄准旅游动机强烈且闲暇时间较多的大学生。作为旅游市场的一个特殊细分市场，大学生旅游市场具有较明显的消费群体特征雷同的特点。例如，大学生注重价格，讲究经济；对旅游目的地的选择多以短期、邻近地区、自然风景类为主等，这使企业在开发的过程中易于降低开发成本。选择大学生作为目标客户就是寻找低成本客户的典型。

2. 服务标准化

通过对服务标准的制订和实施，以及对标准化原则和方法的运用，以达到服务质量目标化、服务方法规范化、服务过程程序化，从而获得优质服务的过程，称为服务标准化。

采用标准化的产品和服务，可以使频繁流动的顾客，无论在什么地方都可以买到相同的产品，提高了顾客对产品和服务的满意度，增加了顾客的忠诚度。同时，产品和服务的标准化使企业实现了规模经济，大大降低了生产过程中的成本，增加了盈利。

【同步案例】

麦当劳——服务标准化创造奇迹

麦当劳代表着一种美国式的生活方式，在其发展过程中，有其独特的经营理念——产品制作及服务的标准化、系统化。

在服务提供中，注重关爱顾客。麦当劳所有连锁店的柜台高度都是92厘米，因为不论人高矮，人们在92厘米高的柜台前掏钱感觉最方便。而且柜台必须设在后门入口处，顾客可不经柜台到达餐桌，以免除不购物者的尴尬。

麦当劳的可口可乐均为4℃，因为这个温度可乐味道最为甜美，面包厚度均为17毫米，面包中的气泡均为0.5毫米，那样的面包在口中咀嚼时味道最好、口感最佳。这样，麦当劳无论什么时间、什么地点，提供给顾客的产品都是一样的。

麦当劳秉承标准化的理念，并把标准化做到极致，大大降低其成本的同时使其在顾客中获得了良好的美誉度，由一家默默无闻的快餐店成长为今天的快餐业之王，成为一个奇迹。

案例分析：麦当劳通过标准化的经营理念，建立了产品、服务、制作、时间等的标准化，建立了统一的品牌形象，在全球市场采用相同的管理方式，并迅速地进行复制，大大降低了管理难度。

3. 降低提供服务中的人力成本

这种战略具有高度风险性，但如果这种方式能带来方便的话，也能被客户接受。例如，银行采用ATM机后，可以为客户提供便捷的服务，减少了服务过程中客户与服务人员之间的接触，从而降低了银行的交易成本。

4. 降低渠道成本

服务企业在运营之初，需要建立一个连接服务提供者和顾客的渠道，建立和维护这一通路需要高额成本。联邦快递采用一种独特的方法来降低通路成本。它的渠道不是在任何两个城市之间建立联系，而是设立一个中心城市，采用先进的分拣技术在多个城市与中心城市之间建立联系。这样，如果新引入一个城市，只需要增加一条从该城市到中心城市的线路，而不是在每两个城市之间增加一条线路，顺丰快递公司称这种渠道为“轮轴——轮辐”网络。

5. 服务运营非现场化

许多服务具有现场性特点，如理发和乘客运输只有在客户在场的情况下才能完成。但有些服务，客户不必在场，服务交易就可以完成。例如，航空售票处可以采取电话预订、网络预订机票等服务方式，如此一来就可以扩大经济规模，显著降低成本。

（二）标新立异策略

这里的“标新”是指新颖的、美的、健康的、有益于提高人们欣赏水平和素质的服务方式。“立异”是指区别于传统的、过时的服务方式，是针对不同商品、不同服务对象而设计的形象化，具有巨大吸引力的服务方式。

【同步案例】

Uber 服务为何败走中国?

2016 年，优步中国和滴滴合并一年，人们似乎已经忘却了那场比酷暑更感焦灼的专车大战，优步打车鼻祖 Uber（优步）在中国市场的落幕仓促又令人唏嘘。这也意味着 Uber 终究没有打破“外企本土化不成功”的魔咒。抛开专车市场的价格战、投资人重合等因素，Uber 退出中国也与自身在服务上的原生问题密切相关。

首先是外企都要面对的产品本土化问题。优步没有客服电话，只通过邮件处理投诉问题，使得优步中国一直被用户和司机诟病。在中国，用户已经习惯了随时能拨通客服电话，有人倾听投诉、迅速处理问题。网友 Eidosper 曾抱怨：“优步强调客户不懂产品，其实是优步不懂中国。”

针对中国市场，Uber 也做过一些产品上的创新和调整。如 2015 年 9 月，在中国测试首发顺风车业务优步同行（Uber Commute）。2016 年 4 月上线人脸识别功能，要求车主上传身份信息并进行比对后才能上岗，提升用户安全体验。而相较 Uber 的令人眼花缭乱的科技炫酷，精通中国市场的滴滴在产品设计上更加人性化、更实用。为方便支付，推出免密支付功能；为了保护司机和乘客的隐私安全，将号码加密并推出紧急求助功能；为了满足多种乘车需求推出专车代叫服务等。

从服务后台的技术支持上看，Uber 最核心的工程师技术团队在美国硅谷，解决优步中国的问题需要靠内部系统沟通和频繁地出差。而此时滴滴有已有 5500 个工程师，滴滴除了技术等团队是本土作战外，还获得了多位中资股东的加持，投资方包括阿里巴巴、腾讯、中投、平安创新投资基金、北汽、中国邮政、中信产业基金、中金甲子和招商银行等。

在公司内部的员工服务支持方面，比如员工暂住证问题，优步中国总部不能办理，而分派到各个城市，又不是每个城市都有分公司可以出具单位证明，就变成好像有人在管理、却又解决不了问题，而这一点滴滴则做得要好很多。

服务掣肘、盈利遥遥无期的中国市场成为优步的最大拖累，在经历了两年的苦苦煎熬后，离开中国成为Uber唯一的选择。

案例分析：国际巨头的服务必须立足所在国情实际，进行本土化思考，本地化运营，才能赢得人心，赢得市场！

用如下方法可以使服务企业实现“标新立异”。

1. 无形服务有形化

服务从本质上讲是无形的，但是如果在服务过程中能给顾客留下一些有形的提示物，会使顾客得到更深的感受，也会更快地在顾客心目中树立企业形象。例如，宾馆为顾客提供一些梳洗用具，上面标有宾馆的标志；保险公司将公司的标识写在保险的设备上，既提醒企业按期检修，又让管理者随时了解公司，这都是使无形服务有形化的例子。

2. 标准产品个性化

服务公司可以通过让顾客接触服务而强化对服务的印象，并且几乎不需要花费任何成本。例如，美国汉堡王快餐店提供现场制作的汉堡，顾客可以按照自己的喜好决定汉堡包中的馅料，从而将自己的服务与麦当劳的快餐区别开来。

3. 降低顾客的风险感觉

如果顾客缺乏对所消费服务的知识，将会有一种担心或风险感觉，影响顾客对企业的忠诚度。例如，汽车装饰行业，由于顾客缺乏自信或专门知识，他们更倾向于寻找那些洁净、设施齐备、有信誉的服务提供者，如果这种信任关系能够建立起来，顾客愿意为这种“安心感”额外付费。因此，即使是同样的设备和技术，使顾客感到“安心”的企业更能够赢得竞争。

4. 关注员工培训与激励

投资于员工培训可以提高服务质量，在行业的领先企业中，一般都有知名的员工培训项目，有的还建立了类似大学的培训中心，如安达信公司在依利诺斯建立了安达信学院，麦当劳在芝加哥建立了汉堡大学等。企业还需要在员工薪酬制度、升迁制度和奖励制度上充分注意。卓越的企业都知道，没有满意的员工就没有满意的顾客，而满意的员工带来的竞争优势很难复制和模仿。

（三）留住客户策略

据统计，开发一个新客户的成本是留住一个现有客户的3~5倍。因此，如何留住客户、降低固定成本和经营成本对服务业竞争至关重要。留住顾客可以通过以下方式实现：

1. 频度行销

频度行销包括收集资料组合、交流、认知和回报等过程，以便与客户建立永久的联系。

第一步是搜集企业优良客户的资讯，以确定与企业关系的水准。与企业的关系水准可用客户购买的服务种类来衡量。例如，银行客户可以用在银行办理支票、存款账户、汽车贷款、投资和房屋贷款等业务种类的多少来划分。

第二步是与客户在个人基础上进行沟通，了解客户可能在哪些方面提出问题，以及客户希望企业怎样提供服务以满足其需求。

第三步是在沟通结果的基础上，判断客户的重要性，进而确定应该采取的行动。

2. 关系行销

关系行销的概念可分为总体层次和个体层次。总体层次上，关系行销认为应该注意行销对消费者市场、劳动力市场、供应市场、内部市场和关联市场的影响。个体层次上，关系行销认为行销应该从对单笔交易的关注转向重视与现有客户建立长久的关系。总之，关系行销是一个服务客户、品质和行销的组合概念。它强调留住客户、提高对客户的承诺、提高与客户接触的层次并与客户建立长久关系。

3. 事后行销

事后行销是在提供服务后开展的行销活动，具体的技巧包括识别客户并建立客户资料库、衡量客户的满意程度、在客户回馈的基础上展开持续改善活动、展开对客户回馈做出反应的正式沟通活动和在组织内部营造一个事后行销的文化等。例如，汽车售后服务就是事后行销的做法。

4. 缺陷管理

缺陷管理起源于全面品质管理，是减少服务缺陷留住客户的重要措施。它致力于在客户离开前留住客户的系统工程，包括寻找客户离开的原因、运用这些资讯持续改进服务提供系统、减少未来的缺陷。其具体做法包括：

（1）与企业内部员工充分沟通，使服务人员认识到零缺点不仅对留住客户十分重要，而且有利于改善工作。企业不同阶层的人员都要支持零缺点管理，尤其是高阶层管理者，要言行一致。

（2）营造零缺点文化。企业必须对员工进行关于缺陷管理的培训，包括培训员工学会搜集客户资讯，为员工提供处理资讯的工具，指导、鼓励员工对资讯做出反应。

（3）将激励方式和缺陷率连接。这是最关键的措施，如果企业真想减少缺陷，就应该在报酬结构中有所表现。

（4）考虑提高客户离开的转换成本。例如，银行可以使客户取消账户成为一个收费工作。牙科患者改换一家新医院需要支付医院 X 线片检查等一系列费用。成功提高转换障碍的关键是降低进入标准并提高退出标准。

总之，缺陷管理的关键是使客户的离开可测量和可管理，在客户离开之前留住客户，从客户离开中获得经验与教训，营造零缺点文化，尽可能留住客户。

【同步案例】

“无忧购”让您购物无忧

“无忧购”是“美丽说”推出的直购服务，全部商品均由专业时尚买手挑选，优质好店供货。它在保障货好的同时，向消费者承诺：

七天无理由退货：当您购买了商家出售的商品，在物流签收后的7天内（以签收日的第二天开始计算），若您因主观原因，不愿完成本次交易，且满足退货条件，您可申请退货服务。

退货返5~10元运费：您退货时支付了退货运费，则在退货成功后，“美丽说”会以优惠券的方式发放至您的美丽说账户中。

先行赔付：当您提交退货信息后，商家拒绝履行“7天无理由退货”承诺的情况下，“美丽说”先向您垫付退货款。您提出赔付申请，应在签收商品之日起7天内且在退款过程中。先行赔付退款金额以您实际支付的商品货款为限。

案例分析：七天无理由退货并补贴退货运费的服务保证，让顾客感觉他们得到了更大的价值，认为“美丽说”的“无忧购”是可靠的购物模式，大大降低了顾客的购买阻力，更容易形成比较优势，提高“美丽说”的行业竞争力。

5. 服务保证

服务保证能够增强消费者对购买服务的信心，更能够提高消费者满意度，对留住客户、提高服务企业竞争力具有重大意义。一般来讲，服务保证有三种。

（1）含糊保证。是指企业和客户双方达成一种默契，非书面化的口头承诺。例如，商场承诺如果客户不满意可以退款或换货，商场致力于让客户满意，客户和企业在相互信任和尊重的基础上形成伙伴关系。

（2）特定保证。是指在特定的条件下，企业承担赔偿义务，这些条件很具体并且狭窄，不会对企业有大的损害。与无条件保证相比，特定保证只用于特定的阶段或特定的结果。例如，京东商城承诺京东直营的商品能够在当天或次日到达消费者手中。

（3）无条件保证。是指在出现问题时全部退赔，不计成本地解决所有问题。在三种保证里，无条件保证是最有力的保证。

（四）回复抱怨策略

服务中的失败不可避免，无论是员工服务态度不好，还是服务环境未能良好维持，抑或服务本身的不足都有可能导致服务失败和顾客不满。要获得并维持服务企业的竞争优势，必须正视顾客的抱怨，善用回复抱怨策略，将顾客负面情绪转化为顾客满意度。

1. 鼓励抱怨

在现实生活中，客户个人原因造成的抱怨并不占多数，更多时候都是由于服务本身存在的缺陷引起了客户的不满。因此，客户抱怨对企业改善服务、加强管理十分有帮助。企业要鼓励客户抱怨，经常向客户征求意见，尤其是重点客户。除此之外，企业还要经常监督检查服务提供系统，确保客户满意。

2. 确定改正要求

企业要了解客户需要哪些改正，在哪些方面改善，服务失败的原因是什么，哪些环节容易造成服务失败，等等。只有了解这些，才可能采取相应措施。

3. 快速反应

服务失败后，企业反应越快，传递给客户的资讯越好，越可能产生成功的结果。研究显示，如果立刻处理客户的抱怨，企业可以留住 95% 的客户；相反，如果企业不理睬客户的抱怨，会有 50% 的客户离去。反应速度和时间是回复服务失败的关键。

【同步案例】

十分钟挽救“大疏忽”

某日 19 点 5 分，刚办理完手续准备登机的一名外籍旅客，急匆匆地赶到就近的国航重庆 2E18 值机柜台，着急地对值机员问道：“where's my baggage？ I'm going to Beijing，but your colleague gives me a boarding pass to Shenzhen，It was so funny！”

见此旅客满头大汗，如此焦急，值机员边用英文安抚旅客情绪，边接过旅客的登机牌和行李牌进行查看确认。经查询，系统信息显示该旅客办理了重庆—深圳 ZH9794 航班的值机记录。但值机员发现该旅客还购买了一张当天重庆—北京 CA1436 航班的机票。原来之前的值机员因为粗心，未与旅客准确核对目的地就直接办理了 ZH9794 航班的乘机手续。

此时，距离 CA1436 航班截止办票时间剩下不到 25 分钟。值机员立即通过内线将此事报告给领班，请求协助处理。领班得知信息后，立即赶到旅客身边，对服务差错诚恳地表示歉意，随后表达了解决问题的真诚态度。随后，领班为旅客重新办理了登机手续，与其简单核对了行李大小、尺寸、颜色等基本特征，亲自前往分拣处翻找行李。

19 点 15 分，在特殊行李柜台，值机员为该旅客重新办理了行李托运。在该旅客离开前，工作人员再次表达了歉意。看到国航工作人员如此忙碌、工作态度如此积极，该旅客脸上露出了轻松的笑容，态度一转，大声说道：“I think the Air China's service is the best among all the airlines in China，and I'll write a letter to express my thankfully.”

> **案例分析**：对顾客的不满与抱怨应迅速作出反应。其目的是通过这种反应，重新建立顾客满意和忠诚。同时，一线服务人员的判断和决策对服务差错的补救有决定性的影响。全体工作人员坦诚面对服务差错，将一颗诚恳的心交给顾客，并通过细致入微的真诚服务，才能构建双方相互理解的桥梁。

4. 员工培训

希望员工能够自然掌握回复失败的技巧是不切实际的，所以应对员工进行培训。培训可分为两个层次：第一个层次是培养员工的客户意识，让员工站在客户的立场上，体验客户的感觉和心情。第二个层次是教会员工从管理者的角度考虑应该如何挽回失败。挽回失败并立刻决策，需要员工有权处理某些情况的权力，承担一定的风险。

5. 前线员工授权

挽回失败可能需要成本，需要变通企业的规定，需要前线人员的判断和决策。各部门经理可能忙于其他事务，无法了解每一次抱怨的细节，进而影响企业对失误的反应，使客户增加新的挫折感，因此要给前线员工授权。

6. 合理补偿

在处理客户抱怨时，既需要口头上的赔礼道歉，也需要合理的补偿来进行服务补救。具体的做法包括：

（1）道歉。企业向客户以不同的方式表达歉意，口头的、书面的、私下的、公开的等均是可选的方式。

（2）替换。如果客户对过去的服务或正在进行的服务不满意，可以在企业提供的现有服务中选择，以替换过去的有缺陷服务。

（3）折扣。在价格上做出让步，同意服务打折以补偿因服务失败给客户带来的损失与不便。

（4）超值纠正。企业不仅纠正服务缺陷，而且采用其他方式给予客户奖励或补偿。例如，向客户提供优惠卡，承诺在下一次服务中为客户提供优惠。这种方法适用于那些能保留、能调换的情况。

（5）退款。企业在判明服务失败确属自己的原因后，向客户退费，这也是一种比较常用的方式。

第三节　旅游业的服务创新及其应用

创新是旅游业可持续发展的灵魂。新时代下的体验经济带来全新的社会经济模式和全新的社会生活模式的同时，也带来了新的旅游消费需求和新的旅游消费模式，这就要求旅游业必须开发新的旅游产品、构建新的旅游管理方式、更新旅游营销模式、创新旅游服务形式，以不断满足人们多元化、高质化、个性化的消费需求。

旅游业作为一个特殊产业，其提供的主要产品就是服务。如果只讲发展而不求创新，只能是简单服务的低水平重复与扩大，不能满足消费者不断变化的需求，无法实现可持续发展。只有大力实施创新，摆脱思维定式，不断深化服务创新，才能提高服务水平，增强优质服务对游客的吸引力，获得在市场中的竞争优势，获得可持续发展的永久“通行证”。

一、旅游服务创新体系

（一）旅游服务观念创新

观念是人们对客观世界的理性认识，观念一旦形成，对人们的行为就具有驱动导向和制约作用。旅游服务观念的创新也对旅游企业产生导向作用，是旅游服务创新的基础。其中，最核心的服务观念是人性化的服务观念。

人性化要求以满足消费者需求为目的，一切从消费者的要求出发，对每一位消费者开展差异性服务。现代旅游经济已经是体验经济，体验经济是旅游企业与消费者交流、信息和情感要素的集合。也就是说，体验存在于旅游企业与消费者接触的所有时刻。人性化服务符合体验经济的要求，让消费者感到整个企业都在为他服务。

（二）旅游服务技术创新

旅游服务技术创新是指将各种新兴技术应用于旅游服务，从而实现现代化、智能化、自动化、特色化的旅游服务。

旅游服务技术创新包括信息技术、通信技术和计算机技术的整合应用，具体包括计算机预订系统、网络营销、饭店管理自动化系统、智能大厦、智能卡、智能门锁等一系列创新技术。

（三）旅游服务产品创新

上海春秋国际旅行社在春节和“五一”之间的大空档，借上海最具支付能力的中青年群体的孝心，别出心裁地推出了“爸妈之旅”，产品上市后火爆异常。又如，有些旅行社通过市场细分，发现了一个特殊的细分市场，即一些特别的游客，他们的文化层次与收入水平比较高，对旅游产品和旅游服务的要求也与众不同。为了满足这个特殊的细分市场的需要，准备打破十人以上组团的常规，推出一种 3~5 人“小包价”的组团方式。

从整体服务产品的概念和消费者的观点出发，凡是为市场所接受，在消费者心目中是“新”的，并能从中获得“新”的满足的产品，都是创新产品。由此可见，所谓旅游服务产品创新，可以是创造全新的产品，也可以是对现有服务产品组成的某一部分进行改造、组合或提高的过程。依照此分析思路，可以总结出服务产品创新的几种常见类型：

1. 创造全新产品

创造全新产品是指在新观念的指导下，创造新的产品。例如，同城旅游在其移动App上推出全新的“一元景点门票”，超低价的电子门票就是创新全新产品的体现。

2. 创造换代新产品

创造换代新产品是指在产品进入生命周期衰退阶段后，对其进行改进，不断推陈出新，延长生命周期，增强市场适应力。例如，酒店不断更换客房门锁，从普通门锁到密码锁到磁卡式电脑门锁，以及趋势性的指纹识别智能门锁，就是创造换代新产品的体现。

3. 开发极端产品

极端产品是超个性化产品的表现形式。它以新奇特殊刺激市场需求。

【同步案例】

7天连锁酒店牵手保险黑板擦推出“失眠乐”

失眠也能得到补偿？这种事也许让很多人想不到，但它确实出现了。

2015年暑假期间，7天连锁酒店推出一项额外免费服务——凡是在出行过程中入住7天连锁酒店的住客，便可获得一份“失眠乐”保险，失眠、没睡好的住客可以获得一定数额的补偿金。这项服务由7天连锁酒店与互联网保险品牌“保险黑板擦”牵手推出。

在“保险黑板擦”App上，不只“失眠乐”，还有许多让人觉得新奇的补偿服务类产品，如手机屏幕碎了给保修的“碎乐险”、长了痘痘获得补偿的“痘痘乐”、飞机延误获得延误补偿的“极致延乐服务”等新奇险种。“保险黑板擦”迎合了年轻消费群体好奇、主动、积极参与的特征，不再让互联网保险停留在简单的销售渠道的迁移，而是向更具个性化的产品开发和服务保障进化。值得一提的是，“保险黑板擦”App上推出这些补偿服务条款简单，理赔迅速方便，从购买到补偿基本都在线上完成。

案例分析：“保险黑板擦”通过观念创新、技术创新、产品创新等多种创新手段，借助移动互联网的低成本推广优势，擦掉中间高额的利润部分。不仅简化了中间的渠道销售过程，而且通过互联网改变了服务流程，让服务过程更快、更简单轻松，极大地提升了用户体验。

（四）旅游服务市场创新

旅游服务市场创新是指通过研究潜在市场以及利用不同的营销组合去积极地引导消费，创造需求，从而为旅游企业开辟新的市场，创造新的客源的一系列活动。旅游服务市场创新包括以下两种方式：

第一，寻找空白地带。即在各种现有市场的基础上，寻找空白，填补空白。例如，广州一家酒店发现下午时段，很多老年人无固定休闲场所，就将下午餐厅空闲期改为午后茶点供应时间，结果生意兴隆，开辟了稳定的老年人餐饮市场。

第二，创造全新地带。即通过自主创新，开辟新的客源市场。

（五）旅游服务管理创新

无论是产品创新、技术创新，还是市场创新，可以说都属于广义上的技术层面的创新，任何技术层面的创新都离不开管理创新的基础。在市场经济体制中运行企业只有通过管理创新，才能使各项工作处于有机的动态协调发展状态。

在买方市场环境中，只有创新旅游服务管理模式，才能做到迅速反应，优化服务，获得竞争优势。

1. 服务组织创新——等级化到柔性化

传统的旅游企业组织结构往往遵循严格的等级制度，组织结构呈金字塔式。这种组织结构并不能调动服务人员的工作热情，不利于旅游企业效率的提高。因此，旅游企业应该创新其组织结构，通过减少管理层次，加强各职能部门之间的沟通，培养掌握柔性技术的人才来实现人本管理。

2. 管理模式创新——从 CS、ES 到 EL、HL

CS（Customer Satisfaction）是指顾客满意或顾客满意度，其思考角度是以外部顾客为中心，倡导“顾客第一”，重视顾客利益而相对忽略内部员工及其利益。

ES（Employee Satisfaction）是指员工满意或员工满意度。相对于 CS，ES 更强调以员工为中心，倡导“员工第一”，信奉“只有满意的员工，才有满意的顾客”的管理哲学，强化员工在企业经营中的沟通协调作用。

EL（Employee Loyalty）是指员工对企业的忠诚或忠诚度，其主导思想是通过关心员工、爱护员工而获得员工对企业的忠诚，使员工视企业为家，把自己的奋斗目标和前途命运与企业紧密联系起来。

HL（Hotel Loyalty）是指饭店忠诚，指饭店对员工（顾客）的忠诚，主导思想是饭店为获得忠诚员工（顾客）而采取的各种服务于员工（顾客）和忠诚于员工（顾客）的措施、策略和承诺。

从 CS、ES 到 EL、HL 的演进体现了旅游企业管理模式创新的发展历程。EL、HL 模式更加强调旅游企业与服务人员的有效沟通，以及对服务人员的计划性培训和对服务人员的适当授权。这样的管理模式更有利于调动服务人员的主观能动性，对提高旅游企业服务水平意义重大。

【同步案例】

香格里拉的管理创新之路

香格里拉集团的组织结构是按职能部门划分。集团总部设 1 名执行总裁、若干执行副总裁，以及房务、餐饮、发展、财务、销售、人力资源 6 个职能部门。执行副总裁下设地区经理，管辖各自地区内的饭店。下属饭店设总经理、副总经理和相应的各职能部门，并在集团的统一政策下，相对独立经营、核算和管理。集团总部则通过财务、人事、市场以及技术等环节监督、控制和管理下属饭店。集团总部还定期派巡视员到下属饭店检查。他们的主要职责是监督所属饭店是否达到各项经营指标，并在检查过程中对饭店经营中存在的问题和不合格的服务提出意见、建议和指导。

在组织创新方面，为保持组织的灵活和弹性，避免官僚和僵化，集团把所有管理人员和员工分为宾客服务行政经理级、高级宾客服务经理级、宾客服务经理级、宾客服务主管级和宾客服务员五个行政级别，在打破传统的服务与管理人为对立的同时，缩短层级差别，创造有利的沟通氛围。

案例分析：有效的组织结构、健全的管理制度、独特的组织创新是香格里拉卓越地进行经营管理的根本，也是香格里拉之所以能在激烈的竞争中脱颖而出，逐渐成为亚洲以及世界上知名的饭店集团的关键。

二、旅游业服务创新的应用

（一）导游服务创新

导游服务促进了旅游者与旅游地之间的自然、文化、居民的沟通，旅游者与旅游者之间的沟通以及旅游行业内企业与企业之间的沟通。毫无疑问，集向导、讲解与生活照料等服务于一身的导游处于旅游接待工作的中心位置。导游服务创新自然成了旅游业服务创新的核心。

在导游服务创新中，智慧导游以一种全新的姿态进入广大游客视野。

1. 技术层面

智慧导游是物联网、云计算、下一代通信网络、高性能信息处理、智能数据挖掘等技术在旅游体验、产业发展、行政管理等方面的应用。它使旅游物理资源和信息资源得到高度系统化整合和深度开发激活，并服务于公众、企业、政府等方方面面。

2. 能力层面

智慧导游通过便携式移动互联终端，结合城市交通、景区、酒店、餐饮、商铺、特产、民俗文化、投诉管理等旅游资源和管理，搭建起一个一体化、智能化、专业化综合服务平台，使游客能够不依赖于传统导游人员，自由选择行程及路线，提升游客在食、住、行、游、购、娱每个旅游消费环节中的附加值，使游客在旅游前、旅游中、旅游后，都能够轻松地获取资讯、规划出行、预订票务、安排食宿、消费支出等，极大地改善旅游体验，真正做到不用做功课，背起行囊来一次“说走就走”的旅行。

3. 服务层面

智慧导游能够为游客提供三维实景导游、旅游攻略、语音讲解、地图导航、酒店订房、优惠券信息、特价商城、娱乐中心、赠品广场、一键式投诉等贴心的、便捷的服务。

智慧导游将新技术应用于导游服务创新，做到“无人导游”，是旅游服务产品创新的代表。这一创新应用，既提高了游客的服务体验质量，又解放了导游人力成本，体现了服务产品创新的未来趋势，即智能化趋势。

【知识链接】

全国首个智慧导游服务平台在广东上线

2014 年 7 月 18 日，全国首个全语音电子导游旅游平台——广东智慧导游服务平台正式上线运行。广东智慧导游服务平台分电脑端和手机端，具备三个功能亮点：

一是手持智能手机的游客通过下载广东智慧导游服务平台 App，就可以随时随地免费享受到覆盖全省 A 级景区、全国 3000 余个景点的中英文等多语言语音导游服务。

二是利用手机定位和电子地图，游客可快速查询到景区周边食、住、行、游、购、娱信息。

三是整合景区的门票及周边的酒店、餐饮、旅游手信等旅游电子商务信息，方便游客随时比价、订购。

此外，广州市的地标景点广州塔也在当天正式发布了官方微信公众服务号，并率先利用该平台的数据和技术实现了中、英、日、法、西班牙 5 种语言智能导游、游记分享、优惠信息发布、微信购票等智慧功能，有效提升了游客的旅游体验。

（二）酒店服务创新

酒店商战愈演愈烈，经营者也越来越注重做“服务”的文章。酒店服务的范围不断扩大，服务细节不断创新，精细化服务管理成为各大酒店共同奉行的准则。这些创新的服务，更好地迎合了顾客的核心需求，为酒店核心竞争力注入了新的血液。

【同步案例】

百家争鸣的酒店创新服务

1. 四季酒店提供的车内个性化服务

四季酒店在旗下酒店的所有房车和豪华租用轿车上提供无线上网免费服务，同时在部分轿车内配备可查找酒店信息的 iPad 以及充电器；部分酒店驾驶员可代客办理入住手续登记服务；洛杉矶的四季酒店还推出"车内会议"服务。

2. 三星 GALAXY S3 在假日酒店的应用

假日酒店联手三星、Fingi 饭店应用软件开发商，打造出了酒店行业的又一次高科技惊喜。

在假日酒店入住时接待人员会附上一支 GALAXY S3 给房客（不是免费送），因为 S3 是用来打开房门的钥匙，也是控制房间的遥控器，它可以控制电视、冷气等开关与调整，甚至还有呼叫客房服务、洗衣服务和酒店设施预订的服务功能，而且 GALAXY S3 还是房间里的分机。

3. 真正意义上的家外之家

在美国曼哈顿的本杰明。酒店非常重视客人的睡眠，希望能够提供像家一样的感觉。它的助眠设施一应俱全，甚至提供睡前点心，如牛奶、饼干、安定茶。它的睡眠菜单里准备了 12 款枕头，你还可以申请催眠音效。酒店甚至有安眠保证：如果你没睡好，酒店将退还当晚房费。

案例分析：住宿是酒店提供的最基本服务，也是旅游的六大基本要素之一。随着客人对酒店服务的要求越来越高，服务需求的变化越来越快，单纯的规范服务已经难以满足客人的需求。这要求酒店必须敏锐地探知客人的服务要求及其变化，做到因时而变、因人而变，在服务细节上独具匠心，使客人感受到个性化服务、宾至如归的服务。

（三）营销服务创新

旅游市场营销是一种持续、有步骤进行的治理过程。旅游企业经营者在此过程中通过市场调研，了解市场环境和顾客需要，通过市场细分，选择特定的市场，找准特定的位置，提供适合市场需要的产品和服务，使顾客满足、企业获利。因此，旅游营销的成功与否直接关乎旅游企业是否能够获利，是否能够获得竞争优势。

在信息化社会，要想吸引消费者的眼球，使营销信息得到有效传递，必须与时俱进，依托最新营销平台与手段，即充分利用互联网、移动电子商务、移动手机客户端等，建立新的旅游服务营销模式。

无论是微博、微信、微电影，还是特色节事活动、特别策划活动，创新的旅游营销方式总是能够以各种形式出现在游客眼前，刺激游客的视觉、听觉，甚至嗅觉等各大感官，激发游客的旅游需求。当今时代，旅游企业要想时刻走在行业前列，获取并保持竞争优势，就必须不断创新旅游营销手段，使旅游信息“无处不在、无时不在”。

【延伸阅读】

天台山——将“私奔”进行到底

适逢519中国旅游日和520天台山旅游日，作为中国旅游日发源地的天台山双节同庆，打出“将‘私奔’进行到底”口号，通过微博实时互动实现了一次完美的旅游营销。

天台山推出“私奔”造句活动，简单的参与机制获得网友快速的转播点评。顺势，天台山进一步简化参与机制，推出了“私奔天台山宣言”活动，让网友集合私奔的热点尽情发挥。知名动漫红星PP猪漫画配合话题创作了“漫画版中国十大私奔胜地”，可爱的形象、美丽的风景深受网友喜爱，获得了腾讯博客及动漫频道的首页推荐。

随着人们对私奔话题的持续挖掘，天台山彻底打响了中国旅游日的金名片。重走霞客路、阮籍人仙故事、和合二仙得道、活佛济公济世救人等历史典故；国清寺、石梁飞瀑、琼台仙谷、桃源春晓等独特美景；云雾茶、技工酥饼等当地特色深深烙印在网友的心中。不少网友留言大呼：求中国旅游日三天假，去天台山私奔赏花！

【实践活动】

以某景区为例，谈谈如何改善该景区的竞争策略。

第十二章

现代旅游服务管理中的信息技术

导言

从全球的经济发展趋势来看，服务业对经济的影响力越来越大。人类社会正在从工业社会转变为服务经济社会。服务业发展的过程中，运用了各种新技术，为提高服务效率和提供个性化服务提供了支撑。旅游服务业中信息技术的开发与创新是时代发展的潮流，信息技术的不断进步和推广应用可以有效地为旅游可持续发展的决策提供依据和手段，促进可持续发展管理水平的提高，开拓新的可利用的旅游资源领域，提高旅游资源综合利用效率和经济效益，提供保护旅游资源和生态环境的有效手段，提高饭店、旅行社的经营管理质量，推动旅游业向规范化、质量化、效益型方向发展，促进旅游产业化、一体化进程。这些做法对于实现旅游业可持续发展的战略尤为重要。本章分析了服务业，特别是旅游行业中信息技术的应用及特点，并重点介绍了旅游业中信息技术应用的相关案例。

【学习目标】

1. 知识目标：理解并掌握智慧旅游等核心概念，了解信息技术在服务业尤其是旅游业中的应用状况，学习认识现代旅游服务管理中最常见的信息技术。

2. 能力目标：分析现代服务管理与信息技术的关系，建立起对旅游管理与旅游活动信息化的认识。

3. 技能目标：在综合本章知识点的基础上，结合案例与延伸阅读内容，分析现实的旅游管理中具体的信息技术应用情况。

【导入案例】

七彩云南“旅游电子护照”

2014 中国国际旅游交易会宣布，云南“智慧旅游”主产品之一的“七彩云南·云南旅游电子护照”目前累计发放500余万张，其中云南发行6万~7万张，全省96家3A级以上景区通过电子护照能够实现打折优惠 。一卡游遍各大景区，不光有折扣优惠，还能在线导游了解景区情况，私人订制完成个性化操作。食、住、行、游、购、娱旅游各要素面面俱到，全国线上20万余家、线下2万余家合作景区、商户，游客拥有这么一张旅游电子护照，就能“智慧玩转”七彩云南。

旅游电子护照以线上线下支付平台、网络支付平台系统为基础，通过“云南旅游电子护照”与携程、途牛等大型旅游电商平台的系统对接，实现线上线下分销业务拓展，实现面向全国和全世界客源地的云南旅游目的地营销。平台收集的精确、真实、可信的海量数据，通过大数据中心进行存储、处理和分析，为旅游统计、客户消费行为分析、客流分析与预警、精准营销、征信体系建立等提供强大的真实数据基础，为云南省智慧旅游的全面落地提供强大的数据支持。

案例分析：联合了国内外旅游、航空、商业、电信、金融、工业、保险七大领域的商业合作伙伴，整合了云南旅游六要素的“云南旅游电子护照”，正在全面开启云南旅游服务智能化时代，“云南旅游电子护照”将改变传统的旅游信息服务和宣传模式，将对改善云南省旅游消费环境、提升旅游行业的服务水平和信息化水平起到积极的促进作用。使云南旅游品牌更具市场竞争力，进一步拓展了旅游产业链的延伸空间。

第一节　服务业中的信息技术应用

信息技术是计算机硬件技术、软件技术和通信技术的统称，即包括了通信技术、计算机技术、微电子技术和自动化技术在内的一类技术。信息技术也可定义为“扩展人类信息器官功能的一类技术”。这一定义从信息技术功能的角度，将所有扩展人类感觉器官、神经系统、思维器官和效应器官功能的技术统称为信息技术。概括来说，信息技术就是对信息资源进行开发和利用的技术。

一、服务业中的信息技术

（一）服务业信息化背景

人类在经历了农业社会、工业社会之后，进入了信息社会。不同于农业社会的自给自足经济和工业社会的工业化大生产经济，信息社会的经济形态是服务经济和体验经济。传统的自然资源（如煤、石油、矿石和木材等）优势与资本可利用性优势不再是创造经济优势的主要动力。新时代，人类的生活和成就越来越多地取决于知识信息的产生与运用。信息同物质、能源一样，是人类生存和社会发展的基本资源之一。

21 世纪，技术发展的核心和主流都有一个共同本质：它们都是人类信息器官功能的扩展和延长。因此，它们共同的名称便是“现代信息技术”。所有这些技术在服务业中都得到了广泛应用。

（二）服务业信息化的概念

服务业信息化是指利用计算机网络技术为用户提供及时、满意的服务，提升服务业整体社会价值的过程，涉及企业的各个部门，包括企业的生产、经营、设计、制造、管理等职能部门。其通过对信息的收集、传输、加工、存储、更新和维护，将关键、准确的数据及时地传输到相应的决策人手中，为企业的运作决策提供数据。

现实生活中，不同的服务业中的信息技术应用多种多样，如表 12–1 所示。

表 12–1　服务业中技术应用范例

行业	范例
金融服务业	借记卡（电子资金划拨）、自动取款机、电子成像、磁墨水身份识别
教育	多媒体数学、电子公告板、图书目录系统、网络教育、网上招生、网上选课
政府公共事业	电子政务、光电邮件扫描仪
餐饮业	电子点菜、光电账单扫描仪
通信业	可视电话、语音信箱、移动电话、彩信
酒店业	电子登记、网上预订、结账系统、电子门锁、电子监控
批发 / 零售业	销售点情报管理系统（POS）、自动安检系统、电子数据交换系统（EDI）、电子商务（B2B）
运输业	自动收费系统、卫星定位系统
医疗卫生	磁共振图像扫描仪、声谱仪、患者监控系统、在线医疗信息系统
航空业	网络订票系统、计算机航班安排系统

随着信息技术的不断发展，服务业中所应用的信息技术也在发生着变化。

【同步案例】

京东智能奶茶馆：不做咖啡做孵化器

2015 年 5 月 8 日，位于北京中关村创业大街的“JD+ 智能奶茶馆”正式开业，奶茶馆充分利用了各种信息化手段：

1. 产品信息化

智能奶茶馆的业务内容包含三部分：首先，加入 JD+ 平台的部分智能硬件产品可以在奶茶馆内得到实体展示机会；其次，随着京东金融业务中产品众筹、股权众筹的展开，智能奶茶馆还将充当创业孵化器的作用；最后，智能奶茶馆同样会提供奶茶、咖啡等餐饮服务。

2. 体验信息化

智能奶茶馆打出“不只是一个奶茶店”的旗号，将现场体验智能产品作为其服务亮点。根据店长的介绍，顾客一走进奶茶馆就会分流，而很多用户就会不由自由地被中间展台的智能产品所吸引，包括一些还不为大众所知但是很有特色的体验型产品。而每款智能产品的下边都有一个微信二维码，如果用户对产品感兴趣，可以用微信扫描二维码，然后在京东等线上平台实现购买。这样就可以把线下的体验和线上的购买有机结合，打通线上与线下了。

3. 装潢信息化

奶茶馆在装潢设计上也颇具现代科技特色。店内的玻璃、窗帘还有天花板上面的灯泡以及在创业者区域每个桌子上安放的台灯等，这些都可以在京东研发的一个控制系统中，通过移动手机实现控制。

“JD+ 智能奶茶馆”所提供的产品与服务是包括从数据分析、技术支持、上下游资源整合、投资到渠道、服务、社区等等方面，构建起一个完整的智能生态服务圈。

案例分析：“JD+ 智能奶茶馆”是京东集团旗下的经营实体，既是奶茶馆又是京东 JD+ 孵化器，承载着智能新品首发、体验、创业者交流、融资洽谈、行业权威信息发布等功能。它是现代综合性服务企业的典型代表，类似“JD+ 智能奶茶馆”的案例不计其数，无数服务型企业正披上信息化的铠甲，变得更全能、更强大、更具有市场竞争力。

（三）服务业中信息技术分类

1. 传统的信息技术

传统的信息技术主要是指对硬件产品和软件产品的支持与维护技术。

（1）对硬件产品的支持和维护主要是指对信息传递硬件设施的维修和优化。包括基本安装、依照服务条款进行的日常维护以及故障维修。电话热线解决问题和收费的升级维护也包括在硬件产品支持范围内。

（2）对软件产品的支持和维护主要是指对信息传递软件设施的维护和更新。包括依照服务协议进行的软件产品的安装、调试、维护、更新升级等。

2. 新兴的信息技术

新兴的信息技术主要包括咨询类、系统集成与开发类、数据处理类、测试类等。

（1）咨询类信息技术主要指协助客户对各种技术策略进行评估，从而将技术策略同用户的商业及生产策略结合起来，为用户提供具备可实施性的规则。信息技术战略规划、信息技术工程管理及监理等都属于咨询类信息技术。

（2）系统集成与开发类信息技术主要指信息技术服务提供者为客户专门开发定制，将不同的软硬件产品集成起来，最终完成满足客户需要的信息技术应用系统，如定制软件开发、应用软件平台转换、新增功能的开发等。

（3）数据处理类信息技术主要指向客户提供的数据（包括数值的和非数值的）分析、整理、计算、编辑、恢复等加工和处理服务。

（4）测试类信息技术主要指信息技术服务提供者（包括第三方测试机构）提供的对软件、硬件、网络及信息安全等是否满足规定要求而进行的测试和检验服务，如网络测试服务、信息安全测试服务等。

二、信息技术在旅游业中的作用

如果说，传统服务业是实现社会分配机制的一个中介，现代服务业则是有效调节社会资源的重要杠杆。因此，发展服务业，不仅要看数量，更重要的是看质量；不仅要提高服务业在整个 GDP 中的比重，更要提高能够高效配置社会资源的现代服务业的比重。而信息技术就是现代服务业发展的最佳加速器。

在第一时间合理选择使用信息技术能够加快服务速度、增加服务项目、提高服务质量并通过提高服务效率降低价格，使一家服务企业获得领先竞争优势，使其区别于其他竞争对手，成为市场的引导者。具体来讲，运用信息技术对服务业的促进作用主要体现在以下方面。

（一）变信息资源为直接收益

在现代服务业中，有一部分产业本身的产品就是信息资源。因此，利用信息技术加快信息资源的开发整合，研究客户的消费行为以及进行客户关系管理，成了一些服务行业收益的生命线。以信息咨询和中介行业为例，使用信息技术对信息资源进行整合开发，实现对信息资源的有效利用能直接为企业带来收益。

【同步案例】

信息技术创造巨大价值

2014 年 6 月 26 日，胡润研究院发布《2014 年胡润品牌榜》，200 个最具价值中国品牌上榜。

其中，腾讯以2080亿元的品牌价值超过中国移动和工商银行首次成为“最具价值中国品牌”。在新进入的四大品牌中，信息类服务企业（腾讯、百度、淘宝）占到75%。无论是从数量上看，还是从质量上看，信息服务类企业都表现出了不容小觑的实力。

案例分析：移动互联时代，信息服务业在国民生产总值中的比例不断提高，信息服务企业的增长速度远远超过了一般企业的平均增长率，表现出强劲的发展势头。

（二）服务管理向精准化转变

信息技术的应用使服务业管理方式从粗放型向精准化转变，提高了服务业的知识技术含量，能实实在在地为企业带来效益，增强企业竞争实力。例如，大型商场使用条形码技术和库存管理系统后，商场的营业额大幅增加。专家指出，沃尔玛之所以能够成功，关键是应用先进的信息系统对供应链进行实时动态的管理。沃尔玛主导了整个供应链，产品从下线起就被条形码、RFID技术注册了终身的唯一的“身份证”，企业实现了实时的供应链管理。

（三）提高服务能力与效率

信息技术的应用能够大大提高服务业的服务能力。信息化促进服务企业的营销范围扩大，而且营销的针对性更强，促进了企业的客户关系管理。例如，商场可以把购买者的需求特征进行整合分析，及时补充货源，并且对消费者行为进行分析，利用手机等网络渠道把新产品信息、优惠打折信息发送给消费者，提高了主动营销的针对性。

【同步案例】

O2O微服务开启酒店业下一场革命

通过手机微信，就能预订酒店的客房和会议室、购买当地的免税品和土特产、查看周边的餐饮和旅游景点信息、查询航班、预约租车……O2O微服务已将这种“指尖”消费变为现实。

O2O微服务还极大地简化了酒店的登记入住和退房环节，客人不需要排长队等候办理入住和退房，也不需要找酒店服务人员询问周边的景点、土特产店、美食餐饮等信息，这些信息咨询类服务都可以通过酒店的O2O微服务平台完成。

案例分析：O2O微服务极大地解放了酒店的人力资源，革新了酒店传统的服务理念，对酒店和客人而言，都是一种技术推动着的进步。

（四）降低服务成本

信息技术应用可以大大节约交易成本，促进产品创新，为客户提供更好的服务，从整体上提高运营效率。例如，金融行业作为一个知识、技术密集程度较高的行业，通过信息化手段进行金融产品创新、为客户提供更为便利的服务，从而提高了经营效率和客户占有率。

【同步案例】

信息技术助力低价航空降低成本

网络推广降低营销成本。数据显示，亚洲航空（长途）公司超过90%以上的销售都是用户直接通过公司网站和手机平台完成的，网络途径成为亚洲航空（长途）公司销售和推广的最大平台，此举大大降低了公司的运营成本，为低成本的运营打下了坚实的基础。在市场方面，亚洲航空（长途）公司使用电子直投、搜索引擎、社交网站等多种方式，实现品牌建立和推广，大大降低了广告投入。

自助工具降低客服成本。亚洲航空（长途）公司通过奖励和促进客户使用诸如“航班管理”等在线自助工具，同时大力推广自助值机。多种信息手段的使用，不仅创新了自助服务的模式，也极大地降低了公司客服、值机等环节的人力成本。

飞行计划降低油耗成本。通过信息技术的应用，亚洲航空（长途）公司采用了先进的飞行计划和燃油供给工具，从而能够让公司精确地管理并指导飞机运行和工程维护，并能有效降低燃油率。

案例分析：正是有了信息技术的支持，亚洲航空（长途）公司才能实现公司低成本、持续发展。

（五）为跨国服务创造条件

随着世界经济的一体化，作为联系空间分散的经济活动和生产行为纽带的服务业日益成为经济全球化的核心，现代信息技术的进步又为服务业贸易边界的扩展和经营手段的变革提供了广阔的空间。通过先进的通信工具、电子计算机网络，服务的供应者和消费者之间建立起密切的网络联系。网络化不仅能够更有效、更方便地提供服务，而且也使规模较小、边远地区的服务商克服地域的局限，极大地扩展自身的服务市场。

【知识链接】

Opera PMS 系统在我国酒店业中的应用

1. Opera PMS 系统概述

Opera 系统是由 Micros-Fidelio 公司研发的一套企业解决方案软件，该系统涵盖 PMS（物业管理系统）、S&C（宴会销售系统）、ORS（中央预订系统）、CIS（客户信息管理）、RMS（收益管理）、GDS（全球分销系统）、OXI（外接接口系统）、OCM（渠道管理）等子系统，其中 Opera PMS 是其核心部分，由于酒店前台是酒店业最早实现信息化的部分，所以 Opera PMS 也特指酒店的前台操作系统。Opera PMS 是目前国际上最通用的酒店前台操作系统，它能满足不同规模酒店以及酒店集团的需求，为酒店管理层和员工提供全方位系统工具，以便其快捷高效地处理客户资料、顾客预定、入住退房、客房分配、房内设施管理以及账户账单管理等日常工作。同时，其强大的外接接口系统可以与 POS（Point Of Sales）机、PSB 公安系统、BMP 支付卡系统、Vincard 门锁系统等相连接。

2. Opera PMS 系统的主要功能

（1）客户资料管理。Opera PMS 提供客户资料记录功能，全面记录统计包括个人客户、公司、联系人、旅行社、团队、预订源以及零售商等各方面的资料，这些资料是整个 Opera PMS 工作的基础。可以帮助酒店改善服务质量，提供个性化服务；帮助酒店分析客源市场及利润来源并制定具有竞争力的市场营销策略。

（2）客房预订功能。Opera PMS 提供了强大的预定功能，可以进行建立、查询、更新客人预定和团队订房等操作，并提供了确认订房、等候名单、房间分配、押金收取、房间共享、团队客房控制以及批房预留等功能。该功能可用来：帮助酒店简单快速地制订团队计划；实时监控可用房数并进行房价管理；自我控制预订以达到最佳出租率。

（3）前台服务功能。前台服务功能是整个酒店运作的焦点，主要用于为预抵店者和住店客人提供服务。该模块功能极其强大，可以处理个人客户、公司、旅行社，以及无预订客户的入住服务，还设有房间分配、客户留言、叫醒服务以及部门间内部沟通跟进服务等功能。其应用大大缩短了办理入住的时间，使客人的满意度得到提高，同时便捷的操作也获得前台员工的满意。

（4）收银服务功能。Opera PMS 的收银服务功能包括：客人账单录入、转账分账、押金管理、费用结算、退房及账单打印等功能。该功能简单、易懂、高效，可以减少账目错误，保证交易安全。

（5）房间管理功能。Opera PMS 中的房间管理功能，能宏观掌握房态的整体情况，有效监督实时房态信息，包括可用房、脏房、住客房、维修房等，这些信息将帮助酒店把房态冲突的可能性降到最低，有效地提高出租率和收入，同时可以有效地安排客房的清洁工作。

此外，Opera PMS 系统还包括应收账款、佣金管理、报表、后台接口、功能设置等功能。

（资料来源：http://www.xzbu.com/2/view-5469913.htm）

第二节　新技术应用与智慧旅游服务

信息时代，信息技术已经融入旅游业的方方面面，技术创新更是成为旅游业发展的动力之一。随着消费者对旅游品质的高要求，如何通过新技术运用使旅游服务更透明、更方便、更安全成为现代旅游服务的突破点。

一、智慧旅游的概念

“智慧旅游”一词源于“智慧地球”（Smarter Planter）及在中国实践的“智慧城市”（Smarter Cities）。在国外，严格来说并无“智慧旅游”这一专业术语。在国内，关于智慧旅游的概念界定，长期以来，不同学者曾做过许多探讨和研究，但学术界尚未形成统一定论。各位学者从不同侧重点着手，表达了各自对“智慧旅游”定义的观点。其中具有代表性的几种观点如表 12-2 所示。

表 12-2　具有代表性的智慧旅游概念

作者	时间	概念
叶铁伟	2011.5	利用云计算、物联网等新技术，通过互联网或移动互联网，借助便携的终端上网设备，主要感知旅游资源、经济、活动和旅游者等方面的信息并及时发布，让人们能够及时了解这些信息，及时安排和调整工作与旅游计划，从而达到对各类旅游信息的智能感知、方便利用的效果，通过便利手段实现更加优质的服务
黄　超 李云鹏	2011.5	智慧旅游也被称为智能旅游，就是利用云计算、物联网等新技术，通过互联网或移动互联网，借助便携式的上网终端，主动感知旅游资源、旅游经济、旅游活动等方面的信息，达到及时发布、及时了解、安排和调整工作与计划，从而实现对各类旅游信息的智能感知和利用
刘军林 范云峰	2011.10	智慧旅游系统是智慧旅游的技术支撑体，它以在线服务为基础，通过云计算中心海量信息存储和智能运算服务的提供，满足服务端和使用端便捷地处理掌控旅游综合信息的需求
舒伯阳 黄　猛	2011.11	智慧旅游是物联网、云计算、下一代通信网络、高性能信息处理、智能数据挖掘等技术在旅游中的应用

不同学者站在不同的视角，对智慧旅游的内涵进行了阐释，如表 12–3 所示。

表 12–3 基于不同视角的智慧旅游概念

视角	概念
游客视角	利用智能识别、移动计算、物联网等技术，借助便携的终端上网设备，主动感知旅游相关信息，并及时安排和调整旅游计划。简单来说，就是游客与网络实时互动，让整个游程安排进入“触摸时代”
管理者视角	对相关政府和旅游企业这样的旅游管理者而言，智慧旅游就是利用智能识别、移动计算、信息融合、云计算等信息技术，通过构建旅游服务平台，实现全面、透彻、精准、便捷和无处不在的旅游信息应用，为游客提供餐饮、交通、住宿、旅游、购物等全方位的旅游服务，提高管理效率
技术视角	是一种以物联网、云计算、下一代通信网络、高性能信息处理、智能数据挖掘等技术在旅游体验、产业发展、行政管理等方面的应用，使旅游物理资源和信息资源得到高度系统化整合和深度开发激活，并服务于公众、企业、政府等面向未来的全新的旅游形态。智慧旅游建设的核心就是采用更智慧的办法，利用移动云计算、互联网等新技术，借助便携的终端上网设备，主动感知旅游相关信息，以便为即时安排和调整旅游计划提供依据

总结起来，智慧旅游都具有“全面物联、充分整合、协同运作、激励创新”四大特点。它综合利用各项信息技术，使旅游物理资源和信息资源得到高度系统化整合和深度开发激活，服务于公众、企业、政府等，并始终以融合的现代信息技术为基础，以游客互动体验为中心，以一体化的行业信息管理为保障，以激励产业创新、促进产业结构升级为特色。

二、智慧旅游的表现形式

从智慧旅游的概念来看，结合旅游业的发展特点，智慧旅游主要有智慧服务、智慧营销、智慧管理和智慧政务四种表现形式，如图 12–1 所示。

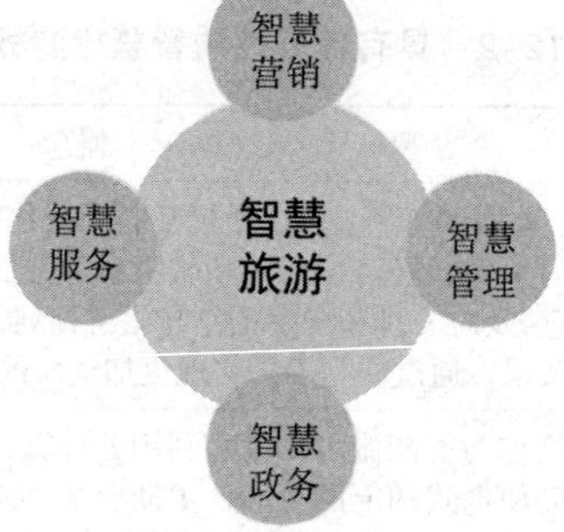

图 12–1 智慧旅游的表现形式

1. 智慧服务

智慧服务是智慧旅游的核心业务，是驱动智慧旅游前进的关键动力。从服务层面上看，智慧服务包括旅游信息服务提供商提供的各种信息服务以及提供这些信息服务的公共服务机构。旅游业智慧服务的主要表现形式是各类旅游服务提供商利用智慧化的技术和手段服务游客，更好地满足游客食、住、行、游、购、娱的需求，在改善旅游服务品质的同时，提升旅游服务的价值。毋庸置疑，智慧的旅游服务可使游客在旅游前、旅游中、旅游后都能够随时随地获取信息，以便旅游服务提供商做出科学决策，提高旅游服务价值，提升游客体验。

2. 智慧营销

智慧营销主要是针对旅游服务提供商而言的，是指综合利用各类智慧化的技术开展包括网络营销、移动营销等在内的各类营销活动，以实现营销活动的智慧化，创造更高的商业价值。营销智慧化主要表现为各种营销要素和商务手段的智慧化。智慧旅游借助各种在线和离线的传播方式和渠道，将目的地景区的相关信息和旅游企业的产品、服务等信息，通过图片、视频、文字等多种方式传递给潜在的消费者，并且通过智慧化的手段开展电子商务、移动商务等各类商务活动，从而实现整个营销环节的智慧化。

3. 智慧管理

智慧管理主要是针对旅游活动的各项管理业务而言的，是指综合利用智慧化的技术对游客、景点、酒店、旅游线路、交通工具以及其他类型的旅游资源进行智慧化管理，目的是要全面提高管理水平，创造管理效益。

4. 智慧政务

包括各级旅游主管部门在内的政府机构是旅游活动不可或缺的参与者，通过智慧化技术的全方位应用，提高政府对旅游行业的管理水平和服务能力，是旅游行业智慧政务的基本目标。智慧政务既包括电子政务、移动政务等深化应用，也包括基于智慧化技术的政府管理和服务模式的创新。借助智慧化的政务系统和平台，可以实现政务智慧化，提高政务水平和提升服务能力，实现电子政务、移动政务等深化应用，以推动政府管理模式和服务模式的变革。同时，智慧政务可为旅游提供安全保障体系，以促进旅游行业安全、有序、可持续发展。

三、智慧旅游服务的体系架构

智慧旅游服务的体系架构主要包括四个方面的内容：智慧旅游感知服务、智慧旅游云服务平台、智慧旅游运营服务以及智慧旅游产业联盟。其中，前三者构成智慧旅游服务中心，是智慧旅游的主体部分。

（一）智慧旅游感知服务

智慧旅游感知服务是智慧旅游的基础体系，也是智慧旅游服务中心的一部分。它通过传感器、传感网络以及数据采集与反馈系统，实时测量并采集游客、文物、环境等对象的相关信息，实现信息的近距离、高效、安全传送，接收并执行系统的远程指令。

（二）智慧旅游云服务平台

云服务是基于互联网的相关服务的增加、使用和交付模式，通常涉及通过互联网来提供动态易扩展且经常是虚拟化的资源。“云”是网络、互联网的一种比喻说法，简单来说就是将企业所需的软硬件、资料都放在网络上，在任何时间、地点、使用不同的IT设备互相连接，实现数据存取、运筹等目的。

云服务的核心思想是将大量用网络连接的计算资源统一管理和调度，构成一个计算资源池为用户按需提供服务，也就是通过不断提高“云”的处理能力，减少用户终端的处理负担，最终使用户终端简化成一个单纯的输入输出设备，并能按需享受“云”的强大计算处理能力。

智慧旅游云服务平台是云服务技术的运用，是智慧旅游服务中心的一部分，由信息基础环境、旅游信息资源管理平台、三大类服务、云服务接入与管理四部分组成。

1. 信息基础环境

主要提供数据存储、数据传输、数据的计算和处理以及保障信息安全功能。

2. 旅游信息资源管理平台

是指通过对旅游服务资源进行调动，为不同服务对象提供个性化服务，以实现旅游交易和提供公共服务目标。

3. 三大类服务

是指为游客提供的智慧旅游体验服务，为旅游企业提供的智慧旅游企业经营服务，为政府及协会提供的智慧行业管理服务。

4. 云服务接入与管理

通常“云”的资源从基础架构服务、平台服务和软件服务三个方面提供给使用者。基础架构服务提供的是虚拟化服务器、存储服务器及网络资源；平台服务提供的是优化的中间件，包括应用服务器、数据库服务器、portal 服务器等；软件服务提供的是应用、流程和信息服务等。

智慧旅游云服务平台借助云计算技术，自动地管理和动态地分配、部署、配置、重新配置、回收云资源，动态安装软件和应用，最终将强大的计算能力分布到终端用户手中。

（三）智慧旅游运营服务

智慧旅游运营服务是智慧旅游服务中心的一部分，由旅游信息资源中心、旅游服务中心、商业运营中心、感知体验中心、智慧旅游研究院、行业管理服务中心和产业联盟秘书处组成。

1. 旅游信息资源中心

汇集了数据采集系统采集的各种旅游资源、游客、旅游交通等信息，为旅游服务以及商业运营提供基础数据，是智慧旅游运营中心的重要信息采集汇聚中心。

2. 旅游服务中心

即旅游综合信息发布中心。它通过现场服务、电话服务、网络服务等多种形式，无偿为游客提供旅游景区、路线、交通、气象、住宿、安全、医疗急救等必要信息和咨询服务。

3. 商业运营中心

主要对旅游企业进行运营和管理，促进旅游电子商务的健康发展，使得旅游市场有序、高效运作。

4. 感知体验中心

一方面可以让游客感受到轻松、顺畅的旅游行程安排，另一方面可以让游客提前体验旅游的情景。

5. 智慧旅游研究院

旨在从技术和管理等角度研究智慧旅游规划、建设以及服务过程中所遇到的问题及其解决方法，力争推动智慧旅游在国内健康发展。

6. 行业管理服务中心

主要功能是对旅游企业进行诚信管理、市场监测、服务管理、视频监控、预警等，实现对旅游资源的全方位评定。评定的结果既是行业管理的数据基准，还可以作为旅游电子商务平台的信用数据来源。

7. 产业联盟秘书处

发展联盟成员，举办联盟会议及主题论坛，促进服务企业之间的交流，以协助企业解决生产经营中遇到的问题，也有利于提升联盟企业或联盟区域的旅游竞争力。

（四）智慧旅游产业联盟

按照智慧旅游企业的性质不同，可以分为研发企业、生产企业、服务企业。不同性质的企业可以建立智慧旅游产业联盟。联盟也可以在某地区不同性质企业之间建立。联盟企业之间通过智慧旅游产业联盟会、主题论坛进行交流。区域之间的联盟可以整合旅游资源、丰富旅游产品、拓展旅游市场。

四、智慧旅游服务中的新技术应用

建立信息社会的需求促进了现代信息技术的发展和应用，以现代移动通信技术、物联网技术、GIS 技术、移动定位技术、虚拟现实技术、云计算技术和现代智能技术等为代表的现代信息技术如雨后春笋般蓬勃发展，为旅游业的发展创造了新的历史契机。在旅游业中有机融合、集成应用这些新技术，旅游电子商务将呈现即时化、智能化、精细化和个性化等新特征，从而改善游客旅游体验、提高旅游服务品质，为现代旅游业的快速健康发展提供优越的信息环境并打下坚实的技术基础。

（一）移动通信技术应用

移动通信泛指移动体（人或移动中的物体）之间的通信，或移动体与固定体之间的通信，广义上包括一切无线电通信、个人通信及卫星移动通信。移动通信技术自 20 世纪 80 年代诞生以来，先后经历了四个发展阶段，即从 1G（1stGeneration）到 4G（4st-Generation）的不断进步。越来越完美的无限世界，为旅游消费者创造了许多难以想象的应用。

1. 移动支付

移动支付也称为手机支付，就是用户使用其移动终端（通常是手机）对所消费的商品或服务进行账务支付的一种服务方式。它主要分为近场支付和远程支付两种。近场支付是指用手机刷卡的方式坐车、买东西等；远程支付是指通过发送支付指令（如网银、电话银行、手机支付等）或借助支付工具（如通过邮寄、汇款）进行的支付方式。

在智慧旅游服务中应用较多的移动支付方式主要包括短信支付、扫码支付。短信支付是兴起较早的一种移动支付方式，它将用户手机 SIM 卡与用户本人的银行卡账号建立一一对应的关系，用短信的方式在系统短信指令的引导下完成交易支付请求。扫码支付是一种基于账户体系搭起来的新一代无线支付方案。在该支付方案下，商家可把账号、商品价格等交易信息汇编成一个二维码，用户通过手机客户端扫描二维码，便可实现与商家支付宝账户的支付结算。最后，商家根据支付交易信息中的用户收货、联系资料，就可以进行商品配送，完成交易。

【同步案例】

同程网机票预订服务“牵手”微信支付

2014 年 2 月 14 日，同程网宣布获腾讯的第二轮 5 亿元人民币投资，成为作为旅游行业首家接入微信银行卡的企业。4 月 15 日，同程网机票预订服务正式入驻微信。在微信“我的银行卡”新增机票服务，服务提供商为同程旅游。

案例分析：随着在线旅游竞争的白热化，在线旅游企业向移动端迁移中，加大产品品类的扩张、对服务进行不断的升级和扩大市场推广的影响都成为重要的竞争手段。移动支付技术的出现顺应了市场的需求，为游客带来了极其流畅的使用感受，对旅游企业和旅游市场都具有重要意义。

2. 手机上的数字导游服务

手机上的数字导游服务是指广泛适用于手机、iPad 等便携式设备的，以多媒体为表现形式的旅游导览内容。它通过全程动画演示、专业主播的讲解，将旅游景区的特色看点、旅游攻略、景点导览、出行指南等信息综合在一起，便于游人制定合理的旅游规划。

数字导游安装在智能手机上，能够实现自助导游、规划线路、快速查询、指引导航等各种旅游服务，极大地方便了游客的旅游体验。

【同步案例】

带上手机，任性游南京

2011年11月28日，"南京智慧旅游"一期平台正式上线。游客只需用手机下载"游客助手"，就可以自助预订旅游线和酒店；进入景区，通过手机就能浏览3D实景地图，甚至能播放语音介绍，就像有了一个"揣在口袋里的贴身导游"……

案例分析：这样的平台系统不仅能将"食、住、行、游、购、娱"相关信息一网打尽，还能帮助游客谋划最合理的行程，让游客真正实现带上手机游天下。

（二）物联网技术应用

物联网是现代信息技术的重要组成部分。它是通过射频识别（RFID）、红外感应器、全球定位系统、激光扫描等信息传感设备，按约定的协议，把任何物品与互联网连接，进行信息交换和通信，以实现对物品的智能化识别、定位、跟踪、监控和管理的一种网络。

从技术架构上看，物联网可以分为三层，如表12–4所示。

表12–4 物联网的技术架构层次表

层次	内容
感知层	物联网识别物体、采集信息的来源，主要功能是识别物体，由采集信息的各种传感器以及传感器网关构成，包括气体浓度传感器、温度传感器、湿度传感器、红外传感器、RFID标签和读写器、二维码标签、摄像头、GPS等感知终端
网络层	负责传递和处理感知层获取的信息，由各种私有网络、互联网、有限和无线通信网、网络管理系统等组成
应用层	是物联网和用户（包括人、组织和其他系统）的接口，它与行业需求相结合，实现物联网的智能应用

物联网技术具体来说就是将感应器嵌入和装备到旅游活动相关的各种物体中，然后将物联网与现有的互联网整合起来，实现游客活动与物理系统的整合，并在此基础上更加精细和动态地管理旅游经营和活动，达到"智慧旅游"状态。作为基础性技术，它是电子导游、二维码技术、掌上景区、地图导航、景区车辆定位等服务的技术基础。

（三）GIS/TGIS技术应用

GIS（Geographic Information System），即地理信息系统，是在计算机硬件、软件

系统支持下，对现实世界（资源与环境）的研究和变迁的各类空间数据及描述这些空间数据特性的属性进行采集、储存、管理、运算、分析、显示和描述的技术系统。

TGIS（Travel Geographic Information System），即旅游地理信息系统，是以旅游地理信息数据库为基础，在计算机软硬件支持下，运用系统工程和信息科学的理论和方法，综合地、动态地获取、存储、管理、分析和应用旅游地理信息的多媒体信息系统。旅游信息系统的建立，将以其快速高效地收集、存储、整理、输出、查询、检索等功能来提高旅游决策效率，更以其优越的空间分析功能使旅游规划更为科学。

目前，GIS/TGIS 在智慧旅游管理与开发中的应用主要包括旅游信息查询、旅游专题地图的制作以及辅助旅游开发决策等方面。

【同步案例】

GIS 技术让旅游开发更生态、更低碳

DAO 陆道股份有限公司是一家集咨询、规划、设计、实施、资本于一体的国际工程设计咨询管理公司，为客户提供专业化、系统化全程解决方案及实施。

它们在规划设计旅游景区时曾多次运用 GIS 技术。在上海嘉定蕰藻浜沿线空间设计中，DAO 借助于 GIS 技术，对基地进行环境分析，包括水资源环境敏感度、植被环境敏感度、城市环境敏感度、综合环境敏感度、综合开发适宜性、土地人口承载力、生态系统服务功能价值评估等，通过叠加分析，得到最优化的规划设计方案。在成都成华区昭觉寺旅游文化商贸区的设计中，DAO 应用 GIS 技术，进行规划道路综合交通压力、规划道路承载力、道路拥挤度分析等服务。

案例分析：运用 GIS 技术，通过三维场景模拟、地形分析、景观视域分析、设施服务区分析、设施优化布局分析、交通可达性分析、空间格局分析、用地适宜性评价等，能够一层层地厘清这些要素之间的关系，同时可为旅游开发降低成本。

（四）移动定位技术应用

移动定位技术是移动定位服务的核心技术，是利用无线移动通信网络，通过对接收到的无线电波的一些参数进行测量，根据特定的算法对某一移动终端或个人在某一时间所处的地理位置进行精确测定，以便为移动终端用户提供相关的位置信息服务，或进行实时的监测和跟踪。

根据移动定位的基本原理，移动定位大致可分为：基于移动网络的定位技术、基于移动终端的定位技术和两者混合的无线辅助全球定位技术。基于移动网络的定位由多个基站同时检测移动终端发射的信号，通过处理各接收信号中携带的与移动终端位置有关的特征信号，计算出移动终端的位置。基于移动终端的定位现在普遍应用全球定位系统（Global Positioning System，GPS）。移动终端接收多个（通常 3 个以上）GPS 卫星发射的信号，根据这些信号中携带的与移动终端位置有关的特征信号确定其与各卫星之间的位置关系，再通过某种算法对自身位置进行定位估计。

（五）虚拟现实技术应用

虚拟现实技术（Virtual Reality，VR），是指利用计算机发展中的高科技手段构造的，使参与者获得与现实一样感觉的虚拟境界。虚拟现实技术又称灵境技术，是以沉浸性、交互性和构想性为基本特征的计算机高级人机界面。它综合利用计算机图形学、仿真技术、多媒体技术、人工智能技术、计算机网络技术、并行处理技术和多传感器技术，模拟产生一个三维空间的虚拟世界，提供用户关于视觉、听觉、触觉等感官的模拟，让用户如同身临其境一般，可以及时、无限制地观察三度空间内的事物。

虚拟现实技术同旅游的结合，诞生了全新的旅游服务——虚拟旅游。所谓虚拟旅游，是指建立在现实旅游景观基础上，应用计算机技术实现场景的三维模拟，构建一个虚拟旅游环境，使操作者能够身临其境般地观看体验。

随着虚拟现实技术的不断更新发展，足不出户式的桌面虚拟旅游也有了新的发展方向，坐舱式虚拟现实系统和沉浸式虚拟现实系统开始投入虚拟旅游服务。

坐舱式虚拟现实系统将用户置于一个特制的坐舱之中，舱内有一个可以向外看虚拟世界的屏幕，转动坐舱就可以从不同的角度观察虚拟世界，用户不需要其他特殊装置，从而无负担地与虚拟世界交互。

沉浸式虚拟现实系统类有着较强的沉浸感，它往往配备有头盔式显示器或全方位的监视器，使用户能自由环顾虚拟空间。

虚拟旅游方便了那些受时间、金钱限制的旅游者，解决了他们“有钱没时间，有时间没钱”无法旅游的问题。同时，对于那些中老年身体不宜长途旅行的旅游爱好者，更是最佳的旅游方式。这种个性化的旅游方式正改变着人们的旅游观念，成为完善旅游格局的新兴补充方式。

【同步案例】

坐舱式虚拟现实技术带你“飞越湖北”

2014 年 12 月，全球唯一的室内电影主题乐园——武汉市楚河汉街万达电影乐园开门营业。其中，“全球最大的飞行剧场”——飞越湖北主题区闪亮登场。

飞越湖北主题区可谓相当“高大上”，游客乘坐“会飞的座椅”，感受被环形球幕完全包围的浸入式体验。通过 90° 旋转、上下 1 米垂直运动等动作，观众便可双足悬空飞行，“一路”从樱花灿烂的暖春到白雪飘零的寒冬，从神秘的神农架到道教文化圣地武当山，从惊涛拍岸的三国赤壁到白云千载空悠悠的黄鹤楼，感受灵秀湖北的全新魅力。

案例分析：坐舱式虚拟现实系统构建了逼真的旅游环境，使体验者能获得完美的体验。

（六）云计算技术应用

云计算是分布式计算、并行计算、效用计算、网络存储、虚拟化、负载均衡等传统计算机和网络技术发展融合的产物。其核心思想，是将大量用网络连接的计算资源统一管理和调度，构成一个计算资源池向用户按需服务。提供资源的网络被称为“云”。这个“云”由各类计算机、存储设备、通信设备，以及在这些硬件设备上运行的软件系统构成。它重新部署了网络资源，实现了动态可伸缩的拓展，提高了使用者的体验，降低了个人信息处理负担。

云计算引领着技术变革、改变着我们的生活方式，这其中当然包括旅游。旅游方式因云计算的到来而拓展出新的方式，这种新方式的旅游称之为云旅游。

基于云计算的云旅游概念，网络应用更深入地植入旅游的食、住、行、游、购、娱中。它开辟了游客旅游的一种新的方式，促进了旅游相关产业的结构调整与发展，引发了一种新的行为方式，促进旅游活动向更加个性化方向发展。

【实践活动】

请对某酒店进行调研，了解酒店宾客信息流程经历的几个阶段。在预订阶段，宾客有哪几种预订方式？

参考文献

［1］菲茨西蒙斯．服务管理：运作、战略与信息技术［M］.7 版．张金成，杨坤，译．北京：机械工业出版社，2013.

［2］陈祝平．服务营销管理［M］.3 版．北京：电子工业出版社，2012.

［3］Chowdhary N. 服务管理［M］．盛伟忠，马可云，译．上海：上海财经大学出版社，2007.

［4］施密特．顾客体验管理：实施体验经济的工具［M］．冯玲，邱礼新，译．北京：机械工业出版社，2004.

［5］Johnson M D. 忠诚效应——如何建立客户综合衡量与管理体系［M］．施重凌，译．上海：上海交通大学出版社，2002.

［6］蒂姆．客服圣经：如何成功打造顾客忠诚度［M］．韦福祥，译．北京：机械工业出版社，2015.

［7］伦德．用户体验，求胜之道［M］．北京：电子工业出版社；2014.

［8］胡静，舒伯阳．中国旅游业发展报告 2013［M］．北京：中国旅游出版社，2014.

［9］汪纯孝，蔡浩然．服务营销与服务质量管理［M］．广州：中山大学出版社，1996.

［10］沈晓雨．大数据时代下的服务需求管理新思路［J］．商场现代化，2013（20）.

［11］李琪．现代服务学导论［M］．北京：机械工业出版社，2008.

［12］杨丽华，邓德胜．服务营销理论与实务［M］．北京：中国农业大学出版社，2009.

［13］杨慧．餐饮服务与管理［M］．成都：电子科技大学出版社，2009.

［14］陈秋玲，李怀勇．中国服务产业研究［M］．北京：经济管理出版社，2010.

［15］黄晶．旅游服务管理［M］．天津：南开大学出版社，2006.

［16］屈云波，程曼丽．建立顾客忠诚［M］．北京：企业管理出版社，1996.

［17］黄磊．顾客忠诚［M］．上海：上海财经大学出版社，2000.

［18］刘清峰．顾客满意、顾客忠诚和消费情感［M］．广州：中山大学出版社，2008.

［19］梁彦明．服务营销管理［M］．广州．暨南大学出版社，2004.

［20］舒伯阳．服务创新与盈利成长［M］．武汉：武汉出版社，2006.

［21］汪纯孝，韩小芸，温碧燕．顾客满意感与忠诚感关系的实证研究［J］．南开管理评论，2003（4）.

［22］李晓．服务营销［M］．武汉．武汉大学出版社，2004.

［23］胡质健．收益管理［M］．北京：旅游教育出版社，2009.

［24］王晓文，田新，李凯，等．收益管理决策行为及绩效水平的影响因素研究：以中国高星级酒店为例［J］．旅游学刊，2013（9）.

［25］蔺雷，吴贵生．服务创新［M］．北京：清华大学出版社，2003.

［26］汪涛，蔺雷．服务创新研究：二十年回顾与展望［J］．软科学，2010（5）.

［27］魏江．知识密集型服务业与创新［M］．北京：科学出版社，2004.

［28］王琳，魏江，胡胜蓉．服务创新分类研究［J］．技术经济，2009（2）.

［29］派恩，吉尔摩．体验经济［M］．北京：机械工业出版社，2012.

［30］布里顿，拉萨利．体验：从平凡到卓越的产品策略［M］北京：中信出版社，2003.

［31］齐善鸿．饭店管理创新理论与实践［M］．北京：人民邮电出版社，2006.

［32］戈比.21 世纪的休闲与休闲服务［M］．张春波，译．昆明：云南人民出版社，2000.

［33］易钟．海底捞的秘密［M］．广州：广东经济出版社，2011.

［34］戴斌，李仲广．顾客满意论［M］．北京：商务印书馆，2015.

［35］提姆．对客服务艺术：成功源自顾客满意［M］.2 版．肖洪根，李洪波，译．北京：旅游教育出版社，2002.

［36］胡卫红．服务业员工行为细节规范训练：提升顾客满意度和忠诚度的 121 个服务细节［M］．北京：企业管理出版社，2005.

［37］索罗．关系营销：建立顾客满意和顾客忠诚赢得竞争优势［M］．罗磊，译．广州：广东经济出版社，2003.

［38］朱立恩．顾客满意：服务企业理解 GB/19000—2000 族标准的新视角［M］．北京：中国标准出版社，2004.

［39］皮平凡．基于体验层面的旅游产品创新设计［J］．商讯商业经济文荟，2006（3）.

［40］莫里森．旅游服务营销［M］.3 版．朱虹，党宁，吴冬青，等，译．北京：电子工业出版社，2004.

［41］戴斌，束菊萍．经济型饭店国际经验与中国的实践［M］．北京：旅游教育出版社，2007.

［42］汪若菡，朱瑛石．微笑力：如家创造服务的方法［M］．北京：中信出版社，

2010.

［43］魏江，陶颜，王琳．知识密集型服务业的概念与分类研究［J］．中国软科学，2007（1）．

［44］新川义弘．服务的细节：新川服务圣经［M］．周智，译．北京：东方出版社，2012.

［45］朱玉华．客户服务与客户投诉，抱怨处理技巧［M］．北京：民主与建设出版社，2013.

［46］埃文森．完美服务：确保完美服务的101个方法［M］．牛海鹏，谢爱丽，译．北京：企业管理出版社，2012.

［47］郭馨梅．客户投诉管理［M］．北京：中国经济出版社，2012.

［48］苏朝晖．客户服务基础［M］．北京：中国经济出版社，2012.

［49］苏朝晖．客户关系管理［M］．北京：中国经济出版社，2012.

［50］李桂华．客户服务质量管理［M］．北京：中国经济出版社，2012.

项目策划：段向民
责任编辑：段向民　武　洋
责任印制：闫立中
封面设计：何　杰

图书在版编目（CIP）数据

服务运营管理 / 舒伯阳主编. -- 2版. -- 北京：中国旅游出版社，2019.9（2023.2重印）

中国旅游业普通高等教育应用型规划教材

ISBN 978-7-5032-6344-6

Ⅰ. ①服… Ⅱ. ①舒… Ⅲ. ①服务业－运营管理－高等学校－教材 Ⅳ. ①F719

中国版本图书馆CIP数据核字(2019)第201595号

书　　名：服务运营管理（第二版）

作　　者：舒伯阳　主编
出版发行：中国旅游出版社
（北京静安东里6号　邮编：100028）
http://www.cttp.net.cn　E-mail:cttp@mct.gov.cn
营销中心电话：010-57377108，010-57377109
读者服务部电话：010-57377151
排　　版：北京旅教文化传播有限公司
经　　销：全国各地新华书店
印　　刷：河北省三河市灵山芝兰印刷有限公司
版　　次：2019年9月第2版　2023年2月第3次印刷
开　　本：787毫米 × 1092毫米　1/16
印　　张：15.75
字　　数：321千
定　　价：39.80元
ISBN　978-7-5032-6344-6